青年中国说·理解系列
YOUTH VOICES: UNDERSTANDING CHINA SERIES

丛书主编：谭安奎　叶　林

理解民生
社会政策调查报告选集
（2019）

REPORTS ON
SOCIAL POLICY ISSUES (2019)

陈永杰　主编

社会科学文献出版社
SOCIAL SCIENCES ACADEMIC PRESS (CHINA)

图书在版编目(CIP)数据

理解民生：社会政策调查报告选集.2019/陈永杰主编.--北京：社会科学文献出版社，2020.6
（青年中国说·理解系列）
ISBN 978-7-5201-6360-6

Ⅰ.①理… Ⅱ.①陈… Ⅲ.①社会政策-调查报告-中国-2019 Ⅳ.①D601

中国版本图书馆CIP数据核字（2020）第038244号

青年中国说·理解系列
理解民生：社会政策调查报告选集（2019）

主　　编／陈永杰

出 版 人／谢寿光
组稿编辑／刘　荣
责任编辑／单远举
文稿编辑／王春梅

出　　版／社会科学文献出版社·联合出版中心（010）59367011
　　　　　地址：北京市北三环中路甲29号院华龙大厦　邮编：100029
　　　　　网址：www.ssap.com.cn

发　　行／市场营销中心（010）59367081　59367083
印　　装／三河市尚艺印装有限公司

规　　格／开　本：787mm×1092mm　1/16
　　　　　印　张：16.75　字　数：278千字
版　　次／2020年6月第1版　2020年6月第1次印刷
书　　号／ISBN 978-7-5201-6360-6
定　　价／99.00元

本书如有印装质量问题，请与读者服务中心（010-59367028）联系

版权所有 翻印必究

总　序

当今世界正经历百年未有之大变局。所谓"变局"，固然意味着经济、政治、文化秩序的重大调整，但其深层意涵，则指向相关知识与观念体系的更迭重塑。

若问新知识、新观念所来何处，古今中西均有智识灵感之源。然而，触发此番时势鼎革的众多变量中，中国独特的治理道路及成就恰是关键之一。这一仍在展开中的宏大实践与自主探索，无论是其既成的经验，还是其开放的可能，都需要而且值得基于深入的调查研究予以呈现，以形成关于"中国之治"的深度理解和积极反思，进而提供新知构造的源泉。

理解实践与探求新知，在此相得益彰。大学与青年学生为求新知，自当面向实践，开展调查研究。职是之故，中山大学政治与公共事务管理学院谋划推出"青年中国说·理解系列"，以推动青年学生在老师的指导下开展社会调查，撰写调研报告。我们期望通过这一过程，让青年学生丰富社会感知，操练研究方法，获取经验知识，理解公共事务，讲好中国故事，涵育家国情怀。

辨析一个复杂社会的纹理，探究一个超大国家的治理，无疑是一项充满诱惑的工作。好在，身处这个巨变的时代，我们无须再发"白头何处觅新知"的慨叹。一则，发生在我们身边或者我们身处其中的生动、斑驳的实践，就隐藏着解决困惑的部分答案，因此，欲觅新知，就在此处；二则，青年学生及时深入"中国之治"的田野和现场，理解国家和时代，所知超乎纸上所得，青春正好，不待白头。

新时代以来，关于大学回归立德树人之根本，呼声日隆，举措频出。中山大学政治与公共事务管理学院诸位同仁倾尽心力为学生调研和报告撰写提供专业指导；众多青年学子热心向学，关怀社会，投身专题调研，发出清雅之声。面向国家治理之诸多议题，师生同业共修，遂有此"青年中国说·理解系列"。当此之时，乐学善教之风延绵不辍，立德树人之业花果满枝，是为所望。

中山大学政治与公共事务管理学院　谨识
2020 年 1 月

前　言

近几年来，国际高等教育咨询机构QS（Quacquarelli Symonds）持续把中山大学的社会政策与行政（Social Policy & Administration）学科列为世界百强之一。全中国仅四家高校在该领域获此殊荣，这不仅是对中山大学在该领域取得的科研成果的肯定，也是对相关教学成绩的认可。作为中山大学政治与公共事务管理学院公共管理专业的四大选修方向（即公共管理、政治学、社会政策、城市管理）之一，社会政策方向开设社会政策导论、比较社会政策、教育政策、劳工政策、住房政策、医疗政策等一系列课程。在课堂教学之余，我们鼓励学生以多种形式走进现实世界，或参与短期实习深度接触社会，或申报本科调研项目探索和思考民生问题，其中的优秀调研报告被汇编成书。

民生问题是社会政策研究的主要对象，提高民众福祉是这类研究的动力和目标。"青年中国说·理解系列"之"理解民生"系列图书收集了一系列与民生问题相关的调研报告，作为该系列的发轫之作，《理解民生：社会政策调查报告选集（2019）》主要覆盖三个领域：老龄化与养老服务、教育扶贫与社会流动、基层治理与社会组织。

第一部分以"养老服务"为中心议题，从养老服务的融资与递送这个维度切入，研究珠三角地区的四个改革案例。

卢钰欣等同学撰写的《长期护理保险：顺流还是逆流?》一文，从宏观上看是在回应养老服务的钱从何处来的问题。我国在进行长护险改革之前，由公共资源支持的养老服务主要由民政系统提供，面向的是贫困孤残的底层老人。在2016年选定15个城市试行长护险之后，中国开始探索以社会保险为大多数老人进行养老护理融资。文章选择广州市的试点工作作为案例进行深入研究，并尝试指出在原有制度路径下改革面临的现实挑战与艰难抉择。

另外三篇调查报告，分别从网络通信技术应用与养老服务模式两个领域剖析当前珠三角地区养老改革面临的现实问题。大数据时代，在社会服务中应用网络通信技术提高效率似乎是必由之路，但陈杰华等同学撰写的《技术治理视角下的智慧养老推广困境研究》一文给我们展示了这种措施在现实世界中面临的困境：服务提供者和服务对象的适应均非易事，在整个福利事业仍未全面推行网络通信技术之前，某一两个项目的应用总会面临"木秀于林"的艰险。从老人是否能留在原居所的角度看，养老服务有机构服务和社区居家服务之分。走出中心城市，大部分乡镇养老院仍采用公办模式；走进各个老城区，希望在地安老的群体往往难以获得足够的社区支持。针对这两个全国性问题，蓝丹红等同学撰写的《社区日间托老服务发展问题及其成因分析》以及陈俊彤等同学撰写的《公办敬老院的现实困境与发展方向》分别以珠三角地区的微观案例，为我们剖析现实细节，进行各种改进措施的探索。

第二部分以"教育与社会流动"为主题，一共收录三篇调查报告，分别从入学公平、慈善融资与对口就业三个切入点透视当代社会。

20世纪六七十年代，研究教育与社会流动关系的西方学者就提出了"OED三角关系"理论视角，认为教育过程可以令一个学生的家庭背景对其最后获得的社会地位的影响减少，但这种理论或者说假设在历次教育扩招过程中并不能完全解释现实世界的流动性变化。在大学扩招前后的二三十年间，学生家庭的经济背景、文化背景和社会资本交替影响教育公平起伏的过程。钟小波等同学撰写的《家庭背景对通过631模式录取学生的影响》，基于实证，指出学生家庭的经济资本的影响力比不上文化资本与社会资本。换言之，学生能上什么学校，最后能从事什么类型的工作，并据此获得怎样的社会地位，更多与父母现时的社会阶层相关，而不仅仅取决于他们支付教育费用的能力。

在国家越来越鼓励慈善力量参与教育扶贫工作之际，王铀度等同学撰写的《教育扶贫的国强公益基金会模式》指出，珠三角地区的个别案例运作得相当成功，但这些案例的特殊性也使其模式相当难以复制。寒门子弟突破家庭社会经济水平带来的障碍，读大学之后，前景能否如上一辈大学生那样光明，正是摆欣悦等同学撰写的《高校社会工作专业对口就业问题研究》关心的核心问题。该报告挑选广东高校社会工作专业作为研究对象，指出大学生就业面临的种种困难。仅仅触及怎样考上大学和如何交学费等问题并不够，如果缺乏对就业质量的关注，那么就难以期望当下的大学毕业生能像20世纪八九十年代的前辈那样，通过就业获得足够多的向上流动的机会。

第三部分关注"基层治理"，收录了有关珠三角地区政府购买社会服务项目的三篇调查报告。

珠三角地区政府购买的社会服务，仍有相当比例是着力于完善传统的民政服务。与第一部分触及的社区养老服务相关，珠三角部分城市提供的老人社区用膳服务，已经从以前"一窝蜂"地搞大覆盖式的社区长者饭堂，发展到现时有针对性地推行"送餐配餐"服务。侯妙臻等同学撰写的《政府购买社会服务的成效与困境》是对广州市在这个领域推行的改革措施及其成效的分析报告。王潇等同学撰写的《NGO参与残障人士支持性就业服务模式研究》对一个NGO参与的残障人士支持性就业项目进行研究，文章指出，中国的社会力量仍处在刚刚起步阶段，政府在购买这些社会服务项目时，除了对它们提出各类考核指标与要求外，还得提供足够的培育措施。

珠三角地区的社会服务项目，除了完善传统的民政服务外，还有属于社会治理创新类别的综合型服务，珠三角地区的家综项目就是典型。目前对于社工家综项目的研究，主要以广州为对象，董蕴慧等同学撰写的《从项目制看社工人才流动》，选取深受广州影响的佛山作为研究对象。该报告与第二部分摆欣悦等同学撰写的报告相互呼应，从另一个角度剖析用人单位如何影响大学生对口就业。该报告也从一个侧面展示了大城市社会服务项目模式复制到二线城市时面临的难题与挑战。

诚然，从研究对象的多样性看，本书收录的三类报告均只着眼于珠三角城市的民生问题，这种不足与项目经费及调研条件的限制有关。然而，从社会政策方向教学的角度看，提升社会福祉这件事，本来就应该从关注身边人的困境开始。作为指导老师，我最期待看到的是，学生在做完这些研究后的下一个目标是什么。不管他们是否会因此继续深造，如果他们从这份报告开始，更加关心中国的社会民生，那便没有辜负学院领导和任课老师统筹策划这套丛书所付出的心血。

毕竟，社会政策与行政这个学科的教与学，不仅要为中国改革开放以来不断完善的治理模式总结各类微观经验，还要为未来肩负起国家建设重任的青年学生培育必要的人文关怀。

与诸君共勉。

陈永杰

2020 年 3 月 26 日

目录 Contents

养老服务

长期护理保险：顺流还是逆流？
——以广州市试点工作为例
………… 卢钰欣　张曼佳　卢倩娜　卢纪如　吴桂婷　张仲妍　邹嘉桓 / 3

技术治理视角下的智慧养老推广困境研究
——以 F 市 N 区为例………… 陈杰华　汤献亮　杨威乾　陈馨旖 / 28

社区日间托老服务发展问题及其成因分析
——以广州市为例
………… 蓝丹红　莫启星　李婉婷　马晓蓝　刘宝宜　梁颖欣　李嘉贤 / 62

公办敬老院的现实困境与发展方向
——以 F 市 G 镇为例………………………………… 陈俊彤　马晓蓝 / 94

教育与社会流动

家庭背景对通过 631 模式录取学生的影响
——基于中山大学的实证研究
………………………………… 钟小波　李家润　林啟鏘　冯樂茵 / 117

教育扶贫的国强公益基金会模式
　　——以其资助的两所慈善学校为例
　　………………………… 王铀度　汤鹏　苏泽涵　李正邦　刘璇 / 141

高校社会工作专业对口就业问题研究
　　——以广州市为例 …………… 摆欣悦　宋昭颖　杨钰柳　苏楚琦 / 159

基层治理

政府购买社会服务的成效与困境
　　——以"大配餐"为例
　　……… 侯妙臻　梁汉钊　陈滔　林冰纯　刘庆芳　李蓉蓉　杨慧　刘涛 / 189

NGO 参与残障人士支持性就业服务模式研究
　　——基于广州慧灵的案例
　　………………………… 王潇　梁倩君　黄洁琪　陈嘉怡　李宗娅 / 208

从项目制看社工人才流动
　　——以佛山市禅城区为例
　　………………………… 董蕴慧　安妍　王翊珵　公冶音凡 / 233

养老服务

长期护理保险：顺流还是逆流？
——以广州市试点工作为例

卢钰欣　张曼佳　卢倩娜　卢纪如　吴桂婷　张仲妍　邹嘉桓[*]

摘　要：在空巢老人数量庞大、老年人身体状况不佳及专业人士护理费用高昂的背景下，失能老人的养老问题备受关注，解决失能老人养老问题的长期护理保险制度应运而生。2017年8月，广州市开始开展长期护理保险的试点工作并以定点机构的形式进行。从实施结果看，无论是定点机构还是参保人的比例，广州市长期护理保险的资源更多用于发展机构护理。然而，国家政策、国际经验和老人都倾向于居家养老。相比之下，广州市的实践成为一股"逆流"。本文以广州市长期护理保险的定点机构及相关者为调研对象，探究广州市长期护理保险倚重机构护理发展而忽视居家护理发展的原因，并提出相应的意见和建议。

关键词：长期护理保险　广州市　居家护理　机构护理

一　导论

（一）研究背景

当前中国正处于转型时期，社会进步与社会代价共存，社会优化与社会弊病并生，社会协调与社会失衡同在（郑杭生，2009）。这给社会发展

---

[*] 卢钰欣，中山大学政治与公共事务管理学院社会保障专业2018级硕士研究生；卢倩娜，中山大学政治与公共事务管理学院行政管理专业2016级本科，已被武汉大学政治与公共管理学院行政管理专业录取为2020级硕士研究生；吴桂婷，中山大学政治与公共事务管理学院行政管理专业2016级本科，已被伦敦政治经济学院公共政策管理专业录取为2020级硕士研究生；张曼佳、卢纪如、张仲妍、邹嘉桓，中山大学政治与公共事务管理学院行政管理专业2016级本科。

带来了机遇，同时也使国家治理面临重大挑战。

近年来，中国的老龄化问题越来越严重，老龄化问题的不断突出给家庭和社会都带来了巨大的压力。2017年末，中国65岁及以上人口比重为11.4%，老年抚养比为15.9%（国家统计局，2018），按照联合国的标准，中国早已进入老龄化社会①。与此同时，老年人健康状况不容乐观，失能、半失能老年人较多。2016年，全国失能、半失能老年人大致为4063万人，占老年人的18.3%（民政部，2016），2020年我国的失能老年人预计达到4200万人（周润健，2016）。在老龄人口急剧增加、缺少子女照顾以及专业护理费用高昂的背景下，失能老人的养老问题及形势尤为突出和严峻。

为了解决失能老人群体的养老问题，保障失能老人基本生活权益，促进社会公平及养老服务产业发展，中央政府着力推动长期护理保险（简称"长护险"）制度实施。2016年6月27日，《人力资源社会保障部办公厅关于开展长期护理保险制度试点的指导意见》（人社厅发〔2016〕80号）正式出台，确定在15个城市开展长期护理保险试点，以探索符合中国国情的长期护理保险制度。

广州市是试点城市之一，其实施长期护理保险制度的必要性和紧迫性非常突出。2017年，广州市老龄化户籍人口占户籍人口的18.03%，其中老城区已达到中度老龄化城市的标准（秦松，2018）。截至2016年底，广州市失能、半失能老年人达到27万人，其中完全失能老年人为7.08万人，患有一种以上慢性病的老年人的数量占老年人总数的82.3%（广州市民政局，2018）。

2017年7月31日，广州市人力资源和社会保障局、广州市财政局、广州市民政局和广州市卫生和计划生育委员会联合发布《广州市长期护理保险试行办法》，自此，广州市正式开展长期护理保险的试点工作，以定点机构的形式为符合条件的失能老年人提供居家护理服务和机构护理服务。直至2018年12月，长期护理保险制度已在广州实行18个月，已有4000多位重度失能老年人申请办理长期护理保险。广州市人力资源和社会保障局公布了两批共67家长期护理保险定点机构，其中居家护理类型的机构仅有12家，约占定点机构总数的18%。截至2018年9月30日，共产生

---

① 按照联合国的标准，60岁及以上老人占总人口的10%，或65岁及以上老人占总人口的7%，该地区被视为进入老龄化社会。

27批参保人员，共计4699人。但其中，居家护理类型的参保人数仅为机构护理类型的参保人数的一半。不难推测，在广州市长期护理保险中更多的资源被用于发展机构护理。

（二）研究问题

《中共中央关于制定国民经济和社会发展第十三个五年规划的建议》明确提出"建设以居家为基础、社区为依托、机构为补充的多层次养老服务体系"（央广网，2015）。在中国，受到传统家庭文化的影响，老年人更愿意留在家中安度晚年。中国人民大学中国调查与数据中心在2014年对老年人进行的抽样调查显示，全国94.1%的老年人会选择在自己家或者在子女家养老，只有4.2%的老年人会选择在养老院、日托站或托老所养老（金台网，2016）。同时，西方发达国家的养老体系经历了从机构化到去机构化、离地安老到在地安老的发展，将不同的社会力量融入养老服务当中，更是顺应了老人的自身意愿。

然而，在长期护理政策向居家养老倾斜及养老服务去机构化逐渐成为世界共识的条件下，广州市的试点实施情况却是机构护理类型的定点机构远多于居家护理类型的定点机构，机构护理类型的参保老人是居家护理类型参保老人的两倍。居家养老的市场供给和需求都不是养老市场的主流，这与国家政策、老人的意愿和世界潮流背道而驰。

基于上述背景，本文提出以下两个问题：一是这种偏离了政策方向和世界潮流的现象背后到底存在什么样的原因？二是政策制定者们应当如何去解决政策偏离的问题？通过对广州市机构养老服务和居家养老服务的深度了解，结合对政策文本、公开数据的深入分析，本文进一步探究造成这种现象的制度原因和现实原因，并为长期护理保险制度回归政策方向、顺应世界发展潮流提出有针对性的对策建议。

（三）研究意义

1. 理论意义

对于长期护理保险的相关文献，从时间发展上可分为三类：第一，对国外经验的综述（周春山、李一璇，2015；和红，2016；王杰秀等，2018）和对国内建立长期护理保险制度必然性的探讨；第二，对长期护理保险供需影响因素的研究；第三，关于具体政策设计的讨论（荆涛，

2006；戴卫东，2012，2014）和我国试点实行长期护理保险政策后对地方实践经验的总结与展望（戴卫东，2017；李琦，2018）。研究虽多，但多停留在表面的政策描述上，并没有具体分析长期护理保险制度本身的定位和政策的方向，也没有将国内长期护理保险发展的方向与世界的方向进行比较分析。本文旨在通过介绍试点情况，分析存在的问题及其原因，从理论上构建长期护理保险制度的框架，探索发展方向，这对于其他地区推进长期护理保险制度实施以及建立真正符合中国国情的长期护理保险制度都具有非常重要的理论意义。

2. 现实意义

养老作为国家、社会和家庭必须承担的责任，对于提升老人生活质量、维护社会稳定具有重要意义。本文通过探究广州市养老体系中长期护理保险制度的现状，发现目前制度实施中存在的问题，并探寻问题产生的原因，从而提出有利于长期护理保险制度发展的对策建议，这对解决目前国家治理中突出的养老问题有重大的现实意义。

同时，本文通过分析广州市长期护理保险试点出现政策偏离现象的原因，对长期护理保险制度未来的实施方向与目标的确立提出对策建议。

二 文献综述

（一）概念界定

1. 长期护理

按照世界卫生组织的定义，照护[①]是由非正规照护提供者（家人、朋友或邻居）、正规照护提供者（卫生、社会及其他专业人士）以及志愿者进行的护理照料活动体系，以保证那些不具备完全自理能力的人能继续得到其个人喜欢的生活以及具有较高的生活质量，获得最大程度的独立、自主、参与、个人满足及人格尊严。陈杰（2002）认为，长期护理针对的是生活不能自理的老人，为他们提供的是日常生活照料和医疗护理照料。中国学者戴卫东（2014：2）对长期护理的定义是"针对患有慢性疾病或处

[①] "照护"与"护理"意思相近，由于译者习惯不同，国内存在"照护"与"护理"两种不同的翻译，本文行文中主要使用"护理"，但在具体语境中会根据文献引用情况酌情使用"照护"。

于生理、心理伤残状态而导致生活不能自理或半自理，在一个比较长的时期内需要依赖他人的帮助才能获得最大限度的独立与心理满足（psychological comfort）的个人，提供的医疗保健服务（health care）和日常生活照顾（life help）的总称"。结合研究需要，本文将采用学者戴卫东的定义。

2. 长期护理保险

美国健康保险协会将长期护理保险（Long-Term Care Insurance，LTCI）定义为"为消费者设计的，对其在发生长期护理时产生的潜在巨额护理费用支出提供保障的保险"（曹艳春、王建云，2013）。

理论上，中国学者荆涛（2010）将长期护理保险定义为"对被保险人因为年老、严重或慢性疾病、意外伤残等导致身体上的某些功能全部或部分丧失，生活无法自理，需要入住长期护理机构，譬如安养院等接受长期的康复和支持护理或在家中接受他人护理时支付的各种费用给予补偿的一种健康保险"。戴卫东（2012：8）认为长期护理保险是"国家颁布护理保险法律，以社会化筹资的方式，对由于患有慢性疾病或处于生理、心理伤残状态而导致生活不能自理，在一个比较长的时期内需要他人的帮助才能完成日常生活的人所发生的护理费用以及对非正规护理者的补助进行分担给付的一种制度安排"。根据世界和中国的实践和经验，本文将采用学者戴卫东对长期护理保险的定义。

（二）养老服务与养老模式

养老服务是指为老年人提供的各种满足其晚年物质生活需求和精神生活需求的服务，包括基本的生活照料、医疗护理、精神慰藉、法律援助等（李琦，2018）。

从居住方式看，养老模式可以分成两类：一类是老人集中居住在敬老院、福利院、托老所或疗养院等养老机构养老，这种模式被称为机构养老；另一类则是老人分散居住在各自的家庭养老，这种模式被称为居家养老（杨宗传，2000）。

（三）国外经验：养老服务的"去机构化"进程

从19世纪开始，欧洲各国政府纷纷投资建造大型的福利院、托老所、疗养院等福利机构。机构养老作为一种社会福利模式在欧洲开始盛行，为生活不能自理、独居的老人提供专业化和集中化的照护和服务（李长远，

2014）。但是这种传统的机构养老服务使老年人的生活与家庭和社区分离，与社会严重隔离，机构人手短缺、缺乏个性化、医院式运营、压抑老人的活力与自主的生活方式等问题一直被人们诟病（艾博，2015）。因此，大多数发达国家已完成了从机构养老服务到社区居家养老服务的转变。下文主要选取美国、德国、瑞典和日本等国家来分析养老服务"去机构化"的实践。部分 OECD 国家居家护理与机构护理覆盖面见图1。

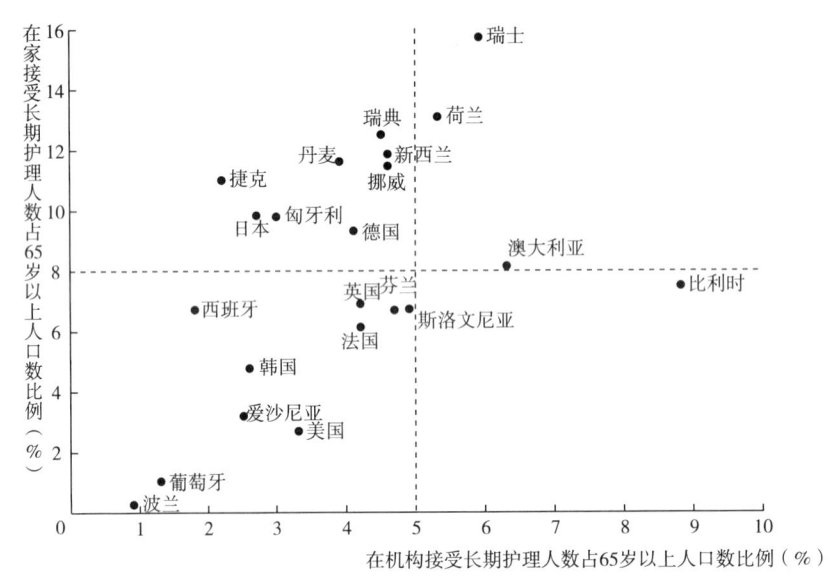

图1 部分 OECD 国家居家护理与机构护理覆盖面

资料来源：王杰秀、徐富海、安超、柯洋华（2018：10）。

1. 瑞典

20世纪60年代，瑞典开始设立长期护理病床，并开设了大量护理之家和老人院。20世纪60年代末，由于经济负担过重及人性化照顾不足，瑞典提出"原居养老"的观念，80年代开始在社区兴建"老人庇护住宅"（侯淑肖等，2010：11）。

瑞典政府推行了许多政策来鼓励居家养老。在住房优惠政策上，瑞典政府规定，凡领取国家养老金的老年人都可以领取住宅津贴，并推出"55岁以上居住房"供老年人自由选择。同时，政府还发放修建补助来满足老年人自行修复住宅的需要。此外，瑞典认为市政府有义务为那些照顾患有慢性病的老年人、残疾人的家庭人员提供支持和服务（史若含，2016）。

从瑞典 65 岁以上人口在家养老和在机构养老占比趋势（见图 2）可以看出，瑞典在家接受长期护理服务的人口比例不断上升，而在机构接受长期护理的人口比例不断下降（王杰秀等，2018）。

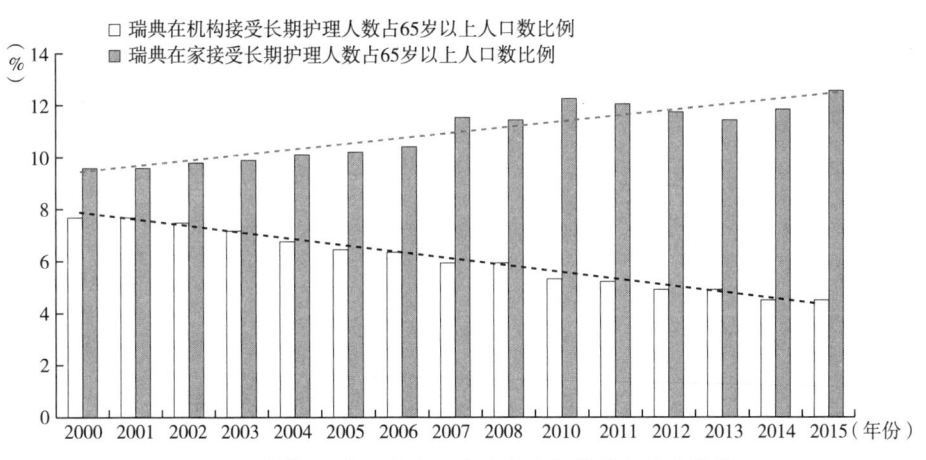

图 2　瑞典 65 岁以上人口在家和在机构养老占比趋势

注：图中 2009 年数据缺失，图中斜线为趋势线。
资料来源：王杰秀、徐富海、安超、柯洋华（2018：10）。

2. 德国

调查研究表明，德国老年人喜欢在家里得到照护，宁愿接受一个更低标准的现金给付也要留在家里（Campbell，Ikegami，Gibson，2010）。德国的长期照护保险制度体现出对居家养老，尤其是对其中的非正式照护的鼓励和支持。一方面，虽然申请者可在机构照护和居家照护之间选择，但只有在严重失能且家庭照护无法满足其需求时，申请者才选择机构照护。另一方面，德国从家庭成员对受益者更了解以及尊重家庭养老的传统出发，重点采用现金给付方式，以鼓励非正式照护（和红，2016）。另外，在家庭照护中，家庭成员如果参与照护，就可以得到照护津贴。这意味着，如果家庭成员因为照护而放弃工作，就将得到一部分现金补贴作为补偿，并且享有社会保险的权益。除家庭成员外，需要照护的人也可以自行选择亲属、邻居和友人来进行照护，他们均可获得现金形式的照护津贴（刘涛，2016）。

3. 美国

在美国，社区居家养老的模式更受推崇，这种围绕家庭而建立的养护辅助模式可以有效地使传统养老组织"去机构化"，更加凸显有温度的关怀（艾博，2015）。美国的护理业相当发达，但在接受长期护理服务的被保险人中，仅有1/5的老人住进专业护理机构，另外4/5的老人则在家中或社区接受各种护理服务（荆涛，2006：95）。20世纪80年代末，美国政府为了鼓励居家养老，一方面通过加大对机构的筛查力度减少机构的床位及对机构的资金资助来限制养老机构的规模；另一方面通过降低医疗救助的申请标准，加大对医疗救助的资助力度（Feder, Komisar, Niefeld, 2000）。1997年，美国政府推出全面医疗照顾项目（The Program of All-Inclusive Care for the Elderly），鼓励老年人接受社区居家养老服务。2013年，美国养老服务"去机构化"初见成效，公共医疗补助制度（Medicaid）项目用于长期照护的社区服务支出首次超过机构服务（王杰秀等，2018）。

4. **日本**

对于长期照护保险制度，日本借鉴德国的经验，重视居家养老服务，在去机构化的实践中不断努力。日本长期照护保险制度突出体现在住房改造、对被保险人住宅进行改造方面，这既帮助被照顾者改善日常生活，同时也减少了护理人员的劳动量（田香兰，2009），从而促进居家养老服务更好发展。在2005年的长期照护保险制度改革中，一个重要内容是建立社区服务体系，这主要是为了方便老人在其住宅附近接受多样的服务（宋金文，2010）。

（四）国内研究现状

近年来，由于家庭结构的核心化和家庭少子化，中国的家庭养老功能在逐渐减弱（许爱花，2005）。养老功能从家庭逐渐向社会转移，这就是"社会化养老"（穆光宗，2000）。"社会化养老"包括机构养老和居家养老，对于以发展哪种养老方式为主，目前国内学界存在不同的观点。一部分学者认为应该提高正式机构为老年人提供长期护理的强度，认为养老机构是最适合接收失能老人的地方（穆光宗，2012）。对于老人而言，尤其是对于经济状况较差的失能老人来说，他们无法负担昂贵的医院服务，机构养老让他们有了替代医院服务的选择（黄成礼，2006）；对于失能老人家庭而言，机构养老可以缓解其经济负担（黄成礼，2006；于潇，2001）。对于社会而言，发展专业化的养老机构可以促进就业，缓解劳动力过剩的问题（于潇，2001）。另外，于潇（2001）提出居家养老的机会成本呈上升的趋势，实现养老效用最大化越来越困难。公共机构养老的成本比较稳定，能够更大程度地满足老年人生活照顾方面的需求。

然而更多的学者主张以居家养老为主的服务体系。第一，居家养老符合老年人综合生活意愿（姚远，2008）。在抽样调查中，无论是发达城市的老人还是农村老人，都表示不愿意离开家居环境进入养老院接受照料，年龄越大的老人越愿意在家养老（张歌，2018；狄金华等，2014）。因为居家养老能够让老年人继续在自己熟悉的环境中生活，不割裂老年人的社会网络（龚静怡，2004）；而且就住房模式来讲，在地养老独立的住房能够给予老年人尊严和独立性，这是除了物质条件外必须考虑的心理和社会意义（姚远，2008）。第二，居家养老的成本相较机构养老更低，能促进资源的合理配置（周春山、李一璇，2015），它能够利用自我、家庭、社会等多种养老资源，为老人提供足够的生活需要（姚远，2008）。居家养老在投资少、成本低的前提下能够达到服务广、见效快的效果，有效减轻老年人的压力，因此更应该成为当前乃至未来中国应对人口老龄化的必然选择（章晓懿、刘帮成，2011）。第三，机构养老有着自身无法克服的局限性（王锦成，2000）。随着老龄化现象的加重，需要照料的老人数量急剧增加，养老机构的建设和运转会给政府带来难以承受的财政负担。而且老年人进入机构养老使大量住房和设施不能得到充分利用，造成社会资源严重浪费（安硕，2015）。第四，居家养老的重要价值之一是培养老人的独立性（姚远，2008）。在养老机构中，较完善的专业服务可能使老人形成依赖，反而加速其身体机能的退化，弱化其独立生活的能力；同时，缺少自主性的生活使老人丧失独立意识，缺乏社会参与的环境。第五，居家养老能够为下岗人员、相对年轻的退休人员和农民工提供一个全新的就业前景（安硕，2015）。第六，居家养老能够为社会公益服务及精神文明的传达提供基础性保障（安硕，2015）。

近年来学者们对国内长期护理保险制度实施情况进行实证研究，却发现长期护理保险制度在推行过程中并没有鼓励老人选择居家护理，反而对机构护理有明显的倾向性。例如，长春市规定长期护理保险的受益人群是入住定点养老或护理医疗照护机构的生活自理能力重度依赖的人员，这样的政策可能造成更多的失能人员选择住院或入住养老机构，引起"社会性住院"现象（戴卫东，2017）。

（五）文献评述

1991年的《联合国老年人原则》再次强调老年人应该得到家庭和社区

根据每个社会的文化价值体系而给予的照顾和保护（张雪，2017）。从世界发展潮流来看，长期护理保险的发展呈现向居家养老服务转移的趋势。并且在长期护理保险体系中，各国都非常重视居家护理和社区护理，这两种方式在"去机构化"呼声中渐渐成为绝大多数国家倡导的养老服务主流模式（戴卫东，2016）。同时，大多数中国学者在理论上认可居家养老，鼓励居家养老的发展。它既满足了老年人离不开熟悉环境的心理需求，也提供了为老年人护理的场所，还避免了住院和入住护理机构的高昂费用问题。这种发展趋势是符合社会文化价值体系，以及满足老年人自身需求的。虽然我们可以看到一部分学者支持大力发展机构养老服务，并且持有与支持发展居家养老服务相反的观点，但是从文献的时间来看，多数观点和理论至今已有十余年的历史，已不适合今天的社会，并且难以在现实中得到印证。就养老费用而言，他们只是对比了机构养老与医院服务费用（黄成礼，2006；穆光宗，2012），而未对机构养老和居家养老费用进行比较，未看到居家养老模式更少的费用和更多元的资源利用。就养老服务行业而言，他们只看到了机构能够提供就业岗位（于潇，2001），而未看到居家服务也能提供就业机会。更重要的是，支持机构养老的学者忽视了机构养老无法满足老年人在心理、精神乃至人格等方面需求的事实。

从理论上说，学者们多数推崇居家养老的发展。但是，从目前仅有的实证研究中不难发现，我国长期护理保险制度并没有朝"去机构化"和"就地养老"的趋势发展，也有违政策初衷，机构养老在定点名额、补贴资金中占用了大部分的资源，居家养老在夹缝中生存。在这个问题上，市场需求方、服务供给方、政策执行过程、劳动力市场间存在很大的探究空间和连环效应。

长期护理保险在中国仍然处于起步阶段，现在学术界对中国长期护理保险的研究甚少，基本上集中在养老方面。对于中国是否在实践中真正鼓励居家养老，学者并没有研究。本文从广州市长期护理保险定点实践出发，探究在长期护理保险实践中，其是否真正追随世界潮流和顺应老人自身需求进行政策制定和实施，进而为弥补相关理论的不足提出对策建议。

三 广州市长期护理保险政策及实施

从《广州市人民政府关于加快养老服务业综合改革的实施意见》

（2015）、《广州市民政局对广州市政协十二届五次会议第 5015 号提案的答复（摘要）》（2016）、《广州市社区居家养老服务管理办法》（2016）三个政策报告可以发现居家养老的目标愈加明晰：从"以居家为基础、以社区为依托、以机构为支撑"变为"社区居家养老服务，是以家庭为核心，以社区为依托，以专业化服务为主要形式，充分利用各类社区资源，为居家老年人提供的社会化服务"。

另外，2017 年 7 月 29 日颁布的《广州市老龄事业发展第十三个五年规划（2016—2020）》更加具体地明示了居家养老服务的主体地位，"将养老资源向居家社区服务倾斜，向农村倾斜，向失能、半失能老年人倾斜，提升养老保障水平"，"鼓励长期护理服务机构的服务向社区和家庭延伸，促进居家养老服务与长期护理服务的有效结合"。可以说，政策一直以居家养老服务为主流方向。然而，实践证明，在政策落地的过程中，却产生与政策方向相违背的"逆流"现象。

（一）定点机构情况

自 2017 年 8 月广州市试行长期护理保险至今，广州市人力资源和社会保障局官网先后发布两批长期护理保险定点机构名单。第一批是 2017 年 6 月公示，第二批是 2018 年 6 月公示。

在第一批长期护理保险定点机构名单中，一共有 29 家机构。其中 26 家为机构护理类型（占 90%），2 家为居家护理类型[①]（占 10%）。通过分析机构名单可以发现，居家护理类型的定点机构远少于机构护理类型定点机构，导致居家护理类型的参保人来源十分集中。

2018 年 6 月，新的一批定点机构名单出炉，共有 38 家新增机构，其中含 2 家在第一批定点机构中的服务类型为机构护理的机构，但在第二批中新增了居家护理类型机构，分别是广州市松鹤养老院有限公司和广州市孝慈轩养老院有限公司，此外新增了 8 家居家护理类型定点机构和 28 家机构护理类型定点机构。从数量上看，居家护理类型定点机构比例有了提高（为 19%），但其占比仍然远小于机构护理类型定点机构（为 81%）。

---

① 两家居家护理类型机构分别是广州市家佳护理服务有限公司和广州一家依养老服务有限公司。广州市白云博爱园老人院同时属于机构护理和居家护理试点类型。

（二）长护险补贴情况

《广州市长期护理保险试行办法（征求意见稿）》（2017）对长期护理保险基金筹资、支付标准及费用结算有明确规定。

1. 在筹资标准方面，长期护理保险基金纳入社保基金预算管理，从职工社会医疗保险统筹基金划拨，具体按照每人每年 130 元的筹资标准和本办法所规定的待遇标准，测算次年的长期护理保险收支需求，并将其列入职工社会医疗保险基金收支预算，由职工社会医疗保险基金专户划入长期护理保险基金专户。

2. 在支付标准方面，分为基本生活照料费用和医疗护理费用，再根据机构和居家护理划分不同标准。属于长期护理保险基金支付范围和支付标准以内的基本生活照料费用及经核定的医疗护理费用，不设起付线，由长期护理保险基金按机构护理 75%、居家护理 90% 的比例支付，机构护理每人每天补贴的最高标准为 90 元，居家护理为 103.5 元，支付限额如下。

（1）入住长期护理定点机构的（机构护理），其基本生活照料费用以不高于每人每天 120 元（含床位费，床位费不高于每人每天 35 元）的标准按比例支付。居家接受长期护理定点机构提供服务的（居家护理），其基本生活照料费用以不高于每人每天 115 元的标准按比例支付。

（2）对经核定的医疗护理费用按项目及相应支付比例支付，最高支付限额为每人每月 1000 元。

3. 在费用结算方面，参保人员在长护定点机构发生的长期护理保险费用由长护定点机构通过信息系统记账。长期护理保险费用中属长期护理保险基金支付的部分，由医疗保险经办机构与长护定点机构按服务项目结算；属个人负担的部分，由参保人员自行支付。

（三）参保人员情况

长期护理保险试行后，在 2017 年 8 月 8 日至 12 月 21 日，共产生了 10 批参保人员，共计 2578 人；在 2018 年 1 月 15 日至 12 月 17 日，共产生了 25 批参保人员，共计 6334 人。可见长期护理保险的普及度和惠及人数按时间跨度来看反而有下降趋势。

其中，截至 2018 年 9 月 30 日的第十七批公示，确定为机构护理类型的参保人员数是 2941 人，居家护理类型则有 1653 人参保，剩余 105 人的参保类型不详。从人数来看，居家护理类型的参保人数占比为35%，仅为申请机构护理类型的参保人数的一半。

观察属于机构护理类型的广州市荔湾区西塱敬老院、广州市老人院等机构的参保人员可以发现，2017年4个月内两院参保人数分别为132人、166人，2018年8.5个月内两院参保人数分别为48人、31人，增速明显变缓。

在2017年第一批定点机构中，居家护理类型的广州市家佳护理服务有限公司和广州一家依养老服务有限公司在2017年4个月内参保人数分别为346人、189人，2018年8.5个月内参保人数分别为778人、335人，惠及人数明显增加。在长护险总的参保人数增速变缓的情况下，申请居家护理类型长护险的参保人数反而呈稳定状态。

根据以上数据，若以2018年为分界点，2018年之前，参保机构护理的人数明显多于参保居家护理的人数；2018年之后，参保机构护理的人数明显少于参保居家护理的人数。总体来看，居家护理参保人员的总数还是少于机构护理参保人数。

居家护理类型的参保人数稳定上升，但值得注意的是，申请居家护理类型的参保人十分集中。仅广州市家佳护理服务有限公司这一家公司就有1124名参保人，占比为68%。另一家占比较大的公司是广州一家依养老服务有限公司，有524人。而像广州市白云博爱园老人院是机构护理和居家护理双重定点机构，试行以来，参保人数只有53人，更不确定其中申请居家护理的人数，这样的占比在不同的居家护理类型定点机构中呈现显著的差异。

2018年6月广州市人力资源和社会保障局公布了第二批定点机构名单，新增了38家机构，其中10家为居家护理类型机构。但截至2018年9月30日第十七批参保人员名单公示，除了广州市松鹤养老院、广州市孝慈轩养老院外，新增的定点机构尚未产生参保人员。通过调查发现，在参保人员名单中，在广州市松鹤养老院申请居家养老护理的老人仅有5人。为何时隔3个月，仍然没有新增机构的参保人员出现在公示名单中？本课题组猜测，参保的申请从交到政府工作人员手上到受理再到公示，会有相当长的一段时间，整个申请过程存在延迟性，这一过程往往需要3个月甚至半年的时间，这也导致目前的数据无法反映长护险第二批新增定点机构的人数变化情况。

四　长期护理保险现存问题

广州长期护理保险试行已近两年，对两批定点机构的参保人员而言，政策成效显著，有效地减轻参保长者及其家属的经济负担，进一步焕发养老护理服务市场的活力，提高长者生活满意度。然而，政策执行的效果与政策制定的初衷不可避免地会存在落差。总体来看，长期护理保险试点的实践存在两大问题：一是机构护理与居家护理发展不均衡，二是居家护理补贴标准及程序存在不足。

（一）机构护理与居家护理发展不均衡

从试行情况来看，广州的长期护理保险实施情况总体呈现"过于倚重机构护理发展，相对忽略居家护理发展"特征。无论是定点机构数量还是参保人员数量，居家护理类型的数目远少于机构护理。毋庸讳言，我国长期以来在养老资源上较多偏向机构（公办养老院），因此提供居家养老服务的公司本就比限定床位的养老院少，再加上长期的政策倾向，居家养老服务处于较为艰难的发展处境，符合居家护理资格的公司也比符合机构护理资格的养老院少很多。另外，也可能存在一些申请居家护理类型的定点机构在第一批申请过程中不符合资格后进行整改，在第二批审核中通过的情况。

此外，由于信息成本的存在，政府机构与提供机构护理的养老院联系较为紧密，在长护险推行过程中，具有护理定点申请资格的机构能够获得更多的信息，而申请居家护理定点的机构的响应相对较慢，因此第一批居家护理的定点机构非常少，第二批增加了许多。国家政策鼓励居家养老服务的发展，在近两年政策的推行过程中或多或少对提供居家养老服务的公司进行了一定的宣传和指引，因此在第二批有更多的居家护理类型定点机构出现。

（二）居家护理补贴标准及程序存在不足

从补贴的力度来看，居家护理类型的参保人能够获得的补贴更多，这在一定程度上反映了政策对居家养老的鼓励。但是，对于新增居家护理服务的养老院而言，政府的补贴远不及其所需投入，未对部分需要服务使用方（长者）进行补充，这可能导致出现潜在的居家护理需求者群体规模缩小的局面。

根据目前情况来看，居家养老的补贴是远远不够的。本课题组在访谈某长护定点机构负责人和部分接受机构护理的老人时发现，老人通常因为居家养老的成本过于高昂、超出其支付能力而选择机构养老。该机构负责人亦表示："长护险居家每天最高报销103.5元，没有办法覆盖全天的护理费用。现在可以做的是每天上门2.5小时，就可以让老人不掏钱。"对于这一点，选择在家里雇用家政保姆的老人表示，他们需要的是一个全天候的保姆提供一种全天候的服务而非一个每天只上门几小时的护工。因此，补贴并不能够满足居家护理老人的需求，居家护理的替代作用微乎其微。

问："为什么不考虑留在家里找护工呢？"

G养老院某老人："找护工你还要有地方给她住，家里没有这么多地方嘛。而且在家里找护工更贵，一般都要4000多元，这仅仅是工资，还要管她吃住呢。"

S养老院接受机构护理的老人A："那个负担不起啊，请个保姆要五六千元，请不起啊。"

S养老院接受机构护理的老人B："没有啊，我有什么能力请保姆呢？"

S养老院接受机构护理的老人C："没有钱。因为请保姆还要几千块，还要包吃包住。"

毋庸讳言，居家护理补贴标准并不能满足老人的实际需求。同时，在参保总人数变化不大的情况下（2017年为2075人，2018年为2121人），机构护理新参保人数普遍减少，居家护理参保人数普遍增加。居家护理需求日益增长，由此其对补贴标准及补贴申请程序有更高层次的要求。对于申请程序来说，从最初的申请到拿到补贴，需要3个月的时间，不少长者及机构相关负责人表示该过程太长，尤其是申请等待的3个月。若长者能够申请到参保资格，从程序来说，则理应将补贴时间提前至政府评定后的时间段。

五 长期护理保险"逆流"的原因分析

简而言之，长期护理保险因"逆流"而引发一系列问题，因而有必要对"逆流"背后的因果运作机制进一步挖掘。从世界发展潮流来看，长期护理保险的发展呈现向居家养老服务转移的趋势。并且在长期护理保险体系中，各国都非常重视居家护理和社区护理，这两种方式在"去机构化"呼声中渐渐成为绝大多数国家倡导的养老服务的主流模式（戴卫东，2014）。另外，从抽样调查来看，居家养老符合大多数老年人的养老意愿，老人更愿意在熟悉的环境中接受照料（张歌，2018；狄金华等，2014）。

在实践方面，我国形成以居家为基础、以社区为依托、以机构为补充、医养相结合的养老服务体系，这也表明居家养老服务的重要性。然而，为何我国在实际中倾向于机构护理，居家护理并未发挥应有的作用呢？以下将结合居家护理存在的问题以及长护险对居家护理发展的局限和作用进行原因分析和探究。

（一）居家护理存在的问题

1. 发展条件不成熟

与居家护理相比，机构护理的发展条件较为成熟，整个操作流程比较完善，在评估等方面，因为经验充足以及护工对老人较为了解而具备高效率。然而，居家护理是政府近年来才开始推行的，作为新的事物，需要机构培养新的管理团队以及配备人员。无论是对养老机构而言还是对政府而言，相比具备现成标准的机构护理，居家护理不仅效率较低，同时也增加了成本。

S养老院某居家护理主管："因为它（机构护理）整个的操作流程都相对比较成熟，不像居家护理有很多的困难在里面。我们主要是机构实体，在这边开展会比较方便。只要老人住进来，我们就立马给他们做一些评估，根据这个评估结果去申报，就比较方便。"

2. 监管成本高，可控性较低

机构护理的监管成本更低且可控性更强，因为老人都居住在同一个地方，护工也都是在机构内为老人服务，管理人员更容易对护工的服务质量进行监管和控制。而居家护理中的护工在不同的老人家里为老人服务，管理人员需要上门进行监督，成本较高，因此无法对每次上门服务都进行监管，只能每个月进行一次巡查，可控性较低。

S养老院某居家护理主管："机构也要考虑这些风险，但是机构毕竟是在一个人可控范围内，它可以做到标准化，它可以每天有这么多人在监管。你说我要是派一个人上（老人家里）去，我怎么监管？没有那么多精力去监管。"

3. 评估成本较高

在机构护理中，专家评估较为方便，成本低且效率高，因为老人大量集中在机构里，专家可以在较短时间内评估较多的老人。而在居家护理中，专家需要上门对老人进行评估，增加了出行时间和费用，效率较低。

问："请问居家护理的评估流程是怎么样的呢？"

S养老院某居家护理主管："我们初评之后，统一上报到系统里。医保局会做统一筛查，然后确定可以享受保险的名单，我们协商再次进行专家评估的时间，然后会带专家去老人家里，综合看一下环境、老人具体的生活状态。"

问："专家来评估的话，来一天能评多少个人呢？"（机构护理评估）

S养老院某院长助理："我们最多的那次申报了70个人，一天之内评完了，那天来了7个专家。"

4. 风险较大

居家护理的风险较大，因为其随机性大，老人的需求总是在不断变化，这会影响包括护工上门时间在内的因素。老人会根据每天自身的不同情况，改变原本协议中定好或者提前预订好的服务时间，给护工的管理安排工作造成了一定程度的困难。

S养老院某居家护理主管："因为客户少，我们不可能提出太苛刻的要求。我们定了9点半上门，就必须9点半上门，不管有没有事情可以做。但是客户会说9点半实在没有事情可以让你做，能不能挪到10点半或11点半？这种调整经常有。……今天没有安排人上门，但是客户今天需要啊，我就要临时派人过去。"

5. 专业性较低，及时性较低

机构中的设备较为齐全，可以给老人提供更多医疗服务。另外，护工和医生几乎可以全天 24 小时照护老人，能够及时满足老人的需求以及治疗突发疾病，专业性和及时性较高。与此相反，护工难以携带大型机器设备到老人家中，也难以提供全天居家服务。

问："您觉得在养老院有什么地方比在家里好？"

S 养老院接受机构护理的老人 B："有什么事情医生会过来看我，这里就比家里好。我觉得肚子痛，就有医生过来，去年我肠闭塞，那时候肚子非常痛，几个医生过来看我，打电话让我家人带我去医院。……有什么（不舒服）都有医生过来，好在有这个，在家就不会有这种（照顾）了。"

问："您是否觉得您的需求在这里可以及时得到满足？"

S 养老院接受机构护理的老人 C："重病的话马上就会打电话给家人，轻的话就不会打。重病这里是不负责的，这里也有医生，医生发现我们一有重病就会马上打电话给我们家里人。"

问："那如果在家养老能给补贴，您会选择在家养老吗？"

S 养老院接受机构护理的老人 A："毕竟家里环境熟悉，都是家人在身边，这当然好。但是像我这样家里没有这些设备，始终不太好。"

6. 老人意愿不足

在老人看来，与私人养老院相比，公办机构更加正规，服务较为周到，能让他们安享晚年，所以他们倾向于选择公办机构。另外，居家护理费用较高，超出了他们的可承受范围，这是促使他们倾向于选择机构护理的重要原因。

G 养老院某老人："这个养老院算是很齐全了，有医院有护士，就是有一些细节还没做好。很多私人养老院都没有医疗条件，而且它们还要赞助费五万块。公立的只需要你给两万块。我们走了之后，我们的子女可以拿回这两万块。交给很多私人养老院的五六万块赞助费之后是拿不回来的。这种公立的算很好了，因为是国家扶持的，属民政局管。"

总的来说，与机构护理相比，居家护理存在发展条件不成熟，成本和风险较高，可控性、专业性和及时性较低，以及老人意愿不足等问题。

（二）政策原因分析

长期护理保险政策于 2017 年 8 月在广州试点实施，距今只有一年多的时间，第二批次的定点机构接触长护险的时间更短，时间上的限制是目前居家护理服务无法充分发展的重要原因。除此之外，通过访谈发现，长护险政策在具体实施中也存在诸多问题，使得居家护理服务没能突破其自身缺陷，成为目前广州市主流的养老服务模式，实现政策目标。

1. 政策的实际受益对象有限

考虑到居家护理的风险，一部分老人不得不选择机构护理或者被迫放弃补贴机会，这导致长护险的实际受益范围十分有限。

一方面，除了政策上规定的限制条件外，居家护理类型的机构对老人的身体状况有自己的考量标准。调研结果显示，对于一些高危疾病，机构会根据自己的利益考量来决定是否为其申请长护险。另一方面，已经请了保姆的居家老人无法既得到现有保姆的照顾又享受长护险的补贴。主要原因在于长护险政策没有将保姆与护工的界限确定清楚，而给予机构自主发挥的空间。从目前情况来看，对于机构来说，如果保姆没有挂靠机构而老人享受到了长护险补贴，机构由于无法培训、管理保姆而具有一定风险，机构的成本就会上升，无法在已有条件下为老人申请长护险；而老人出于现实考虑，没有必要为了补贴而既请保姆又要求护工上门服务。所以，对于老人来说，现有的保姆服务和长护险补贴是冲突的。上述情况中，老人由于资格不符或者自主选择放弃申请长护险，所以在实际中真正可以申请长护险的老人比政策所针对的目标群体要少得多。

问：会接收高危的那种老人吗？

S养老院居家护理主管："我们会做一个考量，这个不会明确定下来，传染病跟精神类疾病会定下来，但是像高危疾病的话，就要评估一下，这个我不会完全定下来，因为我要把主动权掌握在我自己手里，想做我就做，不想做我就不做了。"

S养老院机构负责人："因为现在政策正在完善。像我们之前讨论是不是他家里面有家属、有保姆也可以去做定点，但是政策上没有完全放开，没说能也没说不能。对于自己在家里请保姆然后去申请长护险的情况，这里面又有一些手续和风险问题，我们没有做这块。"

问：是不是很难开展居家护理服务呢？为什么这么难呢？

S养老院机构负责人："因为我们去宣传过了，那些全都是请了保姆的，他们不想要一个护工每天只去几小时，他们想要一个全天的保姆。所以说有保姆的话一般是报不了长护险的，因为不符合规定。"

2. 政策要求与补贴金额之间不匹配

虽然政府在报销比例和补贴金额上更倾向于居家护理，但是其标准化的要求与补贴的金额并不匹配，这不仅会影响老人的选择，也会使机构提供居家护理服务的动力减少。

从老人的角度来看，这种不匹配不仅没有满足老人的需求，也没有减轻老人的负担。政策要求护工每天上门并提供每次4个小时以上的服务，但调研发现，老人的需求具有多样性和多变性，并不一定需要每天上门，也并非每次都需要4个小时以上的服务。不仅如此，每天上门和每次4个小时以上的服务时间也意味着每天产生200元以上的费用，每天最多报销的103.5元无法减轻老人的负担，这让很多老人望而却步，去选择机构护理。

从定点机构的角度来看，为了满足老人的需求，考虑到老人的负担，机构不仅要承担亏损，还面临违反政策要求的风险。在调研中我们发现，目前居家护理类型的定点机构处于一种矛盾的状态。如果既满足政策需要又考虑老人负担，则机构就会处于亏损状态，这对于民办机构来说是难以承受的；如果满足老人多样性的需求并保证运营，机构就必然会违反政策的要求。在这种两难的困境下，机构继续开展居家护理服务的积极性难以保证。

S养老院居家护理主管："对于长护险，医保局规定我们每天要提供4个小时的服务。长护险要求服务机构每天都上门，家属就会想，我不需要你每天上门，只有两三天需要。……家属不需要你每天上门4个小时。我们之前报的是3个小时。后来强制要求一定是4个小时，那我们要考虑一下成本和推进的难度。"

S养老院居家护理主管："每天服务4个小时，套餐价是200元，这里面包含长护险补贴的103.5元。也就是说，4个小时的服务，老人自己只需出96.5元。对于我们机构来说，1个小时服务只收50元。"

问："会不会回不了本？"

S养老院居家护理主管："回不了本，但是现在刚开始做，没办法，市场总是需要慢慢探索的。"

3. 政策的宣传力度较小

由于居家护理无法像机构护理一样可以集中为老人申请长护险,只能依靠宣传来使民众知晓,政策宣传力度不足会直接影响选择申请长护险并享受居家护理服务的人数,进而影响居家护理服务的发展。

通过介绍,我们发现,目前对长护险背景下居家护理服务的宣传力度仍然有限。在范围上往往只停留在居委会层面,而没有深入街道;在效果上没有使老人和家属了解政策的具体内容。这就导致老人在概念上会将护工与家政人员混淆,认为居家护理服务的价格高;家属则认为政府发放的补贴没有用到老人身上,而被机构拿走。这些状况的产生都表明居家护理宣传力度不足。

问:"所以你们现在对居家护理的宣传,其实主要是与居委会接触吗?有跟街道接触吗?"

S养老院居家护理主管:"有接触,但是也没有那么深,我们现在是一层一层上。"

问:"主要还是停留在最基层的那个居委会?"

S养老院居家护理主管:"对。大家对这个事情都有这种感觉的时候,那我觉得事情就好做很多。"

S养老院居家护理主管:"家属比较多,但是遇到一个问题,就是他们对政策不是特别了解,甚至是道听途说。所以很多时候他就会问:'你们给家属多少钱?'他以为是给家属钱的,但实际上钱不会到他们手里,由于政府会购买定点机构的护理服务,他们就觉得政府会给钱,只是这些钱被长护险机构扣下来了。"

六 总结与展望

从对已有文献的梳理可知,养老体系的世界潮流是"去机构化"和鼓励老人"在地安老",对此不同国家虽有不同做法,但都以不同的政策予以支持来达到上述两个目标。然而,目前中国养老体系的发展却与此相违,各地纷纷建起大型养老院,延续着"机构化"的路径。政府大部分财政补贴流向大型养老院,居家护理模式未能得到应有的重视;有自理能力的老人占用着床位和医疗资源,失能老人却因入院条件受限,没能享受到床位和医疗资源；因居家护理存在局限、子女工作繁忙无法兼顾或所需护理设备受限，有的老人被迫放弃居家护理，入住养老院。

政府下达的完善养老体系的政策文件虽然提到了"以居家为基础，以社区为依托，以机构为补充"的目标，但社区居家养老应有的目标——在地安老，并没有被明确提出来，对于具体应该如何操作有待商榷，但无论如何，目前政策资源向大型机构倾斜的做法都是与政策目标相违背的，也与发达国家的趋势背道而驰。

养老体系的种种问题使长期护理保险制度的实施存在以下问题。第一，从实际调研结果来看，长护险的定点机构由政府部门进行选拔，并没有明确的标准，机构护理类型的定点机构数量远多于居家护理类型的定点机构，这意味着长护险在实施过程中具有一定程度的偏向性，更多注重机构对政策的落实。第二，大部分参保老人选择机构护理类型的机构，住进养老院，这意味着长护险的补贴在很大程度上流向了公办养老院等机构，居家护理类型的机构很难分一杯羹。第三，长护险的补贴政策和医保的报销政策没有合理区分，与长护险相比，医保报销金额较高或流程较为简单，致使有些参保人因此放弃参与长护险。

通过对广州部分定点机构负责人和老人的访谈可以得知，出现这些问题的原因，除了受到我国现有养老体系的影响外，还有现实情况的制约，例如信息不对称问题，老人不知道有其他参保选择，或者认为在家养老会拖累子女等。然而归结到底，还是因为制度推行方没有更多地注重对居家养老的推广，以及不重视对居家养老服务的规范、相应的配套政策的制定和公共设施的建设。

针对以上实施情况和存在的问题，我们提出以下对策与建议。

（1）明确政策目标。首先要明确养老服务的适用对象，厘清居家、社区、机构养老三种模式的具体做法。除了规定居家、社区、机构养老三种模式的地位之外，还要明确政策目标、政策实施的行动指南。

（2）顺应潮流，主张养老体系的"去机构化"。限制建设养老院的数量，提高进入养老院的老人资格，充分利用养老院的护理资源，将能够自理或者失能级别较低的老人移至家中或社区日托中心，把政府对床位的补贴真正用到实处，让更多的补贴流向社区和居家养老，完善相应的配套设施。同时建立更多的社区日托中心以为需要护理的失能老人提供服务。

（3）加大居家护理的宣传力度，培育更多的居家护理公司成为合格的长护险定点机构。鼓励更多的老人申请居家护理，提高报销额度，改变老人认为在家接受护理比在机构昂贵的看法。

参考文献

［1］艾博·索瓦尔，2015，《北美居家养老模式：一切都像"去机构化"一样》，《IT经理世界》第24期，第80~81页。

［2］安硕，2015，《社会转型背景下居民养老模式新探索——论介护保险在我国的适用》，长安大学硕士学位论文。

［3］曹艳春、王建云，2013，《老年长期照护研究综述》，《社会保障研究》第3期。

［4］陈杰，2002，《日本的护理保险及其启示》，《市场与人口分析》第2期，第69~73页。

［5］戴卫东，2012，《中国长期护理保险制度构建研究》，人民出版社。

［6］戴卫东，2014，《长期护理保险——理论、制度、改革与发展》，经济科学出版社。

［7］戴卫东，2016，《欧亚七国长期护理保险制度分析》，《武汉科技大学学报》（社会科学版）第1期，第12~16页。

［8］戴卫东，2017，《长期护理保险的"中国方案"》，《湖南师范大学社会科学学报》第3期，第107~114页。

［9］狄金华、季子力、钟涨宝，2014，《村落视野下的农民机构养老意愿研究——基于鄂、川、赣三省抽样调查的实证分析》，《南方人口》第1期，第69~80页。

［10］龚静怡，2004，《居家养老—社区养老服务：符合中国国情的城镇养老模式》，《河海大学学报》（哲学社会科学版）第4期，第72~74页。

［11］广州市民政局，2018，《＜广州市加强独居、空巢、失能等老年人关爱服务体系十条措施＞政策解读》，《增城日报》电子版，http：//zcrb.zcwin.com/content/201806/13/c94625.html。

［12］国家统计局，2018，《2017年中国人口老龄化现状：65岁以上老年人口占总人口11.4%（附图表）》，中商情报网，https：//www.askci.com/news/finance/20180123/155928116673.shtml。

［13］和红，2016，《国外社会长期照护保险制度建设经验与启示——基于韩国、日本和德国的比较研究》，《国外社会科学》第2期，第76~83页。

［14］侯淑肖、尚少梅、王志稳、谢红、金晓燕、王敏、周子琪、邓述华，2010，《国内外长期护理发展历程及启示》，《中国护理管理》第2期，第11~13页。

［15］黄成礼，2005，《北京市老年人口长期护理需求分析》，《卫生经济研究》第4期，第28~30页。

[16] 黄成礼，2006，《中国老年人口的健康、负担及家庭照料》，《中国卫生资源》第5期，第208~210页。

[17] 金台网，2016，《4.7亿：2050年中国老年人口比例将达34%》，http：//m.jintai.com.cn/paper/1475。

[18] 荆涛，2006，《长期护理保险——中国未来极富竞争力的险种》，对外经济贸易大学出版社。

[19] 荆涛，2010，《建立适合中国国情的长期护理保险制度模式》，《保险研究》第4期，第77~82页。

[20] 李长远，2014，《社区居家养老服务的国际经验借鉴》，《重庆社会科学》第11期，第21~27页。

[21] 李琦，2018，《上海市长期护理服务质量研究》，华东师范大学硕士学位论文。

[22] 刘涛，2016，《福利多元主义视角下的德国长期照护保险制度研究》，《公共行政评论》第4期，第68~87、207页。

[23] 民政部，2016，《第四次中国城乡老年人生活状况抽样调查成果发布》，全民健康公共服务平台，https：//www.askci.com/news/finance/20180123/155928116673.shtml。

[24] 穆光宗，2000，《中国传统养老方式的变革和展望》，《中国人民大学学报》第5期，第39~44页。

[25] 穆光宗，2012，《我国机构养老发展的困境与对策》，《华中师范大学学报》（人文社会科学版）第2期，第31~38页。

[26] 秦松，2018，《养老大配餐 广州全覆盖》，人民网，http：//gd.people.com.cn/n2/2018/0823/c123932-31967366.html。

[27] 史若含，2016，《城市居家养老服务国际比较研究》，南京师范大学硕士学位论文。

[28] 宋金文，2010，《日本护理保险改革及动向分析》，《日本学刊》第4期，第107~120、159页。

[29] 田香兰，2009，《日本护理保险法与老年人护理保障》，《现代预防医学》第13期，第24~66页。

[30] 王杰秀、徐富海、安超、柯洋华，2018，《发达国家养老服务发展状况及借鉴》，《社会政策研究》第2期，第3~30页。

[31] 王锦成，2000，《居家养老：中国城镇老人的必然选择》，《人口学刊》第4期，第19~22页。

[32] 许爱花，2005，《中国城市社区老年人养老模式之反思》，《宁夏大学学报》（人文社会科学版）第3期，第108~111页。

[33] 央广网，2015，《中共中央关于制定国民经济和社会发展第十三个五年规划的建议》，http：//news.cnr.cn/native/gd/20151103/t20151103_520379989.shtml。

[34] 杨宗传, 2000,《居家养老与中国养老模式》,《经济评论》第 3 期, 第 59 ~ 60 页。
[35] 姚远, 2008,《从宏观角度认识我国政府对居家养老方式的选择》,《人口研究》第 2 期, 第 16 ~ 24 页。
[36] 于潇, 2001,《公共机构养老发展分析》,《人口学刊》第 6 期, 第 28 ~ 31 页。
[37] 张歌, 2015,《居家养老服务资金的政策效果分析——以上海为例》,《河南大学学报》(社会科学版) 第 2 期, 第 75 ~ 82 页。
[38] 张歌, 2018,《养老服务产业与居家养老的关系研究》,《现代管理科学》第 3 期, 第 115 ~ 117 页。
[39] 张雪, 2017,《国外居家养老模式的经验与启示》,《当代经济》第 15 期, 第 48 ~ 49 页。
[40] 章晓懿、刘帮成, 2011,《社区居家养老服务质量模型研究——以上海市为例》,《中国人口科学》第 3 期, 第 83 ~ 92、112 页。
[41] 郑杭生, 2009,《改革开放三十年: 社会发展理论和社会转型理论》,《中国社会科学》第 2 期, 第 10 ~ 19 页。
[42] 中国人民大学中国调查与数据中心, 2016,《中国老年社会追踪调查新闻发布会顺利召开》, http://class.ruc.edu.cn/index.php?r=news/newsabout&aid=7。
[43] 周春山、李一璇, 2015,《发达国家(地区) 长期照护服务体系模式及对中国的启示》,《社会保障研究》第 2 期, 第 83 ~ 90 页。
[44] 周润健, 2016,《全国老龄办: 4 年后我国失能老人将达 4200 万 80 岁以上高龄老人 2900 万》, 新华网, http://www.xinhuanet.com/politics/2016-10/26/c_1119794196.htm。
[45] Campbell, J. C., Ikegami, N., Gibson, M. J., 2010, "Lessons from Public Long-term Care Insurance in Germany and Japan," *Health Affairs* 29 (1), p. 87.
[46] Feder, J., Komisar, H. L., Niefeld, M., 2000, "Long-term Care in the United States: An Overview," *Health Affairs* 19 (3), pp. 40 - 56.

技术治理视角下的智慧养老推广困境研究

——以 F 市 N 区为例

陈杰华　汤献亮　杨威乾　陈馨旖[*]

摘　要：近年来，智慧养老的理念日益受到国家重视，然而其推广常常在基层遇冷。智慧养老模式何以陷入推广困境？本文试图从技术治理的视角，对 F 市 N 区智慧养老综合服务管理平台的案例展开分析，以回应这一问题。本文首先基于技术治理的相关研究，提出结构分析的框架。其次，对智慧养老模式在 F 市 N 区的推广情况进行回顾。最后，结合结构分析框架对推广困境产生的原因进行分析，并提出对策建议。研究表明，当地的养老服务供给结构形塑了不同行动者的利益认知和权力配置，从而影响其在智慧养老模式推广中的行动策略，最终导致推广陷入困境。缓解智慧养老面临的困境，需要综合运用改进平台技术、转变推广方式、调整相关制度等措施。

关键词：智慧养老　技术治理　结构分析

一　导论

（一）智慧养老的实践发展

随着经济社会发展，人口寿命的延长和生育率的下降使中国逐渐步入老龄化社会，养老负担日益沉重。改革开放带来的人口流动和社会结构变化对传统的家庭养老模式造成重大冲击，使我国的养老服务面临严峻的挑战。与此同时，以信息技术变革为基础的"智慧"浪潮对社会治理的多个领域均产生了重要影响，为养老模式转型提供了新的机遇。在这种情况

---

[*] 陈杰华、汤献亮、杨威乾、陈馨旖，中山大学政治与公共事务管理学院 2017 级本科。

下,以物联网、互联网和人工智能等新兴科技为基础的智慧养老模式应运而生。它被认为能够促进信息沟通、整合社会资源,从而应对目前养老服务中存在的供需不匹配、效率低下、服务内容单一等问题,为养老服务面临的困境提供新的解决路径(睢党臣、彭庆超,2016)。

近年来,智慧养老理念日益受到国家重视。2011年,《中国老龄事业发展"十二五"规划》和《社会养老服务体系建设规划(2011—2015年)》等文件指出,要利用信息化提高养老服务水平。2015年2月,《关于鼓励民间资本参与养老服务业发展的实施意见》提出"支持民间资本运用互联网、物联网、云计算等技术手段,对接老年人服务需求和各类社会主体服务供给"。同年7月,国务院印发《关于积极推进"互联网+"行动的指导意见》,明确提出"促进智慧健康养老产业发展",智慧养老开始加速发展。2017年发布的《智慧健康养老产业发展行动计划(2017—2020年)》提出到2020年基本形成覆盖全生命周期的智慧健康养老产业体系,进一步加快智慧养老服务模式在全国的推广。

除了国家层面的政策支持外,各地也纷纷开展智慧养老的创新实践。目前,国内智慧养老的实践形式主要有三种。第一种是在家庭层面,运用物联网、人工智能和远程控制等技术,打造适合长者居住的智慧家居。第二种是在社区层面,主要是建立智能化的社区养老服务中心和构建智慧养老信息服务平台。比如,2016年,乌镇联合中科院物联网研究发展中心引进"椿熙堂"项目,拟建设惠及全镇的"物联网+养老"居家养老服务照料中心;2018年,天津决定整合现有资源,建设全市统一的健康养老信息共享服务平台。第三种是在机构层面,对养老院进行智慧化改造。例如,2012年,北京市建成全国首个智能老年公寓信息化系统。此外,建设智慧养老产业示范基地、举办智慧养老服务展览会等活动也在各地如火如荼地进行。

智慧养老在国内遍地开花的同时,也出现了不少问题。特别是在基层应用中,智慧养老常常被发现推广困难、接受度较低(白玫、朱庆华,2016;闫志俊,2018;张泉、李辉,2019)。基层推广困境的解决对于智慧养老的发展和普及无疑十分重要。

(二)问题的提出

解决基层推广的困境对于智慧养老的可持续发展具有重要现实意义。

F 市 N 区的智慧养老建设为我们分析这一问题提供了良好的契机。

2017 年正式投入运营的 F 市 N 区智慧养老综合服务管理平台（以下简称智慧养老平台）是国家养老服务和社区服务信息惠民工程的试点之一，旨在整合区内居家、社区和机构养老资源，提升养老服务质量，更好地满足老人个性化的需求。这一平台早在上线的前一年就开始筹划，投入初始，建设资金超过 500 万元。[①] 然而平台真正上线后，却未能较好地实现预期目标，反而出现了推广和使用困境。考虑到目前各地的智慧养老模式实践与 F 市 N 区建设智慧养老平台的做法类似，研究 F 市 N 区的案例具有一定的代表性。

智慧养老平台的推广何以陷入困境？智慧养老平台如何在基层行动者的应用中出现理想目标和实际效果的分异？这是本文希望解答的主要问题。考虑到智慧养老的基层推广，实际上是政府在社会治理中利用新兴科技改善公共服务的尝试，本文将智慧养老的研究置于技术治理背景之下，采用结构分析的思路对 F 市 N 区的案例进行研究，分析处于同一治理结构下的不同行动者在平台推广中的行动策略，既能包含社会、政策等现有研究的分析角度，也能将地方政府的行动等新的因素纳入解释范围，同时，有助于加深对影响智慧养老基层推广的因素的理解，更好地回应当前智慧养老模式推广面临的一系列问题。

下文首先对技术治理领域的研究进行回顾，然后总结智慧平台的设计方案、应用过程和推广困境，分析推广困境的原因所在，最后得出研究结论，并提出相应的对策建议。

二　文献综述

（一）概念界定

1. 技术治理

对于政府主导的智慧养老基层实践研究，实际上可以置于技术治理的视角之下开展。技术治理这一研究主题近年来越来越多地被学界提及，其主要内涵可以从两个层面理解：第一个层面，指的是现代国家通过引进新技术，尤其是信息技术，以更好提升自身在公共管理和公共服务中的效

---

① 参见《F 市 N 区智慧养老综合服务管理平台竞争性磋商文件》。

能；第二个层面，指的是国家在实现自身管理目标时，其管理技术、治理手段正在变得越来越技术化（黄晓春，2010）。本文关注以信息技术为基础的智慧养老平台在地方政府提供养老服务过程中的实际应用，主要从第一个层面理解技术治理。

2. 智慧养老

智慧养老这一概念源自英国生命信托基金会，指运用物联网技术、计算机网络技术、智能控制技术，通过各类传感器对老年人生活健康状态进行远程监控，结合传统家庭、社区、机构养老等方式，将各方紧密联系起来，满足老年人的物质与精神需求，为老年人提供全面、整体、系统、多元化服务的新型现代养老模式（朱海龙，2016；睢党臣、彭庆超，2016；张丽雅、宋晓阳，2015）。

在本文中，智慧养老具体指 F 市 N 区以智慧养老平台为载体的养老服务模式。智慧养老平台技术具体指与智慧养老平台相关的新兴科技的系统集合。总的来说，智慧养老涉及政府、企业、社会组织、长者等多个主体，涵盖从基本养老服务到人性化价值关怀的多个维度。

（二）技术治理的研究回顾

在技术治理这一主题下，学界的研究大多从技术分析、个体分析和结构分析三种路径进行。

1. 技术分析

早期的技术治理研究更多采取技术分析的思路，关注技术对于组织结构、信息沟通、治理效能等方面的影响。不同类型的技术有着与之相匹配的组织结构（Woodward，1980），技术的复杂性、互倚性和确定性对组织结构有重要的影响（Scott，1992），技术的重要性、结构弹性不同，对组织结构的改变程度也有所差异（邱泽奇，2005）。新技术的引进是组织内部结构变化的触发器，会带来组织内部不同角色和关系的转变（Barley，1986）。信息技术的应用可以使组织的治理结构更加扁平化（Heeks，1999），加强不同部门的整合和协同（陈慧荣、张煜，2015）。依托信息技术，组织也可以更好地克服空间阻隔，进行远程协同和信息沟通，降低行政成本（Morton，1999）。技术的引入也被认为有助于提升治理效能。比如，大数据技术可以帮助政府更加准确地预测形势，做出科学决策（董铠军、杨茂喜，2017）；数字管理作为基本的技术手段，有助于国家增强对基层的治理能力（黄仁宇，1997）。这一视角下的研究大多强调技术对于组织治理的单向影响，对于技术应用的前景有较为乐观的估计，隐含着一种对技术结构刚性的假设。因此，技术分析的路径往往容易忽视技术实际应用中不同行动者互动的微观过程，对技术受不同治理结构与制度安排的影响而发生的变化缺乏回应。

2. 个体分析

个体分析的视角关注行动者的行动策略如何影响技术的实际应用效果。在这一路径下，行动者的个体因素是研究的重点。认知是影响行动者对于技术应用的态度的重要因素。技术接受模型认为，行动者是否接纳技术创新取决于其对技术有用性和易用性的认知（Davis，1989）。有学者在企业引入信息技术的案例中发现，合法性认知是使用技术产生不同应用结果的重要因素（任敏，2017）。由于注意力的限制，信息技术的引入不一定能更好地帮助行动者决策（Simon，1997）。此外，利益对行动者的行动策略也有直接影响。对珠三角和长三角缫丝技术的引入情况进行对比后，张茂元和邱泽奇（2009）发现，能否从技术引入中获得经济利益是影响农户对缫丝技术态度的关键。在个体分析的视角下，行动者的主观能动性更受重视。但影响技术应用的个体因素往往植根于特定结构，行动者的行动策略也受到治理结构的约束，对技术治理的深入分析需要追溯个体背后的结构因素。

3. 结构分析

相比个体分析，结构分析的路径进一步研究了个体行动背后的结构环境。这一视角下的研究认为，技术并不一定会带来组织的变革，其实际应用效果反而可能受制于组织原有的结构和制度安排。组织能够建构信息系统并赋予其意义（Goodman，Sproull，1990）。组织对于不同类型信息系统的选择，受到组织固有结构形成的"制度偏好"的影响。比如在某地电子政务中心建设的过程中，受限于政府内部的条块关系，当地街道最终选择了效率最低的建设方案（黄晓春，2010）。在信息技术进入政府的过程中，技术的感知、设计、执行和使用等阶段都会受到组织形式和制度安排的影响，出现与预期目标的偏移（Fountain，1997）。

（三）技术治理视角下的智慧养老研究回顾

近年来，国内外有大批研究关注智慧养老这一新的养老服务模式。早期的相关研究关注智慧养老的内涵分析（袁小良，2016；左美云，2014）。在此基础上，一些学者开始进一步思考智慧养老模式的实际应用，这一主题的研究大致包括产品设备的研发和理想模式的构建两个方面（Tabar et al.，2006；Raad, Yang, 2009；Leijdekkers et al.，2007；石明星，2014；睢党臣、彭庆超，2016；常敏、孙刚锋，2017）。

除了理论和规范的探讨，一些研究也关注智慧养老的实际发展情况，试图寻找影响智慧养老技术使用状况的主要因素，解释导致其推广成效差异的原因。大部分研究从技术治理的视角对智慧养老模式的发展进行实证分析，但大多侧重于技术和个体的路径。

在技术分析方面，首先，物联网等新兴科技的发展是智慧养老兴起的必要条件（张泉、李辉，2019）。其次，技术缺陷带来的成本收益失衡、兼容性、易用性等问题被视为阻碍这一模式推广的主要原因（白玫、朱庆华，2016；Mynatt, Rogers, 2001；Lansley et al.，2004；Murata, Iwase, 2005）。此外，相关科技的知识密集性等特征，也增加了智慧养老产业发展对企业合作的需求（Ehrenhard et al.，2014）。

在个体分析方面，研究发现，使用人群的需求、心理认知、年龄、受教育程度等特征对智慧养老模式的推广有较大影响（张泉、李辉，2019）。例如，基于 UTAUT 模型的分析发现，期望和感知等因素影响了长者对智慧养老产品的接受程度（毛羽、李冬玲，2015）。一项研究发现，长者更关注情感交流和紧急呼救等信息服务，这在一定程度上影响了智慧养老产业的发展方向（刘满成等，2012）。

在此基础上，不少研究也关注宏观的国家政策对于智慧养老模式发展的影响。学界往往承认国家政策的支持为智慧养老的加速发展提供了契机（王宏禹、王啸宇，2018）。但标准不一、缺乏规划等政策问题成为智慧养老产业发展的主要障碍（睢党臣、彭庆超，2016；白玫、朱庆华，2016；单忠献，2016；闫志俊，2018；张泉、李辉，2019；左美云，2018），国家政策的加快调整有助于智慧养老产业的良性发展。不过，这一方面的研究也着眼于政策如何通过技术和个体因素影响智慧养老发展。

总体来看，国内外的智慧养老研究较为丰富，经历了由概念探讨、模式构想到实证分析的发展过程，但目前相关研究仍然存在不足。首先，对智慧养老的研究大多停留在规范层面，着眼于实际推广和应用的实证分析不足。其次，虽然一些研究指向现实中的智慧养老实践和国家政策，涉及技术治理的探讨，但大多侧重于技术和个体因素，较少关注结构分析的视角。这导致相关研究更多着眼于智慧养老的宏观发展，对其在基层应用的微观过程缺乏关注，容易忽视基层治理结构对智慧养老实践的影响。可见，现有研究对于智慧养老基层推广困境的解释仍有发展空间。

（四）评述与总结

总的来说，在技术治理的主题下，从技术分析到个体和结构分析，研究的重点和范围不断发生变化。这首先体现在对技术应用结果的观察上，对技术应用效果的描述和评价由主要关注成功案例，转向对失败案例的探究。更进一步，则是摆脱简单的成败二分法，着力分析理想的技术和实际应用之间的具体分异。比如，将技术划分为客观的技术和被执行的技术，从而进行比较和分析（Fountain，1997）；采用具体指标对技术应用的成功程度进行量化衡量（任敏，2017）；将技术的应用情况分为偏离、嵌入、共建和阻滞四种类型（谭海波等，2015）。

其次，是对技术应用情况的解释不断深入。对技术治理的分析由仅仅关注技术本身的特征，转向分析技术应用中的个体行动，再进一步挖掘个体背后的结构因素。同时，结构分析的路径也有助于将个体因素纳入其考察范围。在这一过程中，不同行动者所处的位置作为连接个体与结构因素的关键受到重视。比如，对于政府热线的使用，政府、村民和村干部等主体由于在基层治理结构中处于不同位置，采取行政压力承担基层化、服务诉求表达私利化和服务责任规避规范化等机会主义行为，导致热线的使用增加了基层治理风险（雷望红，2018）。在复杂组织中，处于底部的操作人员、中层的管理人员等不同群体由于受信息技术引入的影响不同，态度和行动策略也有所差异（Fountain，1997）。结构中的位置对于行动者具有多维度的影响，进而导致其面对技术应用的不同行为，学者对这种影响有不同的分类。例如，谭海波等（2015）总结了政府运作机制作用于技术治理的利益和权力逻辑，认为权力和利益的双重约束影响了行动者的行动策略和技术应用的最终结果。上述研究发现对于本文分析结构影响个体行动的微观机制具有重要启发。

基于对上述三种研究路径的综合考察，本文主要采用结构分析的视角对 F 市 N 区智慧养老平台的案例进行研究。一方面是因为，既有的智慧养老研究较少考虑治理结构的影响，以结构分析的视角进行探究有利于拓展这一研究领域。另一方面，在这一案例中，智慧养老平台推广使用的时间不到两年，尚处于技术扎根和稳定的阶段，其实际效果更多受到养老服务供给原有结构的影响，呈现与预期目标的差异。技术分析对其中出现的各种问题缺乏解释力，而个体分析则难以解释行动者策略产生的机制。相比之下，基于结构分析的视角，将养老服务提供的制度安排纳入研究范围，考察其结构特征通过行动者影响技术应用的微观机制，分析不同行动者面对新技术潜在影响的反应，既能将多种因素统一于同一分析框架，也有助于更加深刻地理解导致智慧养老平台推广困境的关键原因。

三　分析框架

本文以结构分析视角为基础构建分析框架，主要包括治理结构和行动者、利益认知和权力配置、客观的技术和被执行的技术等概念。当客观的技术被引入当地时，原有的治理结构通过利益认知和权力配置两方面的因素对行动者的行动策略产生影响，从而导致客观的技术与被执行的技术产生差异。本文通过这一思路，试图探究结构影响技术应用效果的微观过程和行动者在其中的主要行为逻辑（见图1）。

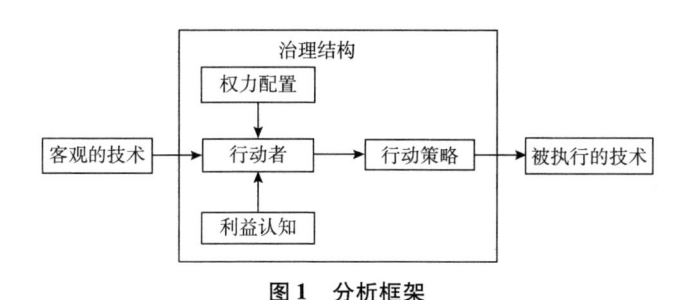

图1　分析框架

（一）治理结构和行动者

治理结构在这里指的是社会治理体系的结构，它意味着治理过程中组织参与者关系的模式化和规范化（Scott，1992：18）。治理结构具体体现为技术在应用过程中所面临的一系列组织和制度安排（Fountain，1997）。与治理相关的行动者处于这些组织和制度安排所形成的结构中，基于结构的分析思路关注不同行动者在其中的位置。行动者在体系中的位置之所以受到关注，是因为特定行动者会由于位置的差异，具有或表现出不同的特征、行为及结果（Freeman，2004）。在对治理结构的分析中，行动者的位置在一定意义上决定了其价值观念、行为选择以及相互关系（张桐，2017）。

在F市N区智慧养老平台的案例中，治理结构主要是指当地原有的养老服务供给结构，具体体现为与养老服务提供有关的一系列正式的制度安排和模式化的互动形式。与养老服务相关的行动者则包括直接提供服务的社区幸福院、居家养老机构、养老院等服务机构，委托服务的各个镇和街道（以下简称"镇街"）、在服务提供过程中承担监管和指导责任的区民政局，以及接受服务的长者、对其负责的家属等服务对象。本文主要关注不同行动者在结构中所处的位置、与其他行动者形成的关系、受到的约束、在此基础上产生的认知和行动策略，从而梳理结构影响技术实际应用的微观过程。

（二）利益认知和权力配置

利益认知是影响技术治理过程中行动者行动策略的关键因素，技术红利的分配情况影响技术应用的成败（张茂元、邱泽奇，2009）。同时，决策者对利益的认知系统地受到制度及其在结构中的位置的影响（Fountain，1997：83）。客观来说，技术的引入会带来资源的重新分配，重塑治理体系中的利益格局（Ho，2002），技术应用的风险、成本和收益对于各个行动者有着不同的分布。从主观角度看，结构中的行动者由于处在不同的位置，面对不同的目标、激励和约束（陈家建等，2013），因此对技术应用影响的认知有不同方面的侧重（谭海波等，2015）。由于位置差异，不同行动者对于技术应用的预期效果、对自身利益的影响有着不同的认知和评价，这影响了其技术应用的行动策略。

权力配置也对行动者的行为选择构成重要约束。权力可以来源于正式的权威、对实施行动所需的必要资源的掌握、非正式关系等方面（Allison，Zelikow，2008）。从结构分析的视角看，行动者的权力取决于其位置，处于不同位置的行动者可能具有不同的权力来源。在权力配置的基础上，行动者之间呈现特定的关系。对于不同权力的分布，本文参考控制权理论，主要从目标设定、检查验收和激励分配等维度分析权力在不同位置的配置情况（周雪光、练宏，2012）。

行动者的利益认知和权力配置取决于其在结构中所处的位置，它们共同构成影响行动者策略的重要约束。

（三）客观的技术和被执行的技术

客观的技术包括互联网、其他数字电信传播技术、硬件和软件。被执行的技术则包括用户对技术的理解以及技术在特殊情境中的使用和设计（Fountain，1997：98）。这两个概念实际上标志着技术使用的理想目标和实际情况的区别，这在很大程度上是由组织结构造成的。技术的实际应用情况十分复杂，是一个客观的技术和组织结构发生变化的动态过程（邱泽奇，2005），难以简单地用好坏或成败加以评价。因此，对被执行的技术的描述需要将其与客观的技术进行比较，从而发现技术应用情况的重要特征。

四 智慧养老平台推广前的养老服务发展情况

理解智慧养老平台的建设过程和实际效果如何受到既有治理结构的形塑，就需要对平台引入前F市N区的养老服务运作机制进行具体的考察，并分析其中的结构特征。

F市N区的养老服务事业有较长的发展历史。早在2002年，F市N区社会福利中心已经开始探索"医养结合"的机构养老服务；2007年，当地政府开始为部分老人提供居家养老服务；2016年，一些地区挂牌设立提供社区养老服务的幸福院。在智慧养老平台应用前，当地已经形成了以居家养老、社区养老、机构养老为支柱的养老服务格局，有较好的基础和相对稳定的服务提供模式。

（一）居家养老

从2010年起，N区政府逐步引入社会力量提供居家养老服务。到2017年，当地已形成了以政府购买服务为主的居家养老模式。同时，当地也有少量长者自费向社会力量购买服务，但数量不多。

在提供居家养老服务的过程中，不同层级的政府部门和服务机构扮演不同的角色。N区政府为本地户籍的14种长者出资购买居家养老服务，总数为2600余人，占全区老龄人口的1%。[①] 根据不同类型，每位长者享受

---

① 参见F市N区智慧养老综合服务管理平台统计资料。

服务的标准不同，每月费用分为500元、400元和300元三个等级，服务时间为10~20个小时，每1~2周接受一次服务。① 政府购买服务的资金由区民政局和镇街各承担一半，但在购买服务的过程中，镇街有较大的自主权和责任。镇街负责辖区内符合条件的长者识别工作，并确定服务项目、公开招标、选择服务机构和签订项目合同。各个镇街的合同在服务内容、考核监管、费用结算等方面的标准略有差异，但主要包括生活照料、巡视服务、心理护理和康复护理等基本内容。在合同期间，镇街在每个季度会通过社区干部对长者进行服务满意度调查，并结算费用，一些镇街还会聘请第三方机构对服务进行评估。如果调查或评估不达标，镇街有权拒绝结算费用或终止合同。

在平台引入前，C社工服务中心是N区镇街居家养老服务的主要承接机构，负责对居家养老服务的护理员、心理咨询师等服务人员的招聘、培训、管理等工作。根据合同，C社工服务中心需要在服务正式开始前和每位长者签订协议，确定每个月服务的时间、地点、内容、人员和对象，一般每个护理员会固定服务7~8位长者。C社工服务中心还在每个镇街设有分部，负责统筹当地服务，进行人员管理、资源链接、督导和巡视等工作。

（二）社区养老

社区养老服务由社区幸福院提供，服务对象主要为社区内的常住老人。截至2019年4月，F市N区共有幸福院191家，分布在N区下辖的7个镇街，覆盖约12万名长者，占全区长者总数的50%。② 每个幸福院一般配备1~3名专业社工，提供的服务包括生活照料、保健康复、文体娱乐、志愿服务等。幸福院大多会通过微信、线下宣传和媒体报道等形式推广服务，大部分社区长者通过线下宣传渠道报名。

各个镇街建设和运营社区幸福院的模式大体相似。总的来看，幸福院的建设主要由镇街出资，由镇街以购买服务的形式选择服务机构负责日常运营，同时定期对幸福院的工作进行监管和评估。此外，N区有一套全区统一的幸福院验收和评比制度。在幸福院建设完成后，区民政局对幸福院

---

① 参见F市N区各镇街居家养老服务项目公开招标文件。
② 参见F市N区智慧养老综合服务管理平台统计资料。

进行验收和评定星级,并据此给予幸福院 10 万~30 万元的补助,确定岗位编制。此后,区民政局每年会联合镇街对幸福院进行评比。根据评比结果,区民政局会给予幸福院 10 万~20 万元的运营经费。①

(三) 机构养老

机构养老主要是指养老院所提供的养老服务。截至 2017 年,N 区入住养老院的长者数量为 2930 人,占全区长者数量的约 1%。不同养老院之间的入住率差异较大,入住率最高的可达 90%,最低的不到 50%,资源闲置状况严重。②

在平台引入前,在 N 区的 17 家养老院中,有 4 家为民办,13 家为公办。在公办养老院中,除一家由 N 区民政局管辖外,其余均由镇街财政支持和管理。此外,按照 2015 年发布的《F 市 N 区民办养老机构扶持管理办法》,当地养老服务机构在物业改造、新增床位、医养结合和收住"三无"老人等方面均可享受不同类型的优惠和补贴,补助经费以区财政为主,镇街财政为辅。养老院除了接受民政部门的业务指导外,也在消防安全、食品卫生等领域受到消防、住建、卫生等部门的监管。

(四) 养老服务的供给结构

F 市 N 区养老服务供给的一个显著特征是政府的主导地位。在居家养老方面,接受政府资助的长者是当地居家养老机构主要的服务对象,自费购买服务的长者数量极少。因此,政府的经费是这些机构主要的收入来源。同时,在居家和社区养老服务的提供过程中,政府是服务生产的出资者、服务内容的确定者、服务机构的选择者和服务质量的监管者,在各个环节均扮演重要角色。在机构养老领域,公办养老院占全区养老机构的大部分,提供了全区接近 80% 的床位资源,收住长者数量占 N 区收住长者总数的近 90%。总体来看,F 市 N 区的养老服务定位为政府承担主要责任的公共服务,而不是市场驱动的经济产业。

虽然当地的养老服务属于政府主导,但政府内部不同层级部门扮演的角色有较大差异,总体呈现"强镇街"的特点。在智慧养老平台引入

---

① 参见《F 市 N 区社区幸福院建设和运营管理办法》。
② 参见 F 市 N 区智慧养老综合服务管理平台统计资料。

前，各个镇街对本地的养老服务具有较大的自主权。在居家养老服务中，合同的设计、服务对象的确定、服务机构的选择和服务提供的监管主要由镇街负责。机构养老方面，N区的养老院大部分由镇街财政支持。同时，镇街在统筹和监管辖区内幸福院的建设和运营方面也承担主要责任。区民政局在养老服务的提供过程中更多的是扮演引领者的角色，主要负责标准规范和政策规划的制定，进行业务指导、监管和评估，提供资金补助。

在这些特点的基础上，本文可以简单勾勒出平台推广前F市N区养老服务供给的基本结构，并确定不同行动者在其中的位置。各个镇街实际上扮演委托者的角色，结合本地情况，进行服务项目的总体决策、服务生产者的选择和监管，处于服务供给结构的中间位置。区民政局是处于供给结构顶端的引领者，基于行政权威和资金补助对镇街和养老服务生产者进行统筹和指导。居家养老机构、社区幸福院、养老院等服务机构作为服务生产者，是养老服务供给结构的基础。因为政府公共服务的经费是其生产服务的主要动力，所以服务机构的自主性较弱。同时，区民政局和镇街扮演不同的角色，对服务机构具有双重影响，服务机构既需要满足镇街层面的服务要求，也受到区民政局权威的规范，试图争取更高层级的资金补助。长者等服务对象是服务的接受者，他们在政府主导的服务供给结构中所处的位置是相对边缘的。服务对象对服务提供的过程缺乏参与，是在政府确定的框架下对服务内容进行有限的选择，通过社区、镇街对服务质量进行简单的反馈和评价，反映服务需求。

平台引入前的养老服务发展情况，对于智慧养老平台的引入、设计和建设具有重要影响。其中，在养老服务供给过程中，政府主导、"强镇街"的治理结构通过不同位置的行动者，在很大程度上形塑了平台的实际推广和应用情况。F市N区养老服务的供给结构见图2。

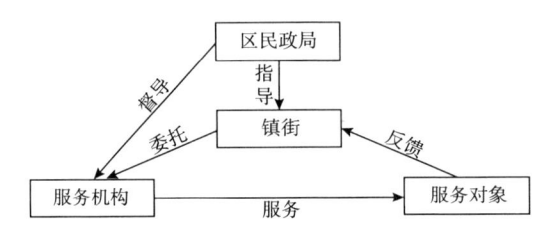

图2　F市N区养老服务的供给结构

五 智慧养老平台的建设和推广

(一) 智慧养老平台建设的背景

智慧养老平台的建设和国家养老服务发展的宏观政策紧密相关,国家信息惠民政策的出台是 F 市 N 区建设智慧养老平台的直接原因。2014 年,民政部等 12 个部门联合发布了《关于加快实施信息惠民工程有关工作的通知》,要求各地进行相关工程的试点工作。F 市 N 区被确定为信息惠民工程试点地区之一。当地的养老服务事业近年来也出现一些问题,这是 N 区政府推动智慧养老平台建设的重要动力。

首先是供需信息不畅。在服务供给方面,N 区养老服务由居家、社区和机构养老三种类型构成,但是这三种类型的养老资源缺乏整合,长者往往只能接触到其中部分类型养老服务的信息,信息的不完整导致长者难以根据自身需求,综合选择合适的养老服务。而在服务需求方面,N 区政府对当地长者的详细情况、服务需求缺乏清晰和及时的掌握。因此,N 区民政局希望建设一个整合各类养老服务资源信息、长者信息的智慧养老平台,形成"一网三层"的服务体系,更加有效地利用服务资源、制定养老政策。

其次,由于镇街在养老服务提供中的自主权较大,区一级的统筹管理不足,不同地区的养老服务出现服务水平差异较大、标准不统一等问题,存在碎片化倾向。不同镇街的公办养老院入住标准、居家养老的服务内容、社区幸福院的服务购买和评估模式均有差异,这给服务机构进入不同地区带来了一定的阻碍,增加了跨镇街服务机构的行政压力,不利于当地养老服务的整体发展。

最后,居家养老服务由政府主导,缺乏竞争,这在一定程度上造成服务的去专业化倾向。目前,居家养老服务的提供以政府购买服务为主,享受服务的对象只有少数符合条件的长者,这些长者更多的是被动接受服务,对服务的选择权有限。自费长者较少,服务主要由 C 社会工作服务中心承接,居家养老服务市场发育不全。在这种情况下,以政府经费驱动、缺乏市场竞争的机构在服务过程中更多的是考虑如何应对政府部门。相比生活照料、活动举办等常规服务,心理咨询、康复护理等专业服务成本高、可见度低、见效周期长、成果难以衡量,为更好地适应政府监管,服务生产者会在常规服务上投入更多的精力。区民政局希望通过智慧养老平台的建设吸引自费的居家养老服务购买者和新的服务机构，形成市场竞争格局，提升服务的专业化水平。

此外，政府对于服务机构的监管不足。对于居家和社区养老服务的日常监管，政府主要依靠社区干部的定期反馈和长者的投诉。同时，政府每半年对居家养老机构进行评估和考察，每年对社区幸福院组织全区评比，定期对养老机构展开巡查。对于养老机构，则主要是对其消防安全、卫生等方面展开定期的巡查。具体的监管和考察方式不外乎实地巡视、检查台账、询问服务对象反馈、听取服务机构报告等。政府对于服务机构的监管缺乏直接性、实时性，技术应用被认为是这一问题的解决之道。

在这种情况下，N区民政局于2016年开始联合第三方机构在区内展开调研，并在此基础上开展智慧养老平台的设计工作。

（二）客观的技术：智慧养老平台的建设方案

根据计划，平台上线后，区内的所有服务机构均会接入平台。区内长者可以通过手机客户端接入平台，并在平台储存家庭住址、联系方式、身体状况等个人信息，形成数据库。同时，平台会给享受居家养老服务的长者发放名为"小壹助手"的终端，这种终端具有定位和通话等功能。长者可通过平台查看有关居家、社区和机构服务的各种信息，并在平台帮助下进行服务选择。

在居家养老方面，平台设有调度中心。进入平台的居家养老机构会发布服务套餐，长者可通过平台了解服务套餐的内容、价格和购买情况，月初通过终端在调度中心的帮助下进行服务套餐选择。各个机构根据长者的订单上门提供服务，服务人员在服务时需要拍照、定位、记录服务时长，并将这些信息上传至平台。在月末，调度中心会对每位接受服务的长者进行电话回访，根据回访情况和服务记录对机构统一结算服务费用。平台上线后，政府提供给十四类长者的居家养老补贴被发放到长者的平台账号，供其自行选择服务。理论上，这些长者可以额外出钱购买服务，这意味着其他没有政府补贴的长者也可以通过平台账号自费购买服务。平台引入后，居家养老服务的提供将由政府购买转型为市场交易，平台的调度中心负责服务机构的准入、帮助长者选择服务、服务的监管和费用的结算等事务。

在社区养老方面，平台对于社区幸福院主要有三项功能。第一，幸福院可以在平台上发布每周的活动信息，拥有账号的长者可通过平台进行报名，在活动结束后，幸福院需要将活动情况撰写成通讯稿在平台上发布，长者也能在平台上看到这些信息。第二，平台在一些幸福院投放了名为"健康小屋"的一体化自助体检设备，长者的体检数据可通过设备传输到平台的数据库，从而使平台和长者的家属能实时了解长者的健康状况。第三，幸福院将日常运营的资料上传到平台，这部分资料主要向区民政局开放，用于对幸福院的评估和监管。

而在机构养老领域，N区的养老院全部被要求接入平台。平台在一些养老院安装了监控，以了解一些硬件设施的运行情况。养老院还需要录入机构内的长者资料和日常工作信息，这些信息同样被用于区民政局的监管。同时，长者也可以通过平台查询养老院的空余床位、价格标准、服务评价和地址等信息。

总体来说，区民政局希望通过智慧平台的应用，使长者能够充分、及时地了解区内不同服务机构的各种服务、活动、设施，实现不同镇街居家养老服务模式的统一，整合各类养老资源，更好地满足长者需求，构建"一网三层"的养老服务格局。通过长者、服务机构的信息上传，区民政局可加强对各个机构的监管，开展评比工作；更好地了解区内长者信息，规划养老服务。通过给予长者选择权，引进市场机制，可以推动居家养老服务质量、效率提升和专业化发展。智慧养老平台建设方案见图3。

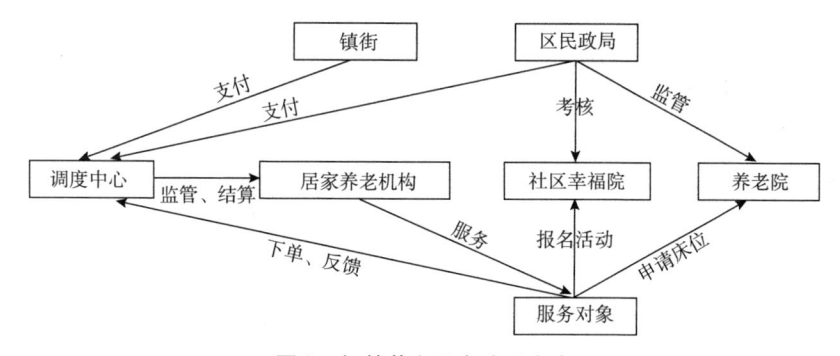

图 3 智慧养老平台建设方案

（三）智慧养老平台的推广过程

智慧养老平台的建设和推广主要是由区民政局主导的。2016年，F市

43

N区通过竞争性磋商的方式委托A公司具体进行平台的建设、推广和运营。在2017年初完成设计、硬件设施建设和试运行之后，平台在2017年中旬开始投入使用。

平台的应用和推广主要分为两个部分。一部分是平台在服务机构和各个镇街的应用。2017年6月，区民政局召开会议，向各个镇街、服务机构发布了平台上线的消息。平台上线后，由运营公司先后组织两次大型培训，向不同的服务机构讲解平台的使用方法。此外，运营公司还组织镇街对其调度中心进行参观和调研，以便镇街更加了解智慧养老平台的功能和定位。在居家养老方面，区民政局要求镇街逐步将居家养老服务转至平台提供，并多次向社会公开招标，选择符合资格的服务机构分批进入平台。同时，各个社区幸福院、养老院也在政府要求下逐步接入平台。另一部分是平台在长者中的推广，主要依靠平台运营公司和服务机构进行。区民政局要求各个居家养老机构自行培训服务人员使用平台，并在提供服务时向长者介绍如何使用平台，进行平台推广；要求各个幸福院和养老院录入所掌握的长者资料信息，直接为长者建立档案；要求幸福院动员所在社区的长者下载和使用平台的手机客户端，并将下载客户端的长者数量、通过平台报名活动的情况作为指标纳入幸福院评比，与运营补助挂钩；根据购买服务合同，平台运营公司依托幸福院，在全区超过200个社区举办讲座，向社区长者推广平台。为了拓展市场，运营公司主动赞助区内的各种长者活动，如长者郊游、广场舞比赛、合唱比赛等，每年在这方面的预算约为20万元。区民政局还不定期在微信、政府网站、报纸等平台发布新闻，试图提高平台的知名度。

在沟通机制方面，运营公司每个月会召开包括服务机构和镇街参加的会议，听取改进意见；同时，设立对接不同服务机构、镇街的专门小组，通过微信、QQ和邮件等方式展开沟通，不断减少技术缺陷。

在资金使用方面，平台的设计、建设和早期的培训、推广费用大约为540万元；平台建成后，每年支付给运营公司的运营和维护费用约为85万元，这部分费用由区财政承担。每位长者购买"小壹助手"的费用为366元，每年使用费用约为100元。对于2018年10月前进入平台的长者，"小壹助手"的购买和第一年使用的费用由区财政承担，后续产生的费用则由各个镇街承担。

(四) 被执行的技术：智慧养老平台的实际应用情况

截至 2019 年 4 月，F 市 N 区的 191 家社区幸福院、17 家养老院已全部接入平台。政府提供居家养老服务的 14 种老人、养老机构收住的老人以及少量自费购买服务的普通长者已在平台注册账号、建立档案，总数约为 117000 人，占全区长者数量的约 45%。有 16 家机构进入平台提供居家养老服务。[①]

从以上数据看，平台具有较广的覆盖面，推广较为顺利。但从服务机构和服务对象的实际应用情况看，智慧养老平台的推广受到多方面因素的阻碍，其实际效果与原有预想的目标也有较大差距。

在镇街层面，平台的使用受到一定的拖延和阻滞。具体来说，镇街在居家养老服务方面，并没有将服务选择权直接交到长者手中。在平台上线的头三个月，考虑到长者需要适应，政府规定由社区干部负责协助长者点单。然而三个月之后，各个镇街仍然坚持执行这一措施。约 1/3 的镇街以平台上线前的服务合同尚未到期为由，拒绝放开本地的养老服务，仅仅通过平台，与签订合同的服务机构进行每月的费用结算。因此，长者对可选择的服务并没有更多的了解，遇到问题仍然是向社区、镇街反映，实质上较少使用居家养老服务的选择权。在机构养老方面，镇街经过区民政局多次督促，才完成下属养老院长者信息的上传，且空余床位等信息一直没有在平台上公开。

服务机构对于平台则采取了灵活使用的策略，信息的二次录入、选择性上传和推广的变通开展是常见的行为。在居家养老方面，按照预期，为获取订单，机构及其服务人员会主动向所服务的长者进行平台的介绍，并动员长者下载客户端，因此区民政局不会直接考查居家养老机构对平台的推广情况。但实际上，居家养老机构的推广是不全面的。服务人员了解的主要是与自己工作相关的操作，对于服务对象如何通过平台点单、支付、投诉和使用"小壹助手"等知之甚少，更勿论平台推广的主要目的、整体功能等情况，因此只是简单地向长者讲授"小壹助手"和手机客户端的必要操作方法。而且，为了保障客源，服务人员可能会有意隐瞒信息，误导长者选择某一个机构或服务人员。这些都导致服务对象对平台的了解不

---

① 参见 F 市 N 区智慧养老综合服务管理平台统计资料。

足，无法有效使用。同时，在服务监管方面，服务人员往往不会在每次服务后实时、完整地上传记录，而是定期集中录入，平台回访也没有摆脱满意度调查的形式。

在平台应用后，社区幸福院被要求向长者推广平台的客户端，幸福院举办的各种活动也需要长者在客户端上报名，这些工作和社区幸福院的评比、运营补助挂钩。但是，目前社区长者主要是通过线下登记方式报名，服务人员代替长者在平台上登记。部分社区幸福院配备了健康小屋和先进的体检设备，但实际并未使用。

在机构养老方面，公办养老院需要使用平台上传相关资料，但这种上传是有选择性的。比如，养老院虽然按要求安装了监控设施，录入了养老院的规模、财务、人事等信息，但是，一些镇街的公办养老院推迟上传长者的基本资料，经过区民政局多次督促才完成录入。各家养老院也没有在平台上公开剩余床位数以及每日的基本服务和护理记录。

了解服务信息、拥有更多的服务选择权，对于长者等服务对象来说是一件好事，但其对于平台的使用并不积极。虽然N区有很大一部分长者通过幸福院、养老院和社区等渠道在平台建立了账号和档案，但其中许多长者并没有下载和使用手机客户端。五星幸福院的一个主管称，平台上线以来，其所在社区下载客户端的长者不到10人。长者很少使用平台了解养老信息、选择和评价服务、报名活动和预约敬老院床位，一般是让幸福院的社工、社区干部代劳，或是自行线下报名和预约。享受政府居家养老服务的长者全部领取了"小壹助手"，但是很快也弃之不用。

> 我们镇发放"小壹助手"的长者一共有240多人，但是从现在的表格上看，真真正正在使用"小壹助手"的只有60多人。（D镇社工局主管访谈记录：FNM20190404）

镇街的拖延阻滞、服务机构的灵活使用和长者的放弃使用，使智慧养老平台并没有实现预期的目标。平台信息多是二次录入，且录入不完整，政府对服务机构的监管能力没有显著提升。长者实质上并未使用平台，平台难以发挥促进资源整合、信息融通的功能。平台上线后，居家养老的服务格局改变较小，市场化和专业化程度仍然较低，政府经费仍是机构的主要收入来源。以2019年2月为例，C社工服务中心在平台上获得的订单金额占所有订单金额的93.7%，所获订单数量占所有订单数量的94.9%，在

N区7个镇街中,有4个镇街没有新的居家养老机构进入。① 从平台上的服务看,上线的服务套餐的价格大多是300元、500元和400元,提供的主要服务包括生活照料、心理慰藉和康复护理等,与政府购买服务的标准和内容相似。少数套餐提供新的专业服务,如健康咨询等项目,但无人购买。上线的72个套餐中,实际有人购买的有30个,其中没有一个是自费套餐。仍然占据较大市场份额的C社工服务中心甚至调整了业务结构,裁减了心理咨询师等专业人员。

> 我现在只需要护理员,我以前有护士,有社工,有心理咨询师,现在只需要护理员……已经有一些同事的岗位转了,转去我们的幸福院了,成为社工,岗位也调整了。也有一些人离开了这个行业。(C社工服务中心负责人访谈记录:FNA20190305)

六 智慧养老平台推广困境的原因分析

面对智慧养老平台的引入,养老服务供给结构中的不同行动者由于所处位置不同,面对的利益认知和权力配置不同,因此采取了不同的行动策略,这被认为是平台推广陷入困境的主要原因。根据前文所述,F市N区的养老服务是通过政府主导、"强镇街"的治理结构提供的。接下来,本文将从不同行动者的角度展开分析,试图解释这一治理结构形塑技术实际应用的微观机制。

(一) 区民政局

从上文可以看出,区民政局最主要的推广方式是动员N区服务机构进行平台的宣传,但较少动用自身行政资源或市场力量,开展独立和专业的宣传推广。服务机构虽然接近长者,推广便利,但并非专业的宣传力量,其承担着服务责任,加上受到组织利益的影响,难以进行理想的宣传;同时,服务机构仅仅面向辖区内已经享受公共服务的部分长者,也缺乏进一步向社会推广的激励,这限制了平台的覆盖范围。区民政局的建设和推广策略对平台的使用情况具有重要影响,其选择依靠区内的服务机构,在很

---

① 参见F市N区智慧养老综合服务管理平台统计资料。

大程度上是由其在结构中的位置决定的。

在利益认知上，区民政局处于既有结构的顶层，既是本地区养老服务发展的引领者，也是国家养老服务政策的执行者。一方面，区民政局关注本地区养老服务发展的整体情况，认为智慧养老平台有助于整合资源，提升养老服务水平。另一方面，智慧养老平台是国家信息惠民工程的试点项目，试点的成功能够为区民政局提供政绩。因此，智慧养老平台的建设是受到区民政局支持的。

在权力配置上，区民政局在政府科层体系内的地位更高，且平台属于国家政策试点，这给予区民政局推动平台建设的权威。但是，处于顶层的区民政局在养老服务供给结构中更多扮演引领者而非执行者的角色，所以缺乏直接实施政策的人员和经济资源。在区民政局内部，主管养老服务的科室正式在编的工作人员不到 10 人，且养老服务只是其工作之一，平时主要通过业务指导、定期评估、奖励补助等方式履职，调动资源的能力受到较大限制。平台的建设和推广仅在前期就超过 500 万元，但能够投入的资金受到区财政的严格限制。在这种情况下，区民政局主要掌握的是推动平台建设的目标设定和检查验收权，并通过运营补助为社区幸福院提供一定的激励，其他具体实施和激励分配的权力则需要下放。

所以，虽然受到利益认知的影响，区民政局决定积极推广智慧养老平台，但考虑到权力配置的约束，区民政局采取的是动员服务机构、依靠既有服务体系的策略。

> 平台上线就开始推广，这个工作量是极大的……很多时候我们是在后面推，还是让幸福院、服务商他们去做，一个通知下去就开始宣传。（智慧养老平台主管访谈记录：FNM20190326）

（二）镇街

镇街在推广的过程中采取了拖延和阻滞的策略，这和其在养老服务供给结构的中间位置有关。

在利益认知方面，由于处于中间位置，各个镇街对养老服务的提供承担直接责任，既要受到上级政府的监管，也要考虑本地区的利益和群众压力，因此更加关注平台对地方利益和责任的影响，以及随之而来的社会压力和政府问责风险。但平台的应用可能给镇街带来新的问题，损害其地方利益。同时，平台的应用会导致镇街职权改变，带来权责的不匹配，削弱其处理这些问题的能力；平台本身由企业运营，并不对镇街负责，管理制度和工作程序有待完善，因此其自身处理这些新问题的能力并不受镇街的信任。这两方面的原因会进一步增加平台引入的新问题，给镇街带来更大的社会压力和问责风险，使其抵制对平台的使用。

以居家养老服务为例，随着平台应用，居家养老服务以更加市场化的模式运作，在一些先行试点的地区出现了一定的混乱，长者选择的服务超过支付能力、服务人员与服务对象产生纠纷、服务机构发布虚假广告、对长者的电话骚扰等问题时有发生。对于这些问题，一方面，长者及其家属、社区往往直接向处于基层的镇街反映，要求其进行解决；另一方面，镇街需要继续为十四类长者提供居家养老补贴，购买"小壹助手"等设备，承担相应的财政支出责任，接受政府的审计监督，一旦居家养老服务出现问题，会受到上级问责。但是平台应用后，养老服务的选择权转移到长者手中，服务监管和问题处理则由平台负责，镇街将失去原有的权力，难以直接对新问题进行行政干预。同时，智慧平台调度中心的工作透明度低，管理制度不完善，工作人员甚至被怀疑在长者选择服务时进行误导性宣传。所以镇街倾向于通过社区干部选择服务的方式，继续保持对居家养老服务的有效控制。

> 监管只能依靠平台，但平台万一出现人手不足等情况，出现沟通问题，那么我们作为投诉的指引方，肯定会收到很多的投诉……其实我们只是给钱，完全没有话事权。（G街道办社工局负责人访谈记录：NFM20190319）

> 他们的内部管理可能不是很完善……那个接线的话务员跟老人家沟通的时候，就是推介其他机构……还跟老人家说你选什么机构会有钱……老人家会被误导的……如果平台能对他们的话务员采取一些监管措施就好了。（C社工服务中心负责人访谈记录：FNA20190305）

在机构养老领域，公办养老院由镇街财政支持，因此需要承担为本地提供养老服务的责任，优先收住本地户籍的长者，为"三无"老人、"五保"老人等特殊长者留下床位。平台的应用要求养老机构公开床位空余情况等信息，但镇街认为，这会带来公众对公共养老资源闲置的质疑，加重其面临的舆论压力。

> 每一个镇街的敬老院都是限户籍的,这个平台如果推出,就会让别人看见我们有多少床位,那些人肯定会纷纷打电话过来,但有些床位需要留给"三无"老人、"五保"老人等特殊长者。(G街道敬老院负责人访谈记录:FNM20190319)

此外,信息安全也是镇街担忧的问题。平台要求各个幸福院、镇街和养老机构上传长者的住址、联系方式等个人信息。但平台由购买服务的公司运营,加之日常管理缺乏正式的制度和程序,镇街对其信息保护能力存在疑虑。镇街认为,其下属敬老院收住的长者的信息很可能通过平台泄露。由于镇街对长者的信息负有保护责任,长者家属等社会群体的投诉压力和问责的风险也将由其承担。

> 你的平台是第三方运营的嘛,你不是政府直接控制的,你的数据很容易泄露……到时候问起责来,他没事,我有问题。假如家属投诉,我真是哑口无言,我不知道怎么应对人家……而且我们觉得,因为他们的工作换了很多人,联系方式也不正常,很不常态,所以我们就一直没录入。(G街道敬老院负责人访谈记录:FNM20190319)

在这种情况下,镇街认为平台可能导致风险的增加和利益的损失,因此并不赞成对平台的应用,这在一定程度上可以从镇街对平台在不同养老服务领域推广的态度中得到证明。平台对镇街权力和责任的改变、带来的风险主要集中于居家养老、机构养老领域。对于社区养老服务,平台并没有改变幸福院和社区、镇街的合同关系。因此,镇街对平台在社区养老领域的推广持默认态度,干涉和反对较少。

在权力配置方面,区民政局掌握平台推广的目标设定权和检查验收权。行政上,因为接受区民政局的业务指导,镇街并不能公然抵制智慧养老平台的推广。尽管如此,由于在既有服务结构的中间位置,镇街对平台的实际推广过程有重要影响,并在很大程度上掌握平台推广的激励分配权。大部分养老院由镇街财政支持,区民政局并不会为平台的应用提供奖励;区民政局会将社区幸福院的平台推广情况与运营补助挂钩,但幸福院和镇街、社区也签订服务合同,获取经费,因此,幸福院和养老机构在使用平台时需要考虑镇街的要求。在居家养老领域，镇街对本地区的服务负有责任，需要进行服务对象的确定、基层意见的搜集和反馈等工作，和社区干部、服务对象联系紧密，因此对服务机构的市场份额和收入具有重要的影响。

  我和他们（社区幸福院）说，其他的你们不用管，你只用抽出服务那一块，其他的你们一概不理，因为它（区民政局）有它的评比，我有我的监管。（G街道办社工局工作人员访谈记录：FNM20190319）

  因此，为消解平台给自身带来的潜在风险和压力，同时不与区民政局发生冲突，镇街会采取社区干部选择服务、限制信息上传等方式拖延和阻滞对平台的实际应用。

（三）服务机构

  服务机构被要求通过平台提供服务、录入资料和接受监管，并对平台进行推广，但是它们常常采取一种灵活的策略来回应这些要求。服务机构之所以采取这种策略，很大一部分原因是其在养老服务供给结构中所处的位置形塑了它们的利益认知。

  作为养老服务的生产者，在利益认知方面，服务机构更多考虑平台带来的使用成本和收益，即学习和操作的难易程度、对工作负担和服务水平的影响。但是，平台操作的复杂、推广的困难均会增加服务机构的工作负担。同时，服务机构并未感到平台对自身工作的帮助。

  平台操作不便主要由技术缺陷、培训不足、缺乏配套等原因造成。在推广初期，平台就暴露了许多技术问题。在上传长者信息时，平台往往过一段时间就会出现故障，无法继续上传，在修复错误后，服务机构要重新上传所有信息。以一家辖区内有800多名长者的幸福院为例，3名护工要花费将近3个月的时间才能将所有信息上传。基本信息上传后，平台在日常运营中要继续定期录入资料。居家养老服务人员在上门提供服务时本应实时上传服务记录，但这一工作无法进行，主要是因为信号时常中断，使用平台甚至会妨碍服务的进行。居家养老机构的地区主管每月需要亲自分配平台分发的订单，订单较多的地区的主管每月要处理8500多单。社区幸福院每周需要上传两次各类活动的报告，分别用于平台公开和政府监管，但两次报告的格式不同，需要各自编辑。部分社区幸福院配备了健康小屋，具有先进的体检功能，但其遭到闲置，因为使用这一设备需要专业的

51

人员和耗材，费用较多，区民政局在平台推广时并未配套。对于平台的使用，运营公司只组织过两次口头培训，并没有印制使用手册等书面资料。而且口头培训的内容大部分是关于平台的建设背景、理念等，实际操作和故障处理等方面的内容涉及较少。

> 试纸（"健康小屋"的配套耗材）100来块才50张，我这边一天来体检就有100多人了，我是负担不起的，我没有资金。还有扎手指、消毒这些是需要经过专业培训的人员的。（X社区幸福院主管访谈记录：FNA20190312）

而平台推广的困难，则进一步加重了服务机构的负担，面临这一问题的主要是社区幸福院和居家养老机构。一方面，服务机构并非专业的宣传和推广力量，由其负责推广工作在一定程度上会影响养老服务的提供，加上本身就缺乏培训，其推广效果并不理想。另一方面，长者较少拥有智能手机，对智能手机的操作不熟悉，使用平台的意愿较低，阻碍了平台推广的进行。

> 我们去做服务，还要做宣传，……但是没有一个规范的东西给我，只是一个口头的，给一大群老人去讲这件事，很难。（C社工服务中心负责人访谈记录：FNA20190305）

更重要的是，平台的使用并不能直接帮助服务机构改进工作。服务机构期望利用智慧养老模式更好地了解长者需求、外部服务资源等信息，或利用智慧养老模式改进自身管理。但是，平台数据较少向机构开放，平台的推广对服务机构拓展信息来源、改善自身管理的帮助不大。

> 我们已经有相当完善的电子资料了，现在用这个系统需要重复录入资料，浪费时间和人力……平台发布活动也不能看到浏览数据，不能知道我们活动的受欢迎程度有多少。（X社区幸福院主管访谈记录：FNA20190312）

> 我们收到订单后还需要让一个专门的区域主管去打印，每个镇几千个单派下去，很耗时，基本上要派1~2天，一天8个小时坐在那里派。（C社工服务中心负责人访谈记录：FNA20190305）

在权力配置上，一方面，服务机构仍然服从区民政局的要求，承担政策实施的责任。这是因为处于基层位置的机构主要依靠政府经费维持运营，缺乏来自社会和市场的收入。而服务机构所处的位置更加接近长者，拥有更多的人力资源，也被视为更加适合负责推广的工作。另一方面，虽然服务机构由行政部门主导，但它们能够采取各种灵活的行动策略，比如信息的选择性上传和延迟上传、活动的二次报名、平台使用的误导等。信息不对称、镇街和区民政局的双重支配等因素为服务机构提供了一定的行动空间。服务机构和区民政局的距离较远，中间有服务平台、镇街、社区等行动者作为中介。区民政局受资金、人员的限制，加之缺乏镇街、社区的配合，并不能有力行使对于服务机构的检查验收权，掌握平台推广的相关信息，主要依靠平台数据来评估平台的推广成效。同时，许多居家养老机构、社区幸福院和镇街签订了独立的服务合同，大部分养老院受镇街财政支持，区民政局的激励分配和检查验收权力受到镇街的限制。在这种情况下，服务机构需要同时考虑镇街的服务需求，进行策略性的应对。比如，一些公办养老院推迟上传长者资料，不在平台公开剩余床位数，不上传日常护理记录。这一方面是对镇街利益、信息安全需要的回应，另一方面是因为镇街对养老机构有一套独立的监管体系。相似的是，社区幸福院之所以能够有所保留地使用平台开展工作，是因为它和镇街签订了服务合同，只要能够满足合同中的要求，就能获得运营经费。

总的来说，服务机构之所以采取灵活使用的方式对待平台，一方面，是因为平台实际上增加了运营成本，而收益甚少；另一方面，是因为信息不对称、镇街和区民政局的双重支配等因素使机构可以灵活行动，减少对政府的依赖。

（四）服务对象

长者等服务对象往往拒绝下载客户端，较少使用"小壹助手"等配套设备，较少利用平台选择服务和报名活动，而是由社区干部或幸福院的社工代劳。对于服务对象行为的解释，需要考虑其在既有结构中的边缘位置。在平台引入前，长者是相对被动的服务接受者，主要在政府主动提供的服务列表下进行有限的选择，并通过社区和镇街进行反馈，这种角色在很大程度上影响了其对平台的利益认知，以及在推广过程中面临的权力配置。

在利益认知方面，长者等服务对象将养老服务视为政府提供的社会福利，对养老服务本身质量的评价采取的是"满意"而非"最优"的标准，更加关注平台的学习和使用成本，即平台如何影响服务的可及性。但是，数字鸿沟、技术缺陷、角色转变和培训不足等因素提升了长者的学习和使用成本，这是长者放弃使用平台的原因之一。

对于长者来说，对平台的使用面临数字鸿沟的问题。广义上，数字鸿沟指给定社会中不同社会群体对互联网在可及和使用上的差异（邱泽奇等，2016）。N区长者由于年龄较大、居住环境城市化水平低、经济条件等原因，在互联网的可及性和使用能力方面存在劣势。据统计，2018年，F市N区居住在城市化水平较低的6个镇的60岁以上长者数量为191072人，占全区长者总数的约80%。[1] 他们的生活环境抑制了使用智能手机等新设备和新技术的能力与需求，在手机上使用平台对他们来说是一件十分困难的事情。

> 农村社区和城市社区不同，这里的老人比较朴实，大部分没有手机，有手机的也不是智能手机，有智能手机也不会用，我刚刚说的这类老人，我们这里占80%~90%。（X社区幸福院主管访谈记录：FNA20190312）

平台的技术缺陷和使用培训不足也是提升长者使用成本的重要因素。平台的手机客户端常常出现连接不稳定的情况，导致账户注册经常出错，降低了长者使用平台的积极性。平台的配套设备"小壹助手"同样面临信号不稳定的问题，且按键区分度低，需要定期更换电池，对于长者来说，操作和维护困难。对长者操作平台客户端、设备的培训，区民政局主要依靠幸福院的社工、居家养老的服务人员进行，他们工作量大，且本身也缺乏相关培训，因此效果并不理想。

更重要的一个因素或许是平台使用意味着角色转变。在居家养老领域，政府给予长者服务的选择权，使服务对象由被动的接受者转变为主动的购买者。服务对象原本仅仅需要考虑五六种服务，且完全由政府支付；平台上线后，却需要在70多个内容各异、价格不一的服务套餐中进行选择，且在一些情况下需要自费购买服务。服务规则变得更加复杂，如何行使新的权利，适应新的角色，同样需要经过学习，而政府简单的推广措施并不足以满足这方面的要求。总体上看，较高的学习和使用成本阻碍了长

---

[1] 参见F市N区老龄工作委员会办公室统计资料。

者发挥平台的作用，降低了长者对养老服务的可及性。

> 长者使用平台点餐……觉得这个好就点，那个好也点，很快就会超出500块的补贴，需要自费。但是他们一直觉得服务以前是政府出钱，为什么现在又是自己出钱？他们也不会科学地统筹，比如我这个星期需要搞两次卫生，然后我再点其他的。（D镇社工局主管访谈记录：FNM20190404）

而在权力配置上，一方面，长者及其家属作为政府的服务对象，接受养老服务的权利是基于政策，这项权利不会因为他们放弃使用平台而失去。政府并不能如同对待服务机构那样，使用激励分配、目标设定和检查验收等方式动员服务对象使用平台。另一方面，虽然长者及其家属具有接受服务的权利，但由于处于边缘的位置，缺乏能力和机会影响平台建设的前端过程，参与更多的是在推广的末端，只能在平台使用出现问题、纠纷后，向服务人员和社工反映，或向社区、镇街投诉。

总的来说，服务对象的行动策略是利益认知和权力配置等因素共同作用的结果。平台在服务对象关心的使用和学习成本方面存在问题。虽然服务对象处于边缘，难以参与平台建设，对这些问题进行改进，但也不会因为拒绝使用平台而失去享受服务的权利。在这种情况下，放弃使用或许是服务对象的最佳选择。各个行动者对平台的行动策略见表1。

表1 行动者对平台推广的行动策略

行动者	区民政局	镇街	服务机构	服务对象
位置	顶层	中间	基础	边缘
利益认知	政绩工程 发展绩效	社会压力 问责风险	成本上升 收益缺乏	成本上升 收益不明
权力配置	目标设定 检查验收	激励分配	具体实施	服务接受
行动策略	积极动员	拖延阻滞	灵活使用	放弃使用

七 对策建议

应对智慧养老平台的推广困境，需要考虑不同行动主体的利益认知和权力配置，综合施策，改变其在既有结构下面临的约束条件。

第一，加快改进平台的技术缺陷。学习、使用的成本是服务机构和对象在考虑是否接受平台时关注的首要问题。因此，平台运营公司可以完善使用情况反馈机制，加快对使用者反馈的技术问题的解决；建立对平台使用的自我测试机制，主动发现平台存在的技术缺陷，进行改进，改善使用体验。针对服务机构服务负担重、工作量大等情况，可以通过提升平台操作的自动化、电子化水平，简化服务人员操作；统一不同类型资料上传的格式和技术标准，减少重复录入等。针对长者的数字鸿沟等问题，可以改进"小壹助手"等终端，使其具备选择服务等功能，减少对智能手机的依赖；对手机客户端、"小壹助手"等终端采用适老化界面设计，以便于长者使用、更新和维护。提升平台稳定性，减少因信号不稳定、信息出错给服务人员、长者带来的额外负担。

第二，加强对平台的使用培训。增加对平台使用者的培训也是降低学习和使用成本的重要途径。除了对服务人员进行集中讲解外，运营公司还可以定期派遣工作人员前往服务机构进行现场演示，解决服务人员在操作过程中的实际问题。编撰和定期更新使用手册，为服务人员操作平台、对其他人员进行培训提供依据。运用独立于服务机构的力量，如平台工作人员、社区干部、第三方机构等，对长者进行内容相对全面的培训，除了对应用平台进行服务选择和资源查看等基本操作的演示外，还需要对平台推广带来的养老服务模式、规则和制度变化进行讲解。

第三，积极开展平台的社会宣传和推广。加大资金投入力度，加强对社会宣传的统筹规划，通过电视、报纸、网络等新闻媒体的宣传，通过举办或赞助大型线下活动，提升平台的社会知名度，吸引政府资助范围之外的长者使用平台，吸引子女为家中长者使用平台。增加使用平台的长者数量，拓展政府资助长者之外的人群，实际上有助于改变F市N区养老服务的供给结构，更好地发挥其实际效能。吸引更多非政府资助的长者使用平台，有利于提高社区幸福院的知晓率，提升社区养老服务覆盖水平；吸引更多养老机构接入平台，加强对养老服务资源的整合；推动更加成熟的居家养老服务市场形成，真正减少服务机构对政府经费的依赖，改变政府主导的既有格局，激励服务机构提升专业能力，改善服务质量。

第四，规范和完善平台的工作程序、管理制度。平台运营方管理制度和工作流程的缺漏导致镇街对其失去信任，增加了镇街对信息泄露、市场纠纷等问题的担忧。对此，平台运营方可以规范沟通、调度等不同工作的正式程序；完善对平台工作人员的管理制度，约束其不当行为；设计长者隐私信息的保护规则，提升平台的信息安全水平。通过对相关程序和制度的建设，平台推广在镇街面临的阻力将有所减少。

第五，调整镇街权责分配。平台的推广引发权责不匹配的问题，给镇街带来潜在的社会压力和问责风险，这是影响镇街对平台推广态度的重要原因之一。因此，在推广平台的过程中，应注意镇街的既定责任，调整镇街的实质权力，适当增加镇街对养老服务提供过程的参与和控制。将镇街纳入平台建设和改进的意见征询范围，保留镇街在服务监管和问题处理方面的部分行动自由，促进镇街和平台的信息共享和合作，有助于推动镇街的权责匹配，使其对平台推广持积极态度。

八　结语

总的来说，F市N区智慧养老平台实际上较少被服务机构和长者使用，没有发挥预想的效能。其所面临的推广困境，是在既有养老服务供给结构的影响下，由不同位置的行动者的互动所导致的。处于既有结构顶层的区民政局，作为养老服务发展的引领者，缺乏直接实施政策的能力，出于政绩和养老服务发展的考虑，积极动员平台运营公司和服务机构进行智慧养老平台的推广。处于中间位置的镇街，对养老服务中出现的一系列问题承担重要责任，为减少平台应用带来的风险和压力，通过社区干部选择服务和限制信息上传等方式拖延和阻滞对平台的应用。服务机构在很大程度上依赖政府经费运行，需要接受区民政局推广平台的行政决定，但可以利用信息不对称、区和镇街的双重支配等因素，尽量灵活地使用和推广平台，以降低成本。服务对象处于边缘地位，面对角色转变和数字鸿沟带来的学习和使用成本，由于缺乏服务机构和政府的有力支持，且在平台推广和服务提供中相对失语，选择放弃对平台的使用。政府主导、"强镇街"的养老服务供给结构通过利益认知和权力配置等因素，影响不同位置行动者的行动策略，最终导致智慧养老平台陷入推广困境，难以被有效使用。

面对这种情况，本文从调整既有治理结构，改变不同位置行动者的约束条件的角度，提出了相应的对策建议：加快改进平台的技术缺陷，加强对平台使用的培训，积极开展对平台的社会宣传和推广，规范和完善平台的工作程序、管理制度，调整镇街权责分配。

总的来说，F市N区的案例向我们展示了技术应用在治理结构的影响下发生扭曲的微观过程，丰富了对智慧养老推广困境的学术研究。基于对F市N区案例的结构分析，本文发现了一系列影响智慧养老服务模式落地的普遍因素，并提出相应的对策建议，对于智慧养老发展具有现实意义。

不过，本次研究仍然存在不足和发展空间。第一，在研究方法上，本次研究由于时间和经费限制，对平台推广效果的评估主要采用访谈法和文献法等质性研究方法进行，未使用结构化的问卷对服务人员、长者进行大规模的调查；未对部分镇街、服务机构和区民政局的主管官员进行直接访谈，导致本次研究的客观性、准确性和全面性存在不足。第二，在研究内容方面，本次研究更多关注智慧养老平台的推广阶段，对平台前期的设计和建设关注较少；未能详细比较平台在不同养老服务领域的推广情况，这可能导致一些对推广实效有影响的因素被忽视。第三，在研究结论方面，虽然多数地区的养老服务提供由政府主导，服务机构处于依附地位，但F市N区的养老服务格局具有"强镇街"的特点，这与国内其他地区的情况可能有所不同，因此，F市N区案例的特殊性可能影响本次研究的最终结论和对策建议的普遍性。分析影响智慧养老平台基层推广情况的主要原因，或许仍需要对国内其他地区、其他时期的案例进行更加全面和深入的分析。

参考文献

[1] 白玫、朱庆华，2016，《智慧养老现状分析及发展对策》，《现代管理科学》第9期，第63~65页。

[2] 蔡小慎、田宇晶，2017，《基于行为人模型的智慧养老模式合作机制分析》，《理论导刊》第5期，第13~19页。

[3] 常敏、孙刚锋，2017，《整体性治理视角下智慧居家养老服务体系建设研究——以杭州创新实践为样本》，《中共福建省委党校学报》第3期，第85~91页。

[4] 陈慧荣、张煜，2015，《基层社会协同治理的技术与制度：以上海市A区城市综合治理"大联动"为例》，《公共行政评论》第1期，第100~116、200~201页。

[5] 陈家建、边慧敏、邓湘树，2013，《科层结构与政策执行》，《社会学研究》第6期，第1~20、242页。

[6] 单忠献，2016，《智慧居家养老服务的实践模式与发展对策——以青岛市为例》，

《老龄科学研究》第 8 期，第 60～65 页。

[7] 董铠军、杨茂喜，2017，《科学、技术、社会视域下大数据治理的动因和趋向》，《科技管理研究》第 22 期，第 26～31 页。

[8] 〔美〕黄仁宇，1997，《中国大历史》，生活·读书·新知三联书店。

[9] 黄晓春，2010，《技术治理的运作机制研究 以上海市 L 街道一门式电子政务中心为案例》，《社会》第 4 期，第 1～31 页。

[10] 雷望红，2018，《被围困的社会：国家基层治理中主体互动与服务异化——来自江苏省 N 市 L 区 12345 政府热线的乡村实践经验》，《公共管理学报》第 2 期，第 43～55、155 页。

[11] 李彩宁、毕新华，2018，《智慧养老服务体系及平台构建研究》，《电子政务》第 6 期，第 105～113 页。

[12] 刘满成、左美云、李秋迪，2012，《基于社区服务的居家养老信息化需求研究》，《2012 中国信息经济学会第四届博士生论坛论文集》，第 87～99 页。

[13] 闾志俊，2018，《"互联网+"背景下智慧养老服务模式》，《中国老年学杂志》第 17 期，第 4321～4325 页。

[14] 毛羽、李冬玲，2015，《基于 UTAUT 模型的智慧养老用户使用行为影响因素研究——以武汉市"一键通"为例》，《电子政务》第 11 期，第 99～106 页。

[15] 孟艳春，2010，《中国养老模式优化探析》，《当代经济管理》第 9 期，第 56～58 页。

[16] 邱泽奇，2005，《技术与组织的互构——以信息技术在制造企业的应用为例》，《社会学研究》第 2 期，第 32～54 页。

[17] 邱泽奇，2018，《技术与组织：学科脉络与文献》，中国人民大学出版社。

[18] 邱泽奇、张樹沁、刘世定、许英康，2016，《从数字鸿沟到红利差异——互联网资本的视角》，《中国社会科学》第 10 期，第 93～115、203～204 页。

[19] 任敏，2017，《技术应用何以成功？——一个组织合法性框架的解释》，《社会学研究》第 3 期，第 169～192、245 页。

[20] 沈嘉璐，2015，《福州市智慧养老服务体系研究》，《学术评论》第 3 期，第 128 页。

[21] 石明星，2014，《穿戴式智能居家养老照护系统的设计与实现》，大连理工大学硕士学位论文。

[22] 睢党臣、彭庆超，2016，《"互联网+居家养老"：智慧居家养老服务模式》，《新疆师范大学学报》（哲学社会科学版）第 5 期，第 128～135 页。

[23] 谭海波、孟庆国、张楠，2015，《信息技术应用中的政府运作机制研究——以 J 市政府网上行政服务系统建设为例》，《社会学研究》第 6 期，第 73～98、243～244 页。

［24］王宏禹、王啸宇，2018，《养护医三位一体：智慧社区居家精细化养老服务体系研究》，《武汉大学学报》（哲学社会科学版）第 4 期，第 156～168 页。

［25］文洁，2013，《人口老龄化背景下我国养老模式研究综述》，《财政监督》第 17 期，第 69～71 页。

［26］许崇华，2016，《智慧养老信息服务平台的研究与实现》，广东工业大学硕士学位论文。

［27］袁小良，2016，《"互联网＋"智慧养老的实践反思——基于 X 市 Z 平台的调研分析》，《社会工作与管理》第 2 期，第 56～60 页。

［28］张丽雅、宋晓阳，2015，《信息技术在养老服务业中的应用与对策研究》，《科技管理研究》第 5 期，第 170～174 页。

［29］张茂元、邱泽奇，2009，《技术应用为什么失败——以近代长三角和珠三角地区机器缫丝业为例（1860—1936）》，《中国社会科学》第 1 期，第 116～132、206～207 页。

［30］张泉、李辉，2019，《从"何以可能"到"何以可行"——国外智慧养老研究进展与启示》，《学习与实践》第 2 期，第 109～118 页。

［31］张桐，2017，《社会治理体系及其结构：对一个学术问题的重新界定》，《中国行政管理》第 9 期，第 76～80 页。

［32］周雪光、练宏，2012，《中国政府的治理模式：一个"控制权"理论》，《社会学研究》第 5 期，第 69～93、243 页。

［33］朱海龙，2016，《智慧养老：中国老年照护模式的革新与思考》，《湖南师范大学社会科学学报》第 3 期，第 68～73 页。

［34］左美云，2014，《智慧养老的内涵、模式与机遇》，《中国公共安全》第 10 期，第 48～50 页。

［35］左美云，2018，《智慧养老的含义与模式》，《中国社会工作》第 32 期，第 26～27 页。

［36］Allison, G. T., Zelikow, P., 2008, *Essence of Decision*: *Explain the Cuba Missile Crisis*, *Pearson Education Asia Limited*, Peking University Press.

［37］Barley, S. R., 1986, "Technology as an Occasion for Structuring: Evidence from Observations of CT Scanners and the Social Order of Radiology Departments," *Administrative Science Quarterly* 31 (1), pp. 78 - 108.

［38］Davis, F. D., 1989, "Perceived Usefulness, Perceived Ease of Use, and User Acceptance of Information Technology," *Mis Quarterly* 13 (3), pp. 319 - 340.

［39］Ehrenhard, M., Kijl, B., Nieuwenhuis, L., 2014, "Market Adoption Barriers of Multi-stakeholder Technology: Smart Homes for the Aging Population," *Technological Forecasting & Social Change* 89, pp. 306 - 315.

[40] Fountain, J. E., 1997, *Building the Virtue State: Information Technology and Institutional Change*, The Brooking Institution.

[41] Freeman, L. C., 2004, *The Development of Social Network Analysis: A Study in the Sociology of Science*, Empirical Press, Vancouver, B. C..

[42] Goodman, P. S., Sproull, Lee S., 1990, *Technology and Organizations: Integration and Opportunities*, Jossey-Bass.

[43] Heeks, R., 1999, *Reinventing Government in the Information Age: International Practice in IT-enabled Public Sector Reform*, Routledge.

[44] Ho, T. K., 2002, "Reinventing Local Governments and the E-Government Initiative," *Public Administration Review* 62 (4), pp. 434 – 444.

[45] Lansley, P., McCreadie, C., Tinker, A. et al., 2004, "Adapting the Homes of Older People: A Case Study of Costs and Savings," *Building Research & Information* 32 (6), pp. 468 – 483.

[46] Leijdekkers, P., Gay, V., Lawrence, E., 2007, "Smart Home Care System for Health Tele-monitoring," First International Conference on Digital Society, p. 3.

[47] Morton, M. S., 1999, *The Corporation of the 1990s? Information Technology and Organizational Transformation*, Oxford University Press.

[48] Murata, A., Iwase, H., 2005, "Usability of Touch-panel Interfaces for Older Adults," *Human Factors* 47 (4), pp. 767 – 776.

[49] Mynatt, E. D., Rogers, W. A., 2001, "Developing Technology to Support the Functional Independence of Older Adults," *Aging International* 27 (1), pp. 24 – 41.

[50] Raad, M. W., Yang, L. T., 2009, "A Ubiquitous Smart Home for Elderly," *Information Systems Frontiers* 5, p. 529.

[51] Scott, W. R., 1992, *Organizations: Rational, Natural and Open Systems*, Prentice Hall.

[52] Simon, H. A., 1997, *Administrative Behavior: A Study of Decision-Making Processes in Administrative Organizations*, The Free Press.

[53] Tabar, A. M., Keshavarz, A., Aghajan, H., 2006, "Smart Home Care Network Using Sensor Fusion and Distributed Vision-based Reasoning," The 4th ACM International Workshop on Video Surveillance and Sensor Networks, ACM, pp. 45 – 154.

[54] Woodward, Joan, 1980, *Industrial Organization: Theory and Practice*, Oxford University Press.

社区日间托老服务发展问题及其成因分析

——以广州市为例

蓝丹红 莫启星 李婉婷 马晓蓝 刘宝宜 梁颖欣 李嘉贤[*]

摘 要： 面对越来越严重的人口老龄化状况，发展社区居家养老逐渐成为解决养老问题的重要方向。广州市作为广东省省会，走在发展与创新社区居家养老模式的前列，自2010年起就对日间托老中心这一社区居家养老的重要组成部分进行探索。但是在实践过程中，广州日间托老服务的发展情况不尽如人意。为了探究问题背后的原因及机制，笔者走访了位于广州市越秀区、黄埔区、花都区与荔湾区的四个日托中心，将四个日托中心的运营状况和发展模式进行对比，归纳目前长者日托服务供给中出现的问题，尝试揭示导致日间托老中心的发展与政策目标发生偏离的因素及作用机制，为日后完善日托养老服务递送机制以及均衡地区发展差异提供对策建议。

关键词： 社区居家养老 社区日间托老服务 长期照护服务

一 绪论

（一）研究背景

目前，中国人口老龄化发展迅速，全社会的人口老龄化程度逐步提

---

[*] 蓝丹红，中山大学政治与公共事务管理学院公共管理专业2019级硕士研究生；莫启星、李婉婷、刘宝宜、李嘉贤，中山大学政治与公共事务管理学院行政管理专业2016级本科；马晓蓝，中山大学政治与公共事务管理学院行政管理专业2016级本科，已被中山大学政治与公共事务管理学院公共管理专业录取为2020级硕士研究生；梁颖欣，中山大学政治与公共事务管理学院行政管理专业2016级本科，已被伦敦政治经济学院人力资源管理专业录取为2020级硕士研究生。

高。第六次全国人口普查数据显示，全国65岁以上人口数为11883万，占总人口数的8.9%。基于我国老年人口基数大、增长快、空巢长者与失能长者数量庞大的客观特征，我国社会面临未富先老、未备先老等一系列挑战，养老问题已经成为影响社会发展全局的重要问题。面对日益严峻的老龄化形势以及庞大的养老需求，探索和建立符合国情的社会养老体系迫在眉睫。

作为改革开放的前沿地区，广州市面临更加严峻的老龄化问题。目前，广州市人口老龄化正处于快速发展时期，截至2016年末，广州60岁以上老年人口已达154.6万人，老龄人口占户籍人口总量的17.8%，远高于全省14.5%的平均水平（广州市人社局，2017）。

在传统文化的影响下，以子女的经济支持为基础的家庭养老在中国社会的养老模式中一直处于主导地位（刘爱玉、杨善华，2000）。然而，随着经济社会的发展，中国社会的家庭结构经历着从核心家庭到主干家庭的变迁。家庭规模缩小、劳动力流动性提高、"421"家庭结构的普遍，都让家庭养老越来越不能满足社会现实的需要。依靠家庭养老解决养老问题的模式难以为继，养老社会化已经成为不可逆转的客观趋势。《国务院关于印发"十三五"国家老龄事业发展和养老体系建设规划的通知》指出，要大力发展社区居家养老服务，使"居家为基础、社区为依托、机构为补充、医养相结合的养老服务体系更加健全。养老服务供给能力大幅提高、质量明显改善、结构更加合理，多层次、多样化的养老服务更加方便可及"。

社区日间托老服务作为社区居家养老的主要形式之一，开始受到政府的高度重视。2015年出台的《广州市人民政府关于加快养老服务业综合改革的实施意见》提出，要"不断完善……日间托老机构……促进其服务功能相互补充、相互衔接"。日间托老作为一种新型养老模式逐渐进入人们的生活。与普通养老机构相比，日间托老中心有投资少、就近方便、来去自由、面积适中、服务相对集中等优点，在一定程度上能够满足老年人医疗和护理两方面的需求。基于这样的优势，广州市政府大力普及日间托老服务，在多个街道成立日间托老中心。相关政策的大力推行和如雨后春笋般涌现的日托中心似乎为我们描绘了一幅理想的养老蓝图，但是在实践过程中，日间托老中心的发展并没有按照规划中所描述的理想轨迹发展。例如，东圃某日托中心因经费不到位而无法运营；而珠江新城、天平架等多地日间托老中心虽建成，但无长者问津，床位空置率高；多地日间托老中心只能为长者提供配餐服务和康乐服务，不能进行医疗照护。类似的问题与争议一直伴随着广州日托养老服务的发展，可见目前日托中心并未能如政府预想一般，通过提供长者日间照料为家庭提供喘息服务。

老龄化背景下的现实需求、政府给予的政策与财政双重支持以及日间托老服务本身具有的优势三者本足以让日间托老中心得到很好的发展和普及，但是事实并非如此。究竟是什么让日间托老服务陷入如今的"窘境"，使其发展状况并不符合最初的政策目标呢？又是什么阻碍了广州市日间托老服务的递送？目前广州日间托老服务中又有哪些较为突出的问题呢？这些都是值得深入探究的。

（二）研究意义

社区日托是社区居家养老的主要形式和重要内容，研究日托服务对长者、长者家属、社区居家养老服务的发展以及养老模式的探索都有着重要的意义。

首先，对长者而言，社区日托有利于评估其生理、心理需求，提供个性化、多层次服务，帮助老年人维持良好的功能状态，使其更好地享受养老生活，适应社会环境。根据马斯洛需求理论，人类需求从低到高分为生理需求、安全需求、社交需求、尊重需求和自我实现需求五种。对于老年人这一特殊的社会群体，我们不仅需要重视其生存及安全需求，而且需要关注他们的情感需求。他们渴望被关心、被关注、被尊敬，需要子女的照料、社会的关爱以缓解步入老年的孤独感。而日托中心提供的日常照料、休闲娱乐、康复训练、心理慰藉等服务能够满足其生理和心理上的需求，为其安享晚年提供一个新的渠道和选择。

其次，对长者的家属而言，社区日间托老能够提供喘息服务，帮助其同时兼顾工作以及长者照料。在国内，喘息服务还算一个新名词，现今大多指由政府购买服务，由机构为长者提供临时照料服务，使长者的家属在日常照顾之余有喘息的机会，这种人性化的服务可谓"养老救火队"。当下的年轻人承担工作和家庭的双重责任，照料长者并非一件容易的事情，需要付出时间、精力，而社区日间托老则能够在一定程度上减轻长者家属的压力。此外，社区日托中心提供的专业化、多样化的服务能够让长者拥有更好的体验，从而提高养老生活的质量和水平。

最后，社区日托的发展有助于缓解社会养老供不应求的压力，与居家养老相互补充，促进社区居家养老模式完善，丰富社区居家养老体系内涵。当前，对于失能、半失能长者群体，子女大多会选择聘请护工照料或者将长者送入养老院。但许多城市的公立养老机构已经出现"一床难求"的局面，而私立养老院则收费较高，普通人的经济水平难以承担。社区居家养老服务的出现，尤其是社区日托服务的出现能够成为一种替代措施，为这部分长者提供新的养老选择。因此，社区日托作为社区居家养老的重要组成部分，对缓解社会养老服务供不应求的状况有重要作用。

此外，针对日间托老服务的研究同样具有重要的现实意义。首先，广州是社区居家养老的先行城市，社区居家养老服务整体水平居全国前列，其先后被确定为全国养老服务业综合改革、中央财政支持社区养老服务改革、医养结合试点城市。对广州的社区日间托老进行探索，可以发现存在的问题，获取相关经验，从而为广东乃至全国其他地方提供经验和借鉴。再者，这有利于详细了解日托发展的服务内容、评估制度、人事制度、资金等情况以及了解不同类型老年人的真正需求，从而促使服务供给方提供更为专业化、多元化、深层次的日托养老服务，这对于个人、家庭以及社会养老的发展都有重大意义。

二 文献综述

（一）基本概念的界定

1. 社区居家养老

在过去，受到国家养老方针政策的影响，有些学者和地方政府将社区养老、居家养老和机构养老视作三种独立的养老服务模式，其实这是一种误区。Moss（1997）指出，社区是家的延续或拓展，社区养老实质上是一种超越了家居围墙，在社区中为老人提供的居家养老。自2018年以来，我国的政策文件开始将社区养老、居家养老合并为"社区居家养老"进行讨论。因此，本文将日间托老服务所属的养老模式统一为"社区居家养老"。

对于社区居家养老的定义，许多学者指出社区居家养老符合"在地安老"（Aging in Place）理念，以家庭为核心，依托社区资源，以上门服务和社区中心为主要形式，使长者无须离开所居地到陌生环境接受服务（史柏年，1997；仝利民，2004；李学斌，2008）。

另外，也有学者从服务主导者、服务方式与服务性质方面对社区居家养老做出界定。乔志龙（2008）指出社区居家养老的主体是社区工作者，其利用现有的社区资源，运用正式的或非正式的支持系统，联络社区内政府或非政府机构，通过协调合作，以正式合法的社会服务机构及专业的社区工作方法，为有需要的老年人提供人性化服务。张文范（2004）认为，社区居家养老服务是以城镇社区为载体，由社区基层组织主导，发挥政府、社区、家庭和个人多方面的作用，充分动员社区中的财力、物力和人力资源，为老年人居家养老提供全方位的支持。

综合学界观点与广州市实际情况，本文将"社区居家养老"定义为：老年群体按照我国传统生活习惯，选择居住在家庭中安度晚年，享受社区提供的生活照料、康复护理、医疗保健、精神慰藉、家政服务的一种养老方式。

2. 社区日间托老服务

社区日间托老服务在国内外并无统一的名称，美国将其称为"成人日间照料"，澳大利亚称为"日间照料"，中国香港地区称为"日间护理"，中国台湾地区称为"日间照顾"，内地政策文件称为"老年人日间照料"。虽然名称存在差异，但其内容均指在白天为老人提供护理和陪伴等服务（陈鹏等，2013）。本文借鉴我国"长者日托服务中心"的命名方式，将此类服务统一称为"社区日间托老服务"（简称"日托"）。

目前，学界对社区日托的服务对象存在分歧。陈俊羽、徐桂华（2016）认为社区日间托老中心针对老年人设立。陈鹏等（2013）则认为社区日间托老中心的服务对象应是健康欠佳或身体功能受损、日间需要照顾的老年人，例如残疾人、阿尔茨海默病患者等。王慧、操梦琪（2015）认为日间托老中心应向社区内60周岁以上生活不能完全自理、生活需要照料的失能或半失能长者提供日托服务。也有学者认为应该将服务对象范围进一步缩小为介于健康老人和完全失能老人之间的半失能老人（王莉莉等，2011）。

综合学者观点以及结合我国政策实践，本文认为日间托老服务应提供给最需要的长者群体。因此，本文将"社区日间托老服务"定义为，在日间为失能、半失能长者等需要帮助与照顾的老年群体（如失独老人）提供护理、关照与陪伴的服务。

3. 社区照顾理论

作为社区居家养老服务发展的重要理论依据,社区照顾理论萌芽于20世纪50年代的英国,其内涵为:社区成员组成的非正式服务网络,与专业社会服务机构组成的正式服务网络相结合,向社区内需要照顾的人提供支持服务(夏学銮,1996;周沛,2002;钱宁,2003)。

根据 Means、Zawadski 等学者的论证,社区照顾理论可分为三个层次(Means et al.,2008;Zawadski,2014:18-22)。第一个层次是"在社区照顾"(Care in Community),即鼓励那些长期滞留在医院或大型专业机构中的服务对象回到社区生活(Rowles,1993),强调服务地点,在社区内为需要照顾者提供全面的服务。第二个层次是"由社区照顾"(Care by Community),指在社区内,主要由地方政府、营利组织、志愿性组织以及非正式服务网络(如家人、朋友、邻里等)为服务对象提供照顾(Daly,Lewis,2000),强调服务提供者(张甜甜、王增武,2011)。第三个层次是"为社区照顾"(Care for Community),即不仅要关注被照顾者的需求,还要为非正式(家庭)与正式照料者提供培训、心理支持以及喘息服务等(卢施羽、黄洪,2017),强调服务对象是所有有需求的人员(李伟峰、梁丽霞,2008)。此外,英国卫生部认为按需评估是尤为关键的一点,是高质量服务的基础和保证(陈伟,2010),因此要对使用者的需求进行个性化评估,而非单纯对供给者的服务进行评估。

从发展趋势来说,社区照顾在不同时期会有不同的侧重点,但终究会由"在社区照顾"向"为社区照顾"发展。

(二) 已有研究成果

当前文献对社区日间托老服务的研究多从谱系地位、服务内容、功能优势存在问题及相关对策几个方面展开分析。

从地位来看,日间托老是社区居家养老服务的重要组成部分。Milligan(2009:90-100)提出社区居家养老服务可以分为四大类。第一类是居家直接服务,此类服务为长者及其家属提供居家服务。第二类是社区集约式照顾,这里主要指的是建立日间托老中心,此类服务的目的在于替代家属在日间照料长者,或家属在日常长期照顾之余需要休息时提供帮助,故可概括为替代照顾或喘息服务。第三类是居家与社区安全巡视,此类服务包括视频监控、紧急支援、上门探访等内容，目的在于让长者独留家中或在社区中行动时都可得到安全保障。第四类是居家与社区的适老改造，此类服务分成两种情况：第一种是在原居所基础上进行改造，例如建无障碍通道等；第二种是另建长者公寓或长者小区，但这种情况到底属于社区居家养老还是机构养老存在争议。综上，日托服务属于养老服务中的重要门类，是社区居家养老服务的核心内容。

基于服务内容的区别，日托中心可以分为不同的模式。学者普遍认同的分类方法是将日托服务分为医疗、社会和特殊模式三种类型。医疗模式是指为老年人提供医疗治疗、医疗护理与康复等服务；社会模式是指提供日常餐饮、日常生活辅助和娱乐活动等；特殊模式是指为社区内有特殊护理照顾需求的老年人（如阿尔茨海默病患者）提供照料服务（陈伟，2010；陈鹏等，2013；李敬芝、许英，2018）。除此之外还有其他分类方法：日本将日间照顾分为预防照顾、失智症照顾和疗养照顾三种类型，中国台湾的日托中心分为医疗型和非医疗型（吕宝静，2012）。不同性质的日托中心的服务项目和内容会因其宗旨和服务目的不同而有所差异（王增勇，1997），了解模式分类有利于区分不同日托机构之间的差异性。而从我国实践情况来看，日托中心没有划分具体的类型，其服务内容多呈现社会型和医疗型混合的情况，有条件的日托中心才会提供特殊型服务。

从理论上讲，日托中心具备至少三个方面的功能或优势：第一，这种以社区为基础的服务能够让老年人在熟悉的环境中生活，从而积极融入社会；第二，与机构养老相比，老年人选择日托养老可以减少开支，降低对政府的依赖程度（王莉莉等，2011）；第三，为家人或其照顾者提供喘息服务，帮助他们更好地照顾老人。

虽然日托养老具备多重优势，但是从实践来看，日托中心的发展运营并不顺利，多地相关机构面临无人问津的窘况。对此，不少学者针对目前日托机构发展中出现的问题进行了描述性研究。杨韫（2013）以浦东新区两个街镇为例，探究得出当前日托中心在服务质量、人员素质、管理水平、非正式服务系统等方面存在不足，并从社会支持网络角度提出改善的建议。荣增举（2013）通过对西宁市社区老年日间照料中心进行实地调研，认为照料中心功能较弱、服务项目尚未更新以及老人享受的照料不足，基于此，他提出要以老年人需求为基础，整合资源从而降低运营成本，提供具有人性化和专业化的照料。高梦溪（2016）以天津地区为例，认为该地日间照料中心存在功能定位模糊、空置率较高、配餐服务利用率低、社区管理和日间照料中心管理职责重叠等问题，最后从建筑设计的角度指出社区日间照料中心的发展方向，提出社区日间照料中心适老化改造设计方案。高洁（2015）以YC街道的乐龄日托中心为例，以政府与日托服务组织的合作关系为主线，探究该日托中心的构建、运行、结果与功能、居家养老服务等供给过程，认为该过程存在公共服务外溢的情况，导致二者的合作出现较多困难，如日托服务存在短板，对象定位有失偏颇、缺乏专业化服务等。卢施羽、黄洪（2017）对佛山市N区长者日托中心示范点进行实证研究，从福利多元主义视角探究日托中心建设中存在的行政主导规划、缺少社区参与、忽视实际需求、承办机构资质不足等问题，并且提出未来的社区日托发展的重点应该在构建照料网络支持和争取社区社会资本，激发照料网络行动者自主参与规划、筹资、递送和规制过程。张荟（2014）对昆明某社区日托服务机构进行深入调研后指出，目前类似的日间托老中心服务内容单一，缺乏精神慰藉服务，且交通不便等因素导致服务可及性低。石英和李志民（2016）从建筑设计的角度分析目前日托服务的不足，问题包括用房面积太小、设施装备匮乏、建筑设计不规范等。总体而言，我国日托中心在发展中出现了以下问题：资金和技术不足、服务内容专业性和丰富性不高、服务可及性不高、缺乏对建筑的适老化改造等。

上述文献对目前日托中心出现的问题做出分析并给出相应的建议，然而并没有梳理及归纳日托养老发展的影响因素，因此缺乏针对问题的解释性研究。针对影响因素，本文对社区居家养老的文献进行梳理。影响因素可以分为需求方和供给方两个方面。从需求方来看，影响老人选择社区养老/日托养老的因素包括人口学特征（性别、年龄、健康状况等）、收入水平和家庭关系（陈俊羽、徐桂华，2016）。从供给方来看，影响社区居家养老运营的因素包括服务资金可持续性、服务专业化程度、政府支持力度、人才专业化水平、管理宣传工作水平、评估反馈机制建设、建筑设施条件等（姜向群、郑研辉，2014；王武林、杨晶晶，2016；郝亚亚、毕红霞，2016；杨芳，2017）。

（三）已有研究的不足及本研究的内容

本文在总结相关文献的基础上，梳理得出已有研究存在的不足。

第一，学界关于社区居家养老发展的研究较多，针对其中的核心内容——社区日间托老服务的相关研究还比较薄弱，尤其是缺乏针对日间托老服务发展影响因素的归纳分析。

第二，目前对于日托服务的研究多为对现状的描述性研究，对出现的问题进行阐述并提出相应的解决措施，对问题出现的解释性研究不足。因此，其对策有可能受到研究对象特殊性的影响，故难以论证可推广性。

第三，相关的实证研究多为个案研究，多案例比较研究很少，且其个案的普遍性不强，研究结果说服力较弱。

由此，在总结已有文献的基础上，本文提出的研究思路为：以我国日间托老服务的困境及其成因为研究主题，对广州市日托中心展开实证研究，通过比较和归纳不同日托中心的发展情况，总结发展困境，对其背后的原因进行深度分析，进而提出对策建议。

三 研究问题与研究逻辑

广州市社区居家养老服务整体水平居于全国、全省前列，基本形成了覆盖城乡、功能多样的社区居家养老服务格局。在此背景下，作为社区居家养老模式的核心内容，广州市大部分长者日托中心却并未如想象中那样发展顺利。因此，对社区日间托老服务发展的困境及其成因的探究成为本文的核心问题。

本文采取以下研究逻辑。

（1）梳理广州市长者日托中心的总体发展情况。

（2）结合日托服务特点，从运营资金、长者需求、交通和风险四个关键维度出发，挑选广州市发展程度不同的日托中心进行对比。

（3）总结日托服务存在的问题。

（4）挖掘问题背后的成因。

（5）结合原因，为日间托老服务的发展提出对策建议。

基本研究逻辑如图1所示。

四 研究方法

本文采取定性研究方法，对广州市越秀区、花都区、黄埔区、荔湾区四地的日托服务中心进行实证研究。

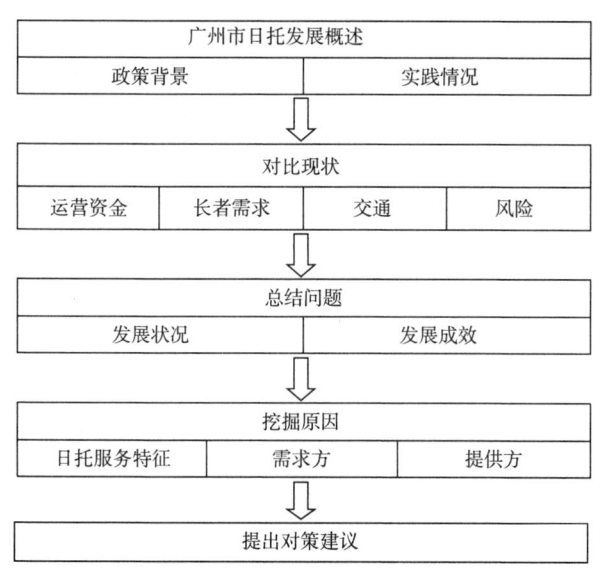

```
┌─────────────────────────────────────────┐
│         广州市日托发展概述                │
│    政策背景    │    实践情况              │
└─────────────────────────────────────────┘
                    ⇓
┌─────────────────────────────────────────┐
│              对比现状                    │
│  运营资金 │ 长者需求 │  交通  │   风险   │
└─────────────────────────────────────────┘
                    ⇓
┌─────────────────────────────────────────┐
│              总结问题                    │
│      发展状况     │      发展成效        │
└─────────────────────────────────────────┘
                    ⇓
┌─────────────────────────────────────────┐
│              挖掘原因                    │
│   日托服务特征  │   需求方  │   提供方   │
└─────────────────────────────────────────┘
                    ⇓
┌─────────────────────────────────────────┐
│              提出对策建议                │
└─────────────────────────────────────────┘
```

图 1　基本研究逻辑

（一）资料收集方法

1. 二手资料收集法

本文搜集并分析与广州社区居家养老及日托服务相关的文献、政策文件、公开数据和新闻报道等资料，从而获取广州市社区养老及日托服务的背景信息，进一步了解与本文主题相关的研究的发展状况，总结经验，吸取教训。通过二手资料分析法，可掌握笔者无法接触的研究对象信息，并从多方面对研究进行补充，丰富研究视角。同时，对相关资料的阅读有利于本文做纵贯分析，在做个案分析的同时总结普适性规律。从多个角度把握不同类型的社区养老及日托服务情况，以为后续研究打好基础。

2. 半结构式访谈法

与结构式访谈的高度标准化和无结构式访谈的半控制或无控制不同，半结构式访谈既有一定的标准程序，又有可适度发挥的自由空间，在研究中可选取研究问题的某些方面向研究对象提问，访问相对机动，结构相对松散，但重点和焦点明显。为了深入了解广州市社区日间托老服务的现状及存在的问题，本文选取洪桥、逢源、花都和黄埔四地提供日托服务的机构进行实地探访，通过对机构服务提供者的深入访谈，一方面，对四个地区各自的日间托老服务发展状况有了一定的了解,从而进行个案分析;另一方面,通过横向对比,进一步了解广州市不同类型社区之间日托服务的供给情况、所面临的困境以及未来走向,得出具有普遍性的结论,以为我国各地该如何提供日托服务提供参考意见。

(二) 资料分析方法

1. 个案研究

通过选取广州市四家典型日托机构作为案例,研究日托中心的发展现状和存在的问题,深入讨论案例的资金运作情况、长者需求、交通可及性和风险,进一步探究其困境及其成因,从而为完善社区日托中心提供经验,为促进社区居家养老模式发展提供思考方向。

2. 比较研究

本文选取逢源、洪桥、花都和黄埔四地日托机构作为个案进行对比。从地理位置和人口组成来看,这四个中心囊括了新老城区,涵盖了政府事业单位退休干部、退休农民和退休职工,使样本具有一定的代表性。本文将通过几个关键维度的对比,研究其相同和差异,总结提炼特征,继而对其困境成因进行探究,以提供更有针对性的政策方案。

五 案例分析

(一) 广州市日间托老中心发展概况

1. 政策背景

自 2001 年民政部制定实施"社区老年福利服务星光计划"以来,全国各地逐步建立起了社区老年人日间照料室、活动室等社区长者福利服务设施。但由于资金、人员以及管理问题,设施普遍闲置,社区日间照料中心等的发展出现停滞(王莉莉等,2011)。直至 2010 年后,国家出台《社会养老服务体系建设规划(2011—2015 年)》《中国老龄事业发展"十二五"规划》《国务院关于加快发展养老服务业的若干意见》等一系列文件,明确要求在社区大力推行老年人日间照料服务,日托服务的发展才逐步步入正轨。

2010 年,住建部和国家发改委发布《社区老年人日间照料中心建设标准》,对老年人日间托老中心的建设内容及项目构成、建设规模及面积指标、选址及规划布局、建筑标准及有关设施做出相关介绍和解释。2016

年，国家出台《社区老年人日间照料中心服务基本要求》《社区老年人日间照料中心设施设备配置》等标准。老年人日间照料中心"为社区内自理老年人、半自理老年人提供膳食供应、个人照料、保健康复、精神文化、休闲娱乐、教育咨询等日间服务的养老服务设施"，应逐步完善社区居家养老中的日间托老服务体系。

在地方层面，广州市于2012年颁布《关于加快社会养老服务体系建设的意见》，指出"到2015年，每个街（镇）有1所20张床位以上、为生活不能完全自理的老年人提供临时托管或日间照料服务的养老服务机构"。2016年，广州市人民政府办公厅发布的《广州市社区居家养老服务管理办法》规定，"街道（镇）应设立1个街道（镇）居家养老综合服务平台，设置日间托管、临时托养、生活照料、助餐配餐、医疗保健、康复护理、辅具租赁、照顾需求评估等功能设施。可依托星光老年之家、日间托老机构、家庭综合服务中心综合设置或根据服务功能分散设置"。该文件对日间托老机构的面积、资金补助等方面做出要求。

除此之外，有关日托中心发展的政策支持散见于其他养老政策文件。《广州市老龄事业发展第十三个五年规划（2016—2020）》提出了有关日托机构"医养结合"政策的目标："到2020年，所有的养老机构建立医养结合体制，养老机构、社区日间照料中心的医疗卫生服务覆盖率均达到100%。"2018年11月，广州市民政局印发《广州市社区居家养老服务评估指引（试行）》，进一步规范广州市内社区居家养老服务项目的评估细则。通知指出，评估的服务项目共包括10项，满分为100分，其中，上门生活照料、助餐配餐、日间托管、康复护理和上门医疗分数权重各占15%，临时托养、临终关怀、文化娱乐、精神慰藉和安全援助分数权重各占5%。服务项目的评估结果等级将直接关系到服务项目的补助标准，评估等级为不合格的项目将不会获得补助。

总体来看，有关日托服务的政策内容多见于社区居家养老服务的整体性政策文件内，具体针对日托服务的政策指引较少。

2. 实践情况概述

广州市在推行社区居家养老服务后，积极探索日间托老养老模式，自2010年起，在荔湾区、越秀区等老城区进行日间托老服务试点。其中，逢源邻舍长者日间护理中心作为本市首家日间托老机构展开日托试点实践。

根据广州市民政局数据，自2016年11月以来，市级财政共投入3.88

亿元支持提供社区居家养老服务。截至 2018 年 1 月，全市共建成居家养老服务综合平台 144 个、星光老年之家 1460 个、农村老年人活动站点 1144 个、日间托老机构 170 个、助餐点 475 个、家庭综合服务中心 188 个、五保互助安居点 136 个，搭建"区综合体—街镇综合体—村居活动站点"三级实体服务平台，涵括上门服务、日间托老、活动场所、综合服务等类型多样的立体式服务网络，按照 4.5 床/千人的标准在居住区配套建设养老院、社区日间照料中心和老年人活动站点等养老服务设施，社区养老服务设施面积超过 76 万平方米，覆盖率达到 100%，为居家老年人提供生活照料、助餐配餐、文体康乐、康复保健、心理慰藉、信息支援、紧急援助等养老服务。

虽然经过几年的探索，广州市的日间托老中心取得了一定的成效，尤其是以逢源街为代表的日托机构不断创新，其服务形式和内容深受当地老人欢迎，承办机构因此获得了全国"敬老文明号"称号，但是就目前情况而言，大部分日间托老服务中心并没有发挥日间托管、临时照料和助餐服务功能，有的成为老人打麻将、下棋的娱乐场所，有的因为长期空置而转为他用，导致资源的巨大浪费。真正发挥日间照护作用，是当前日间托老中心的任务。

（二）案例选取及其代表性分析

为了对比探究广州市内不同地区的日间托老服务发展状况，本文选取了位于四个不同行政区内的社区养老服务中心，分别是越秀区的洪桥街道长者综合服务中心（下称"洪桥街中心"）、黄埔区的黄埔街道社区日间托老服务中心（下称"黄埔街中心"）、花都区的居家养老服务中心（下称"花都区中心"）和荔湾区逢源街道的逢源邻舍长者日间护理中心（下称"逢源街中心"）。各中心基本情况如表 1 所示。

表 1 四个日间托老服务中心的基本情况

机构（简称）	所属区域	区域特征	当地老年群体特征
洪桥街中心	越秀区	老城区	大部分长者为政府部门的退休干部
黄埔街中心	黄埔区	近郊区	大部分本地户籍长者退休前从事种植业与养殖业
花都区中心	花都区	远郊新区	大部分长者为国有企业退休职工
逢源街中心	荔湾区	老城区	人口组成复杂，职业跨度大

首先，从地理位置来看，越秀区和荔湾区都位于广州市中心，在三个老城区范围之内；而黄埔区和花都区都是广州市的郊区，不同的是，黄埔区是广州市市本级统筹的老七区之一，而花都区则属于新四区之一。因此，越秀区和荔湾区、黄埔区和花都区分别代表广州市内的旧式中心老城区（越秀、荔湾和海珠等区）、近郊区（白云、黄埔等区）与远郊新区（花都、从化、增城等区）。

其次，从老年群体特征来看，由于越秀区是广州市的行政中心，广州市市级以及越秀区区级政府部门基本上设点在越秀区内，洪桥街中心的服务对象大部分为政府部门的退休干部；黄埔街道虽然是黄埔区的中心街道，但其属于典型的城中村，就目前情况而言，大部分当地户籍长者退休前从事种植与养殖业；花都区中心位于花都区旧城镇区，在2000年撤销花都市之前，是花都市的旧式中心城区，居住在此中心附近社区的长者在退休前大部分是国有企业的职工；逢源街道属于荔湾区，是老城区中的传统城区，人口组成复杂，职业跨度大。因此，本文选取的四个日间托老中心能够涵盖退休干部、退休职工和退休农民三种具有不同特征的长者群体。

综上所述，本文选取的四个案例具有充分的代表性，研究成果因此具备普遍意义。

（三）案例中四个日间托老服务中心发展现状对比

结合日托服务特征，本文通过文献综述归纳四个关键因素影响长者日托服务走向的情况，这四个关键因素分别为资金运营情况、长者需求、交通情况和运营风险。下文，笔者将从这几个角度分析日托中心的发展情况，以为后期分析案例差异性及其原因提供基础。

1. 运营收入与支出对比

（1）运营资金来源

A. 政府拨款和其他资金支持

四个日托中心都属于政府购买服务项目的机构，均获得政府的财政拨款，但资金所得情况各有不同。除政府资金支持外，有的中心还会获得其他资金支持。洪桥街中心是隶属于广东省佛教协会的非营利性社会服务机构，所以还获得了来自广东省佛教协会慈善基金会的捐赠资金。逢源街中心作为重点示范单位，相较于普通日托机构每年获得20万元资金，其所获得的资金补贴更多，达到每年50万元。

B. 服务收费

除黄埔街中心外，其余三间中心都对服务进行收费，其收费标准因长者情况而异。洪桥街中心和花都区中心都对符合一定条件的长者给予费用上的优惠，而逢源街中心对服务的收费较为固定。洪桥街中心对于床位的使用者以会员费的形式按照5元/天标准收取（低保家庭老人或者孤寡老人免费），到月底结算。黄埔街中心的配餐服务对于"三无"老人、低保对象、劳动模范、计生特殊扶助对象以及80岁以上的长者全额免费，目前还未开通自费项目。花都区中心的收费标准按照长者类型分为四类，对于花都区户籍辖区内六大类困难长者，日托费用全免；对于60岁以上持低保、低收、优抚、残疾证的花都区常住老年人，收费标准为100元/月；对于常住花都区普通长者（除第一类、第二类外），收费标准为200元/月；对于常住花都区辖区的患中度认知障碍症长者（经工作人员评估后属于中度认知障碍长者），收费标准为300元/月。逢源街中心床位使用费用标准为200元/月。几位机构负责人表示，这类收费仅属于名义性收费，并不能覆盖运营成本。

（2）运营支出对比

A. 租金/建筑维修成本

在场地租金方面，由于政府为机构的运营提供场地支持，四个承办机构并不需要承担场地租金，但是其场地面积以及原有建筑物的质量各有高下。洪桥街中心的场地是由政府提供的将被拆建的办公楼逐步改建而成的。黄埔街中心由星光老年之家改造而来，但是缺乏资金进行适老化改造。花都区中心是基于政府新划拨的平地而建成的崭新建筑物。逢源街中心为原来的西关大屋，由于建筑老旧，不定时会出现楼顶漏水等问题，房屋维修成本较高且需要机构自负。

B. 人力资源成本

四个日托中心的人员构成及工资成本存在差异。相较于其他三处而言，花都区的人员构成较为合理且员工的门槛和薪酬较高，其他三间中心都或多或少面临人员较少、人员构成不合理和员工薪酬较低的问题。总体上看，目前日托中心的人员配备和待遇有待提高。洪桥街中心由广东善缘社会工作服务中心派遣社工20人，其中持证社工为14人，行政人员为2人，团队以社工为主，配备1名厨师和1名康复师，暂无专业的医护人员，助理社工和一线社工的月薪在3000~4000元浮动。黄埔街中心共6名工作人员，其中3名为专业社工，3名为社工助理（非社工专业），据工作人员透露，机构内社工的工资也相对较低。另外黄埔街中心也会向社会聘请兼职人员负责配餐以及进行上门清洁，兼职人员的薪酬以计时方式计算，配餐时薪为25元，上门清洁时薪为30元。花都区中心全职工作人员共15人，其中包括6名医护人员和3名社工，其余为行政人员以及配餐人员，配备有专业的护士与医生，作为区级平台，其肩负着对下属街镇指导养老工作的任务，因此还专门设立两名调研员，考察各街镇养老服务情况并形成报告。调研员均要求为硕士研究生学历，入职门槛较高。花都区社工主管的基本月薪为4000~6000元、康复师的基本月薪为3000~5000元、主管护师的基本月薪为5000~6000元。逢源街中心全职的工作人员为6~7人，配备护工以及专业的护士和康复师，工作人员的待遇较低，社工助理的月薪少于3000元，一线社工的基本工资仅为每月3500元，康复师的月薪也仅有4000多元。除了部分兼职员工的流动性较高外，四个中心全职工作岗位的人员流动性相对较小，保证了养老服务工作供给的持续性与稳定性。四个日间托老服务中心的运营收入与运营支出对比见表2。

表2 四个日间托老服务中心的运营收入与运营支出对比

		洪桥街中心	黄埔街中心	花都区中心	逢源街中心
运营收入	政府/其他来源	财政拨款20万元/年；捐赠资金	财政拨款20万元/年	财政拨款20万元/年	财政拨款50万元/年
	服务收费	会员费，5元/天（低保、孤寡老人免费）	对特殊人群全额免费，目前还未开通自费项目	收费标准按照长者类型分为四类	床位使用费用标准为200元/月；特殊人群免费
运营支出	维护费用	由政府提供被拆建的办公楼逐步改建而成，维护费用高	由星光老年之家改造而来，缺乏维护资金进行适老化改造	在政府新划拨的平地建成崭新的建筑物，维护费用较少	建筑物老旧，不定时会出现建筑问题，维护费用高
	人力资源成本	员工总体薪酬水平较低	员工总体薪酬水平较低	员工总体薪酬水平较高	员工总体薪酬水平较低

2. 长者需求分析

（1）服务对象

日托服务对象为失能、半失能长者，目前四个中心只覆盖了小部分这类对象，且服务内容并不齐全。洪桥街中心服务对象全部是行动自如、基本能够照料自己的长者，这与洪桥街中心当初预设的"为失能、半失能长者提供服务"的目标相去甚远。黄埔街中心没有配备床位，其服务对象就是一般意义上行动自如的长者，服务内容仅仅为提供就餐。针对经过评估审核的失能、半失能长者，黄埔街中心提供的服务主要有两方面。一是由中心提供的兼职阿姨上门送餐服务，二是中心承接广州市民政局的"脑友记"项目，该项目主要为患认知症的长者提供社区居家照护服务。花都区中心结合广州市民政局牵头的一个项目"脑友记——认知症长者社区居家照护服务"，优先给有认知障碍的长者提供服务，而对于中度及重度失能的长者，中心会通过"社工＋义工＋医护"的跨专业团队服务，为其提供到户式长期照护。逢源街中心的服务对象既包括有自理能力、能够走动的长者，又包括失智和轻度失能的长者。

（2）筛选机制

四个中心都有对服务对象的筛选机制，但筛选的方式、标准、程序等均存在差异。洪桥街中心是派工作人员上门对提出申请的长者进行家庭访问，目的是在通过家访评估长者的自理能力后，接收基本能够自理的长者。由于没有配备床位，黄埔街中心对于长者的筛选机制是相对宽松的，80岁以上的长者只需要提供身份证或户口本；60~80岁的长者则需要根据具体情况提供劳动模范证明等材料。如果需要申请送餐上门服务，则审核流程会相对严格，在申请登记好之后，工作人员需要上门探访长者以确认情况是否属实。在花都区中心，提出申请的老人需要在填写"日托服务申请表"并且提供身份证件以及病例与体检报告后，参与中心提供的全面的身体以及精神状态的评估，中心工作人员对长者的资料进行复核，通过审核的长者会与中心签订《日托服务协议》，办理入托手续，中心为其建立健康档案。中心会为长者制订并且多次重检与调整个人照料计划。对于有需求的长者，逢源街中心会派工作人员上门依据专业的评估标准对其进行评估，以确定申请服务的长者是否符合中心的准入条件，并将评估结果记录下来，对于符合条件的长者，中心按照报名的先后顺序安排老人接受服务。但是逢源街中心相关负责人表示，以他们目前的财力与护理能力，没有办法接收重度失能的长者。四个日间托老服务中心的长者需求对比见表3。

表3 四个日间托老服务中心的长者需求对比

		洪桥街中心	黄埔街中心	花都区中心	逢源街中心
长者需求	服务对象	行动方便、有自我照料能力的长者	未配备床位，适龄且行动方便的长者前往中心就餐；行动不便的半失能、失能长者可获得配餐服务	优先提供给有认知障碍的长者；中度与重度失能的长者获得"社工+义工+医护"的跨专业团队服务	既包括有自理能力、能够走动的长者，又包括失智和轻度失能的长者
	筛选机制	工作人员上门对提出申请的长者进行家庭访问	相对宽松：80岁以上长者只需要提供身份证或户口本；60~80岁长者需要根据具体情况提供劳动模范证明等材料	提供申请表、体检报告和精神状态评估表等资料	工作人员上门依据专业的评估标准进行评估

3. 交通

就地理位置而言，洪桥街中心、黄埔街中心、花都区中心和逢源街中心均在居民生活区设点，与大部分前来中心接受服务的长者的住址距离相对较短；就出行方式而言，大部分长者可以通过短时间的步行到达中心，但因为四个日间托老服务中心都没有提供接送服务，所以小部分住址距离中心较远而且行动不便的长者只能依靠儿女或者自行出资聘请他人进行早晚的接送以解决交通问题。但总体而言，四个日间托老服务中心提供的日托服务的可及性及便利性还是相对较高的（见表4）。

表4 四个日间托老服务中心的交通对比

	洪桥街中心	黄埔街中心	花都区中心	逢源街中心
交通	设点于居民生活区附近，大部分长者可以通过短时间的步行到达			

4. 风险

（1）场地风险

老人在日托中心接受服务，客观上有在中心内部发生意外的风险。在场地风险方面，日托中心在适老改造方面存在缺陷，增加了老人在中心内部发生意外的风险。洪桥街中心只有正门和卫生间有防滑地毯以及在卫生间配有扶手，其他室内空间并没有明显的扶手等设施。黄埔街中心的地面是由瓷砖铺设的，而且没有扶手设施。花都区和逢源街中心适老改造相对较好,花都区中心楼高四层,楼层之间既有电梯也有楼梯连接,电梯与楼梯都设有扶手;逢源街中心只有一层,地板专门做了防滑处理,所使用的凳子都是根据老人的需要特别制作的。但是这四个中心均未设置专人来进行日常的硬件设施安全性排查。

(2)交通安全风险

在交通安全风险方面,由于四个中心都临近居民生活区域,大部分长者可通过步行前往中心接受服务。但经实地调研发现,上述四个中心辐射范围内的社区均未能实现电梯、轮椅无障碍通道等无障碍设施全覆盖。此外,洪桥街中心与其余三个位于社区内部的日托服务中心不同,位于车流量较大的城区主干道东方中路一侧,对自理能力较差的失能、半失能长者而言存在安全隐患。总体来说,对有意接受中心日托服务的失能、半失能长者来说,无论是在楼栋内上下楼梯,还是步行前往中心的路上均存在一定的安全隐患。可以说,目前交通安全隐患仍然是日托机构不得不考虑的风险。

(3)合同风险

各大日托服务机构均以承接政府购买服务的形式向社区提供日间托老服务,在具体运作过程中不可避免地存在合同过期后政府不再续约的风险。在调研过程中所涉及的四个日托服务机构均表示在评估中表现良好,暂时不存在由于合同过期、服务主体更替影响中心提供日托服务的情况。但黄埔街中心、花都区中心、洪桥街中心的受访项目负责人在访谈中都提到,在广州存在部分服务承接机构由于所提供服务不能满足购买方要求而被取消服务提供资质的现象。因此,对日托服务机构而言,提供日间托老服务客观上面临由于合同到期,政府不再续约,而无法收回成本的风险(见表5)。

表5 四个日间托老中心面临风险对比

		洪桥街中心	黄埔街中心	花都区中心	逢源街中心
风险	场地风险	适老化改造程度中等,风险中等	适老化改造程度低,风险较高	适老化改造程度中等,风险中等	适老化改造程度高,风险较低
	交通安全风险	位于车流量较大的城区主干道东方中路一侧,风险高	靠近居民生活区域,在长者步行范围内;但所辐射范围内的社区未能实现电梯、轮椅无障碍通道等无障碍设施全覆盖		

续表

		洪桥街中心	黄埔街中心	花都区中心	逢源街中心
风险	合同风险		以承接政府购买服务的形式向社区提供日间托老服务，在具体运作过程中不可避免地面临合同到期后政府不再续约而无法收回成本的风险		

六 存在问题

（一）发展情况参差不齐，提升空间大

根据官方数据，近年来广州市已有百余间社区日托中心建成并投入使用。但根据调研情况，这些日托中心在不同程度上表现出日托服务发展滞后的问题。一方面，各社区建立的日间托老服务中心在开展服务的内容广度与深度上均与政策发展预期存在较大差别。换言之，日托服务在广州各地区的发展程度参差不齐，集中体现为：投入资源较多的老城区比资源较为分散的新城区发展得全面，行政级别较高的区级机构比行政级别稍低的街道和社区一级机构发展得完善。另一方面，在日托服务推广过程中，地方政府与服务承接机构存在为了实现上级下达的政策推广目标而建立并不具备日托服务能力的"挂名"中心的现象。"挂名"的日托服务中心经常出现在资源条件不佳，但政策要求建立相应日托服务机构的街道或社区。黄埔街社区日间托老服务中心就是近乎"挂名"的典型例子，除了日常的午餐配餐服务外，中心大多数时候成为长者们社交娱乐的活动场所。

经调研发现，发展得不充分、不规范的日托中心普遍存在以下问题。

1. 服务内容不齐

日间托老服务一般包括生活照料、助餐配餐、医疗保健、康复护理、休闲娱乐与心理慰藉等。可以看出，在资源比较充足的花都区中心和逢源街中心，日托服务基本上能够覆盖这六项服务内容。但在资源有限的黄埔街中心，除了提供助餐配餐与休闲娱乐活动外，其他服务目标都未能实际达成，尤其是医疗保健与康复护理服务近乎空白。相比之下，由于配备了一定规模的康复师和护理人员，花都区中心和逢源街中心在这两方面都发展得较为完善。

2. 服务定位不清

黄埔街中心存在一个较为显著的问题：其所提供的大部分服务为休闲

娱乐服务，且这类服务与当地社区的家庭综合服务中心面向长者的活动近乎一致。即在同一个社区里，日托中心与家综出现了功能重合的现象。就理论意义而言，日托应该首先满足需要照护的弱老人士（即生活不便的长者）的需求，为其家庭照顾者提供喘息服务。然而，目前许多以黄埔街中心为代表的日托机构在建设上缺乏"为社区服务"的理念，服务内容缺乏针对性，无法发挥应有的作用，同时造成资源浪费的后果。

3. 配套服务欠缺

社区日托服务主要针对失能、半失能长者，那么这类长者如何无障碍地往返日托中心和家中便成了一个关键问题，一旦这个问题无法解决，日托中心便不能真正实现预期目标。但是，从调研情况来看，四个日托中心并不重视长者往返的交通问题。一方面，目前日托中心服务人群"错位"，服务对象多为尚有行动能力的长者，接送需求不大；另一方面，老人在往返路上会有一定的交通风险，且接送老人需要花费额外的人力和物力去制定路线、采购无障碍设备等，因此日托中心缺乏动力去承担接送长者的责任。这两方面因素导致接送服务缺失，反过来拒绝了潜在的"弱老"客户群体，最终造成"服务对象错位"的恶性循环。

4. 服务资源不到位

除了一些重点扶持的日托机构（如逢源街中心）外，大部分地区的日托中心资源紧张，影响了日托服务的开展，具体体现如下：第一，人力资源配备不足。机构负责人普遍反映由于社工行业社会地位较低、薪资水平不高，工作人员流动性大，容易出现职位空缺。第二，场地适老化改造不够。日托机构为老年人提供服务，必须保证活动场所的安全性，但不少机构囿于资金，难以进行完善的适老化改造。第三，医疗护理设备匮乏。同样地，医护设备也需要花费较多的人力物力，日托中心缺乏医护设备影响了专业服务的提供。而上述现状出现的根本原因都可以归结为政府下拨资金不足。

（二）发展成效有限，偏离服务目标

根据文献分析，日托中心应当主要为失能、半失能长者提供服务，在帮助老人在地养老、给家属提供喘息服务、减少社会支出这几方面发挥功能。然而经过实地调研，笔者认为总体上广州日托服务发展成效有限，服务实际覆盖范围窄，服务群体偏离原目标。

1. 服务覆盖范围窄

根据实地调研，笔者针对各日托中心服务覆盖面情况整理出表6。

表6 四个日间托老服务中心的服务覆盖面情况

机构名（简称）	设置床位数（张）	实际接受日托服务的长者（人）
洪桥街中心	34	3
黄埔街中心	0	0
花都区中心	20	18
逢源街中心	25	22

总体来看，只有花都区中心和逢源街中心接近完成预期服务数量目标，洪桥街中心和黄埔街中心显然无法令人满意。从访谈中笔者了解到，洪桥街中心设置30多张床位并非依据当地老年群体的实际情况，而是为了满足政府提出的政策目标；黄埔街中心由于资金和场地的限制，没有设置床位，仅为老人提供就餐服务，因此并没有真正提供日间托老服务；花都区中心的入住率尚可，服务群体规模稳定；逢源街中心实际上供不应求，但由于人手不足，只能接收22位长者，未达到预期设想。

2. 服务人群错位

社区日间托老服务在理论意义上应当面向失能、半失能老人，政策目标为"自理、半自理长者"，但就观察来看，四个日托中心的服务对象大部分是健康老人。其中，黄埔街中心因为没有无障碍设施，所以只为行动自如的长者提供服务；洪桥街中心没有专业护理人员，故抬高入托门槛，该中心的申请资格为"生活能够基本自理的长者"，将失能、半失能老人"拒之门外"；而花都区中心和逢源街中心的情况稍微好些，前者主要服务患有轻度认知障碍症的长者，后者部分覆盖了轻度失能的长者。总体上看，这几个日托中心在服务人群上距离服务失能、半失能长者的理论目标还是有一定距离的，并不能完全使那些真正需要日托服务的长者受益。

七 成因分析

针对上述问题，结合实地调研情况及相关文献，本文对问题背后的成因进行探究。

（一）概念错位：长期照护服务而非养老服务

首先，日间托老中心在性质上有其特殊性，但在实践中，政府与服务承接机构往往将其与一般养老服务机构混为一谈，影响了服务的质量。一般意义上的"养老服务"是指让老年人生活得更好的综合性服务，服务对象不限于某一类长者群体而是面向全体老年人（李学斌，2008）；医学上的"护理服务"则强调对患者接受治疗后的护理和康复。"长期照护"介于二者之间，其定义为，在一段时间内为失能、半失能人群提供照护服务，其功能主要是维持身体机能，并非以完全康复为目的（荆涛，2010）。

日托在概念上被界定为，专为有需求的失能、半失能长者提供的服务，属于长期照护的一部分，而非传统理解中宽泛的、以一般老年群体为服务对象的养老服务。由于对日间托老中心属性缺乏准确认识，无论是作为服务购买方的政府还是作为服务提供方的承接机构，都未将日间托老服务作为长期照护体系的一部分，因此也没有将相应的资源予以整合。这在很大程度上导致日托中心在实际运作与发展中缺乏独特性，甚至与传统家庭综合服务中心所提供的服务逐渐趋同。

（二）日托服务具有特殊性，影响发展情况

政府推行的日间托老服务区别于其他社区居家养老服务和商业日托服务，其属于长期照护体系中的重要供给内容，面向弱老人士，服务地点在社区而非家中，且具有非营利性质。因此，日托中心运营具有高成本、高风险两大特征，它们成为其发展过程中的重要阻碍因素。

1. 成本限制

根据调研情况，日托中心的运营在很大程度上依赖政府的财政拨款。机构本身运营成本较高，且非营利性质决定了其盈利空间有限，这给日托中心可持续运转带来了比较大的挑战。

从服务内容来看，日托服务最具吸引力也是最本质的服务内容是向失能、半失能长者提供康复性照料服务。日托中心不仅要配备全职的护理人员来为日托长者提供一般照料服务，而且需要配备专门的医疗设备及专业的医疗团队（包括医生、护士、康复师、护理师、心理咨询师等）来为日托长者提供医疗护理服务。日托中心的资金大部分来源于政府财政拨款，每年的经费有限，大多数日托中心仅能勉强维持开销，这一系列的配套设

施与服务项目将给服务提供方带来沉重的成本压力。建立在高成本基础上的日托服务，在运营阶段仍然以持续性的资金投入来维持工作人员的薪酬及维护建筑设备。这样一项投入成本极高的服务，如果没有政府财政的大力支持，就将难以开展。

2. 意外风险

除了成本高外，日托服务承接机构运营的高风险特征也影响其发展进程。对机构而言，开设日间托老中心以提供长期照护服务的风险主要分为直接风险与间接风险。

（1）直接风险

日托机构面临的直接风险是场地风险。由于日托服务的主要目标群体是失能、半失能长者，这类老人身体状况欠佳、自理能力较弱，因此他们在日托场所活动时发生意外的可能性比健康老人更高。然而，与服务属性风险高对应的却是相关政策的缺位，既没有关于日托服务事故责任划定的政策出台，也没有统一的法律条文指导和规范日托中心进行应急管理。在这种情况下，当事故发生时，可能会因为责任主体界定不清而出现公众舆论谴责、长者家属推卸责任等情况，这将极大挫伤日托中心发展的积极性。因此，日托中心在提供服务的时候容易"瞻前顾后、畏首畏尾"。

（2）间接风险

日托机构面临的间接风险是交通风险。失能、半失能长者行动不便，在日托中心与居住地往来的过程中需要人员接送，而在这一过程中，可能会发生意外，导致长者受伤甚至死亡。当前日托服务的政策制度尚不完善，为长者购买意外保险这类政策条文存在空白，更没有出现有关购保主体确定、保险费用分担问题的讨论。因此，日托服务还面临比较高的间接风险。

总的来说，在日托服务应对长者发生意外事故的问题上，相关法律条文和管理办法的缺失为日托服务的推行带来了极高的风险，从而造成以下两种情况：不开办日托中心，或者开办日托中心，但是设置较为严苛的入托门槛，如进行体检确保只招收健康、可自理的长者等，这就违背了原本的政策目标。

（三）供需因素阻碍日托服务真正发挥功能

笔者从调研中了解到这几个日托中心均在不同程度出现了目标服务人

群与实际不匹配的问题。本该着重服务失能、半失能老年人群体的日托中心却主要服务于尚有自理能力的健康老人，且提供与社区家庭综合服务中心类似的文娱康乐活动，这实际上是资源的错配与浪费。其背后原因可分别从供需双方来讨论：一方面，目前老人对日托服务的需求未被激发；另一方面，日托服务在管理上存在缺陷。

1. 需求方：需求掣肘

从主观因素来看，老年群体对日托服务的需求水平较低是日托中心难以发展壮大的掣肘之一。根据调研，笔者通过四个维度进行分析讨论。

（1）生活习惯

黄埔街港湾五村社区居委会工作人员讲述，一个健康长者退休后习惯于"起床喝早茶，接着买菜回家做饭，午饭过后睡午觉，睡醒与朋友打麻将，差不多时间就做晚饭，吃完睡觉，一天过去了"。由于习惯了这样的生活，退休长者不希望改变这种休闲自由的生活方式，反而觉得进日托中心会限制自己的人身自由，因此去日托中心的需求水平很低。

（2）观念陈旧

离退休长者家属多在20世纪50年代前后出生，他们往往认为，养老是家庭内部的事情，无论如何都要自己解决。家庭养老是他们的首选，接着是机构养老。绝大多数家庭都是这样的情况："生活能够自理的自然最好，需要人照顾的由子女轮流照顾，进入半失能甚至失能状态时，首选养老院，不能进养老院的话，经济条件允许就请全职护工照顾，不允许子女就轮流照顾。"概括来说，就是"无论如何，自家搞定"。这种传统的家庭养老观念减少了对日托服务的需求。

（3）认知缺位

社区居家养老政策已经推出了一段时间，然而，市民对社区居家养老的概念和模式并没有全面的认识和了解。对于长者来说，这更是他们不理解的一个陌生词语。在他们的认知里，养老方式只有"在家养老"和"去老人院"这两种选择。而且，政府对于社区居家养老服务的政策规定及服务配套等尚不完善，市民获取信息的途径不多。要让社区居家养老方式成为市民的主流选择，尚需时间来培养公众的认知。

（4）社会支持网络不完善

根据社区照顾理论中"由社区照顾"的内涵，作为社区居家养老服务的核心，日托的开展离不开社会支持网络的推动。缺乏好的社会支持网络，会出现长者一离开日托中心就无人照顾的状况，这种现象在城市社区很常见。在广州大多数城市社区，邻里之间的联系极为松散，居民间关爱度、信任度较低，形成较为简单初级的社会支持网络。如此，长者出门接受日托服务的潜在风险增加，故需求减少。而逢源街中心提供了正面的案例：作为老城区街道，社区邻里之间互助程度高，长者出门有相识的邻居、朋友帮忙照看，社会支持网络良好，有助于逢源街中心成功运营。

2. 供给方：管理工作不到位

从供给方来看，笔者认为日托服务体系的专业服务工作、宣传工作、评估工作存在问题，导致服务成效难以发挥。具体分析如下。

（1）服务专业度有待提高

日托服务针对失能、半失能老人，必然对服务专业性有更高的要求，否则难以吸引有需要的长者参与。目前，越来越多的日托机构开始为有特殊需求的长者如阿尔茨海默病患者提供服务，但是日托服务整体发展时间不长，大部分日托中心缺乏相关专业知识和经验。其实，日托中心可以拓展思路，聘请专家指导，或向先进地区的日托机构取经学习。以逢源街中心为例，该中心与香港的邻舍辅导会合作，邀请港方专家到中心进行现场教学，并组织工作人员前往香港观摩学习，促进了专业服务能力的提升。

（2）政府评估方案不合理

目前，政府制定的评估方案存在重服务数量而轻服务质量和服务针对性的问题。以2018年12月1日开始实施的《广州市社区居家养老服务评估指引（试行）》为例，该指引只设置了对服务人次的要求，而不要求被服务对象是否属于失能或半失能长者。为了满足评估指标的需要，机构方倾向于将更多的资源投向服务难度与服务成本更低的健康老人，而不是弱老群体。所以，日托机构往往会要求长者提供体检报告，并将其作为筛选机制。

但事实上，美国、中国香港等业已形成完整评估体系与机制的国家和地区同样会对入托老年群体进行体检，但体检并非作为入托门槛，而是为制订个性化的服务计划提供支持。美国使用的是综合评估工具，如 Comprehensive Assessment Reporting Evaluation（CARE）和 Adult Day Care Assessment and Planning System（ADCAPS）。在我国香港地区，使用长者健康及家居护理评估工具（Minimum Data Set - Home Care，MDS - HC）对申请进入政府资助的长者日间护理中心的长者进行评估。虽然使用的评估工具不同，但共同关注的评估项目主要涵盖身体评估、病史评估、用药评估、营养评估、心理社会评估、自理能力评估、风险评估、经济评估、兴趣调查等内容（陈鹏、刘宇、王敏，2013），而非仅仅针对身体健康状况进行评估。先进地区的实践侧面印证了我国发展日托服务出现了对象错位的问题。

进一步来看，从不合理的评估指标可以看出，我国政府决策者对养老服务（Elderly Care）与长期照护服务（Long Term Care）两大重要概念之间的联系与区别没有加以辨析。目前，广州市在日托服务供给的形式与思路上仍然以养老服务的标准进行设计，没有进行明显的区分。且日托服务缺少政府方面的资源整合，长期照护资源与普通养老服务资源混杂而不经区分，利用效率低下。因此，服务对象的错位不可避免地发生了。

(3) 宣传力度不足

经调研得出，社区日托的宣传工作不到位，居民对日托服务的认识普遍不足。当问及当地居民时，笔者发现大部分长者并不知道日托是什么地方，甚至把日托和家庭综合服务中心等同。虽然日托中心内都设置了普及服务内容和收费标准等的宣传栏，但是如何将宣传生动化、可理解化，仍需政府和日托机构的努力。在这方面，逢源街中心的工作经验值得其他机构借鉴。在机构成立初期，逢源街中心也面临当地居民不理解、不愿意来的情况。为了解决这一问题，中心工作人员挨家挨户上门宣传日托中心，邀请老人及其家人亲自来日托中心参观，同时努力提高服务水平，在街坊百姓中树立口碑，因此吸引了越来越多的人报名。

八　对策建议与总结

（一）对策建议

1. 提供交通服务，便利长者往返

日托养老服务的主要目标人群是失能、半失能长者，一般而言，这类长者身体欠佳，自理能力较差，在往来日托中心的过程中发生意外的可能性更大。需求掣肘是日托服务停滞不前的部分原因，但对于有需求难以抵达日托中心的长者，往返交通也是一个重大问题。因此，提供往返交通是日托发展必不可少的条件。由政府牵头提供交通接送服务，不仅能给更多

失能、半失能老人抵达日托中心带来便利，也能减少往返过程中发生意外的风险。毫无疑问，这对于长者、长者家属以及日托中心都是有所裨益的。

2. 确保政府补贴，培育日托发展

目前，社区日托养老服务由专业化的社会工作服务机构提供，机构在运营期间尤其是在日托起步期难免面临亏损的风险，对风险的感知和分析往往会挫伤其发展日托的积极性。因此，在日托服务启动期间，政府应该加大对于日托中心的培育力度并制定相关全面的补贴政策。如当某日托中心达到接收 30 个失能老人的目标时，其可享受一定的补贴，以确保机构在日托启动期间不亏损，从而激发机构提供服务、完善服务的积极性。但从长远来看，要始终坚持让日托服务机构在政府的扶持下自负盈亏的宗旨。

3. 完善专业服务，提高服务性价比

日托作为一种新型的养老方式，其发展尚未成熟，有待完善。目前，大部分失能、半失能长者会选择聘请保姆、护工进行照料或是由家属亲自照料。而日托作为社区养老服务中的重要部分，并不提供一对一的上门服务，那其该如何体现自身的优势呢？笔者认为，提高日托服务的性价比至关重要。一方面，要为长者提供更为专业化、多样化的服务，满足其生理和心理的需求。对于失能、半失能长者而言，专业护理服务尤为重要。日托中心应重视完善护理设备以及配备专业医护队伍，从而进一步提高服务质量。另一方面，要降低日托服务的收费标准，使其费用低于聘请专业护工的花费，减轻失能、半失能长者家庭的经济负担。总而言之，提供更专业的服务，收取更少量的费用，提高日托服务的性价比，才能使其在竞争中凸显自身优势以及发挥社区提供养老服务的功能。

（二）总结与展望

随着经济社会的迅速发展，我国家庭结构在过去 30 年间发生了巨大的变化，传统以家庭养老为核心的养老模式难以为继，社区居家养老在未来将占据我国养老模式的主体地位，这就要求日间托老等诸多综合服务项目共同发展。作为长期照护服务体系中至关重要的一环，日间托老服务从一开始就应把失能与半失能长者作为主要服务对象，其本身作为社区居家养老的重要环节也应该受到政策制定者的重视，成为整个社区居家养老服务体系发展的核心。通过对广州市四个日间托老中心的调研，本文认为广州市日托中心目前发展面临的问题如下。

首先,总体上广州市社区日间托老服务发展程度较低,区域发展水平存在较大差异。本文所调研的四个日间托老服务中心均在不同程度上存在入托人数少、服务种类少、服务标准低的问题。其次,四个日托服务中心的主要服务对象均不是预想中的失能、半失能长者,而是以健康老人群体为主,存在明显的服务对象错位问题。另外,研究发现,日托中心出现了功能错位的现象,即以"日托中心"之名,行"家庭综合服务中心"之实,其在本职工作方面反而有所欠缺。针对以上问题的原因,本文认为可从以下三个方面进行总结。

一是政策缺位与相关配套制度不够合理。日托服务管理政策条例的缺位使得日托机构面对可能出现的事故风险不得不承担不确定性巨大的责任,而不尽合理的政府购买服务年度评估标准也同样影响了机构开展面向弱老人士的长期照护服务的积极性。

二是资源欠整合,成本过高。社区照顾理论提出,要实现"由社区照顾"必须形成多元照顾网络,将正式、非正式各方行动者纳入服务体系。为了保证服务质量和有效性,日托服务不仅需要一般养老服务的社工资源,还需要整合包括医疗护理资源、社会资金支持、志愿者服务在内的多种资源。而由于目前政策制定者对养老服务与长期照护服务之间的联系与区别认识不清,当前日托服务所仰赖的资源渠道仍然以社工机构资源为单一渠道,严重缺乏协同性。而对于社工机构而言,推行完善的日托服务的成本很高,导致日托发展寸步难行。

三是民众认知程度低,需求未被有效释放。目前,日托服务乃至其所代表的长期照护服务对中国民众而言仍然算是一种新兴事物。由于受到传统家庭观念与供养模式的深刻影响,许多老年人对接受社会养老服务的态度依然较为抗拒,更倾向于以子女供养为核心的家庭养老模式,导致许多具备刚性日托需求的失能、半失能长者未能真正接受日托服务。有鉴于此,加大对相关服务的宣传力度,改变养儿防老的传统观念势在必行。

党的十九大以来,社区居家养老服务的重要性和必要性在养老政策中不断体现,但在政策推行过程中出现了许多亟待解决的问题。经过笔者调研分析,广州市有望在日托服务方面进行改善,以满足老年人日益增长的对社区居家养老的需求。今后,广州市应重点建立具体的日托服务管理条例和合理的政府购买服务年度评估标准;对医护资源、社会资金等多种资源进行整合以满足社区居家养老的发展需要；加大对社区居家养老政策宣传的力度，鼓励老年人及家属接受多种养老方式。政府应注重对制度法律、资源统筹及推广的宣传，让社区居家养老模式得到良好发展。

参考文献

[1] 蔡驎，2007，《城市日托养老需求分析》，《上海师范大学学报》（哲学社会科学版）第3期，第118～125页。

[2] 陈俊羽、徐桂华，2014，《社区日间托管中心养老服务体系的定位研究》，《中华现代护理杂志》第27期，第3417～3419页。

[3] 陈俊羽、徐桂华，2016，《日托中心养老现状影响因素研究进展》，《中国老年学杂志》第12期，第3058～3060页。

[4] 陈鹏、刘宇、王敏，2013，《国外及我国港澳台地区社区日间照料中心的开展状况及启示》，《中国护理管理》第11期，第67～69页。

[5] 陈伟，2010，《社区居家养老模式中日间照顾中心服务体系的构建》，《河海大学学报》（哲学社会科学版）第1期，第45～51页。

[6] 高洁，2015，《公共服务外溢：政社合作供给居家养老服务研究——以乐龄日托中心为例》，华东理工大学硕士学位论文。

[7] 高梦溪，2016，《社区日间照料中心适老化改造设计研究——以天津地区为例》，天津大学硕士学位论文。

[8] 广州市人社局，2017，《广州市试点实施长期护理保险制度》，广州市人民政府网站，http：//www.gz.gov.cn/zfjgzy/gzsrlzyhshbzj/xxgk/bmdt/content/post_2981073.html。

[9] 郝亚亚、毕红霞，2016，《我国社区养老服务研究综述》，《合作经济与科技》第13期，第186～188页。

[10] 姜向群、郑研辉，2014，《城市老年人的养老需求及其社会支持研究——基于辽宁省营口市的抽样调查》，《社会科学战线》第5期，第186～192页。

[11] 荆涛，2010，《建立适合中国国情的长期护理保险制度模式》，《保险研究》第4期，第77～82页。

[12] 李敬芝、许英，2018，《我国日间照料中心存在的问题及改进对策研究》，《现代盐化工》第4期，第88～89页。

[13] 李伟峰、梁丽霞，2008，《社区照顾理论及其在中国的实践问题》，《济南大学学报》（社会科学版）第1期，第12～15页。

[14] 李学斌，2008，《我国社区养老服务研究综述》，《宁夏社会科学》第1期。

[15] 刘爱玉、杨善华,2000,《社会变迁过程中的老年人家庭支持研究》,《北京大学学报》(哲学社会科学版)第3期,第58~69页。

[16] 卢施羽、黄洪,2017,《福利多元主义视角下社区照料发展挑战——以佛山市N区长者日托中心示范点为例》,《华南理工大学学报》(社会科学版)第2期。

[17] 吕宝静,2012,《老人福利服务》,五南图书出版社。

[18] 钱宁,2003,《社区照顾与中国社会福利制度的改革》,《北京科技大学学报》(社会科学版)第2期。

[19] 乔志龙,2008,《社区养老——我国城市养老模式的新选择》,《内蒙古农业大学学报》(社会科学版)第6期。

[20] 荣增举,2013,《社区老年日间照料中心存在的问题与对策——以青海西宁市为例》,《北京工业大学学报》(社会科学版)第2期,第19~23页。

[21] 石英、李志民,2016,《中、美、日社区老年人日间照料中心对比分析研究》,《西安建筑科技大学学报》(自然科学版)第2期,第249~253页。

[22] 史柏年,1997,《老人社区照顾的发展与策略》,《中国青年政治学院学报》第1期,第101~104页。

[23] 仝利民,2004,《社区照顾:西方国家老年福利服务的选择》,《华东理工大学学报》(社会科学版)第4期,第20~24页。

[24] 王慧、操梦琪,2015,《社区老年人日间照料中心构建模式的分析研究》,《大众文艺》第19期,第119~120页。

[25] 王莉莉、陈刚、伍小兰,2011,《社区照顾理念下的社区老年人日间照料中心建设》,《河南工业大学学报》(社会科学版)第2期,第44~49页。

[26] 王武林、杨晶晶,2016,《贵阳市社区养老服务供给状况及影响因素》,《中国老年学杂志》第16期,第4053~4056页。

[27] 王增勇,1997,《残补式或普及式福利?——台北市居家照顾政策的抉择》,《社区发展季刊》第80期,第213~232页。

[28] 吴克昌、杨芳,2016,《日托养老服务满意度的影响因素及提升路径——以广州两个典型社区为考察对象》,《华南师范大学学报》(社会科学版)第2期,第17~21页。

[29] 夏学銮,1996,《社区照顾的理论、政策与实践》,北京大学出版社。

[30] 杨芳,2017,《多元主体参与下的日托养老服务满意度影响因素研究——以广州市四个典型社区为考察对象》,华南理工大学硕士学位论文。

[31] 杨韫,2013,《完善社区养老日托服务中社会支持网络研究——以浦东新区两街镇为例》,复旦大学硕士学位论文。

[32] 张荟,2014,《昆明市D社区老年日间照料服务中心发展困境研究》,云南大学硕士学位论文。

[33] 张甜甜、王增武,2011,《我国大陆地区社区照顾研究综述》,《四川理工学院学报》(社会科学版)第3期,第26~30页。

[34] 张文范,2004,《社区养老社会化服务的战略意义》,《上海城市管理职业技术学院学报》第6期,第22~24页。

[35] 周沛,2002,《社区照顾:社会转型过程中不可忽视的社区工作模式》,《南京大学学报》(哲学·人文科学·社会科学版)第5期,第11~20页。

[36] Daly, M., Lewis, J., 2000, "The Concept of Social Care and the Analysis of Contemporary Welfare States," *Br J. Sociol* 51 (2), pp. 281 – 298.

[37] Means, R., Richards, S., Smith, R., 2008, *Community Care: Policy and Practice*, Palgrave Macmillan.

[38] Milligan, C., 2009, *There's No Place Like Home: Place and Care in an Aging Society*, Ashgate.

[39] Moss, P., 1997, "Negotiating Spaces in Home Environments: Older Women Living with Arthritis," *Social Science and Medicine* 45 (1), pp. 23 – 33.

[40] Rowles, G. D., 1993, "Evolving Images of Place in Aging and 'Aging in Place'," *Generations* 17 (2), pp. 65 – 70.

[41] Zawadski, R. T., 2014, *Community-Based Systems of Long-Term Care*, Routledge.

公办敬老院的现实困境与发展方向
——以F市G镇为例

陈俊彤 马晓蓝[*]

摘 要：我国人口老龄化问题越来越突出，养老服务需求也逐渐呈现多元化特征。"十三五"规划纲要指出，要"建立以居家为基础、社区为依托、机构为补充的多层次养老服务体系"，提供多层次、多样化的养老服务成为养老事业发展的方向。机构养老作为重要的养老方式，在养老体系中发挥补充作用，兼具福利性与公益性。但在实际运作过程中，公办敬老院在人员配置、场地设计与推进医养结合方面都存在困难和阻碍。本研究走访F市G镇五家公办敬老院，了解五家敬老院的现状与现实困境，挖掘公办敬老院存在政策目标偏离表象背后的深层原因并分析其作用机制，尝试为G镇、F市及珠三角地区公办敬老院的未来发展指出可行的方案。

关键词：人口老龄化 机构养老 公办敬老院

一 绪论

（一）研究背景

根据2018年国家统计局的人口统计数据，我国60周岁及以上人口为24949万人，占总人口的比例为17.9%；65周岁及以上的人口为16658万人，占总人口的11.9%，老龄化趋势为我国经济社会发展带来严峻挑战。

---

[*] 陈俊彤，中山大学政治与公共事务管理学院政治学与行政学专业2016级本科，已被剑桥大学发展研究专业录取为2020级硕士研究生；马晓蓝，中山大学政治与公共事务管理学院行政管理专业2016级本科，已被中山大学行政管理专业录取为2020级硕士研究生。

面对日益增大的养老服务需求，我国"十三五"规划中提出，要"建立以居家为基础、社区为依托、机构为补充的多层次养老服务体系"，让多层次、多样化的养老服务更加方便可及。机构养老作为养老服务体系的重要部分，在满足老年人，尤其是失能失智老年人的更全面与精细化的养老服务需求上起着重要作用。近年来，就养老机构的发展与改革而言，中央与各部委相继出台了众多管理办法与改革指导意见。

广东省是我国的经济大省，也是目前我国人口较多的一个省份。根据广东省统计局发布的数据，截至2017年，广东省65周岁及以上的人口已占据常住总人口的8.62%，老年人口抚养比达到11.62%，平均每5户就有1户有老年人。而且，在有65周岁及以上老人的家庭户中，独居老人户占比为21.01%，这意味着社会保障与公共服务的压力将大大增加。公办养老机构一直在承担"五保"老人、"三无"老人、孤寡老人与残疾老人的集中供养责任上发挥重要作用，是机构养老的核心部分。但由于公办养老机构发展不一，服务水平参差不齐，多地公办养老机构都出现了服务模式僵化、财政收支失衡、管理专业化程度低以及改革动力不足等问题，进一步阻碍了公办养老机构的转制发展与医养结合服务的推行。

因此，为全面考察公办养老机构的现实发展困境，本文拟以珠三角地区的F市G镇为例，深入分析该地公办养老机构运营中存在的实际问题与发展瓶颈，探讨其成因，并为进一步提高养老服务水平提供建议，为其他地区公办养老机构的改革与发展提供经验。

（二）研究意义

发现公办养老机构发展困境，推动公办养老机构转型改革，对于我国满足老年人多层次、多样化的养老服务需求，建立健全高龄、失能老年人长期照护服务体系，积极应对老龄化带来的社会经济挑战都具有重要的意义。

在国家层面，积极解决公办养老机构运营中的实际问题有助于国家进一步落实对"五保"老人、"三无"老人与残疾老人等特困老人的集中供养责任，提升公办养老机构的服务水平，持续完善以居家为基础、以社区为依托、以机构为补充、医养相结合的养老服务体系，是回应不断增加的养老需求、提升老年群体幸福感与获得感的重要举措。

在社会层面，增加公办养老机构服务的提供有利于促进养老服务供给多元化，带领养老服务行业形成养老、医疗、健康和教育的养老生态，同时还能吸纳就业，促进经济社会持续发展。

在家庭层面，公办养老机构较为实惠的服务能够减轻年轻人的养老负担，减少子女的后顾之忧，让子女可以把更多精力投入工作与生活中，不把赡养照顾老人尤其是失能失智老人视为一种负担，减少家庭矛盾，真正培养起敬老爱老的观念。

二 文献综述

（一）机构养老

关于中国养老模式的分类，有的学者认为应根据老年人日常生活的场所或其居住方式对养老模式进行分类，因此出现家庭养老、居家社区养老、机构养老的基本分类（卢德平，2014）。国内学者对于机构养老的定义基本达成一致，即以养老方式和功能为依据，认为机构养老是社会化养老的一种，即由社会福利机构为老年人提供医疗、护理、康复、日常生活和精神等方面的养老照护服务（董红亚，2011；姜向群、张钰斐，2006；穆光宗，2012；任洁、王德文，2016；于潇，2001）。根据养老院的资金来源分类，我国的养老院可分为由政府出资的公办养老院和依托社会资本运作的民办养老院。

（二）公办养老院

在我国，公办养老院的出现有特殊的历史背景。20世纪50年代，政府兴办了一批社会福利院和敬老院等公办养老机构来安置城市中的"三无"老人。其中，社会福利院负责接收安置城市流离失所、无依无靠以及其他需要寄养的各类人员，以老年人为主，所需经费由财政负担；敬老院由村集体主办，负责安置农村"五保"老人，资金来源为乡统筹、村提留款（董红亚，2018）。也就是说，我国的公办养老院具有公益性、福利性的特点。随着城市就业条件和劳动保险制度的完善，"三无"老人数量大幅减少，公办养老机构"产能过剩"。后来老龄人口的增加激发了机构养老服务的大众需求。为充分利用闲置的养老资源，公办养老机构开始对社会开放，实行"自费收养"政策（程启智、罗飞，2016）。

（三）公办养老院的困境

经历了半个多世纪的改革和发展，我国公办养老院普遍存在一系列急需解决的问题。为回应我国以经济建设为中心、促进市场经济发展的要求，公办养老机构从1979年启动改革，近40年来渐次推进，但以效率为导向的改革目标与公办养老机构的福利、公益属性存在内在矛盾，始终难以平衡好公平和效率的关系这一改革的核心问题（董红亚，2018）。机构养老存在供不应求但资源利用率不高、微利甚至负债导致养老机构的自我发展能力不强、"养护医送"四大功能分离、专业护工和管理人才短缺、农村养老机构的非规范发展等五大问题制约其发展（穆光宗，2012）。也有学者指出公办养老院存在需求和供给错位、资源分配不均匀、福利不公等问题（刘佩璐，2014）。奢华与简陋并存、选择性收住、以养老名义变相圈地、专业人才不足也是公办养老院的问题（陈友华、艾波、苗国，2016）。吴玉韶（2014）则指出我国养老服务体系建设存在重建设轻规划、重设施轻体系、重硬件轻软件的现象，这不利于我国养老体系长远发展。

（四）公办养老院的发展方向

在公办养老院面临困境的同时，许多学者提出了可行的解决方案。一部分学者强调公办养老院存在的必要性，倾向于基于现状解决存在的问题。首先，传统公办养老机构能够满足福利性、公益性需求，从而弥补市场失灵的缺陷、促进社会公平；此外，由于机构养老服务的差异性和竞争性低，产出和质量难以监控，由政府直接运营管理大大降低了监控成本，提高了养老院的运作效率（王婷、李珏玮、张英，2007）。

但是，随着近年来公办养老院劣势和缺点的积累，一些学者认为引入民间资本不失为激发市场活力的有效途径。萨瓦斯在《民营化与公私部门的伙伴关系》中，从广义和狭义的范畴对民营化的概念进行了定义。广义来说，民营化的含义是，在更大程度上依赖民间力量，更少依赖行政力量来为民众提供服务；狭义来说，民营化指的是将市场机制引入社会福利服务领域，从而替代政治力量对经济主体进行干预（萨瓦斯，2002：21）。在中国语境下，广义的公办民营主要有三种模式。第一种，政府提供公有土地甚至部分资金，邀民间机构投资共建老人院，并且共同招标和委托专业民间机构经营管理。一般称该模式为公民共建。第二种，政府投资，在公用土地上建成老人服务机构，招标并委托民间机构经营管理。一般称该模式为公建民营。第三种，政府将已经建成的老人院委托给民间机构或者个人承包管理，这是狭义的公办民营。以上三种模式也是公办敬老院改革的三个发展方向（杨团，2011）。

一些学者指出，民办养老院也存在与公办养老院类似的问题：第一，民办养老机构床位利用率低，收费水平相对较高，服务功能失衡；第二，民办养老机构人员流失量大，专业人才匮乏（黄佳豪、孟昉，2014）。实际上民办养老院同样存在类似的问题，而民办敬老院缺乏政府财政支持和政策支持也是其与公办敬老院的区别（黄闯，2016）。

（五）文献评述

随着养老需求的快速增长，人民对机构养老的功能和服务质量也提出了更高的要求。而我国公办敬老院一开始专门为"五保"老人和"三无"老人设立，具有公益性和福利性，这导致公办敬老院在追求经济效益和保障社会公平两大方向之间摇摆不定。目前公办敬老院存在供需错位、人才不足等问题，这严重制约了公办养老院的发展，并造成了公共财政资源的浪费，因此公办敬老院的改革势在必行。学界认为公办敬老院有两个发展方向，一是在保持公办性质不变的基础上解决存在的问题；二是引入民间资本，而引入民间资本又有公民共建、公办民营和公建民营三种方式。

对公办敬老院未来发展的规划不仅要参考学术理论，还要基于地区发展实际。每个地区、每一家敬老院都有其独特之处与制约因素，只有综合多方考量才能提出实际可行的发展方案。本文关注珠三角 F 市 G 镇公办敬老院的现实情况，分析 G 镇、F 市及珠三角地区公办养老院未来发展方向的利弊并指出可行的方向。

三 研究思路

虽然广东省公办养老机构的改革与发展一直走在全国前列，但目前珠三角地区的公办养老机构发展依然存在运营活力不足、资源浪费、服务水平低等诸多问题。因此，为了深入探讨公办养老机构转制与发展的实际困境，本文以 F 市 G 镇内五家公办养老机构为例，从场地建筑、服务群体、服务内容、人员配备以及财政状况等五大方面出发，总结对比公办养老机构的发展现状，分析目前 G 镇公办养老机构运营中存在的问题，并为 G 镇公办养老机构的未来发展提供对策建议。本文的研究思路如图 1 所示。

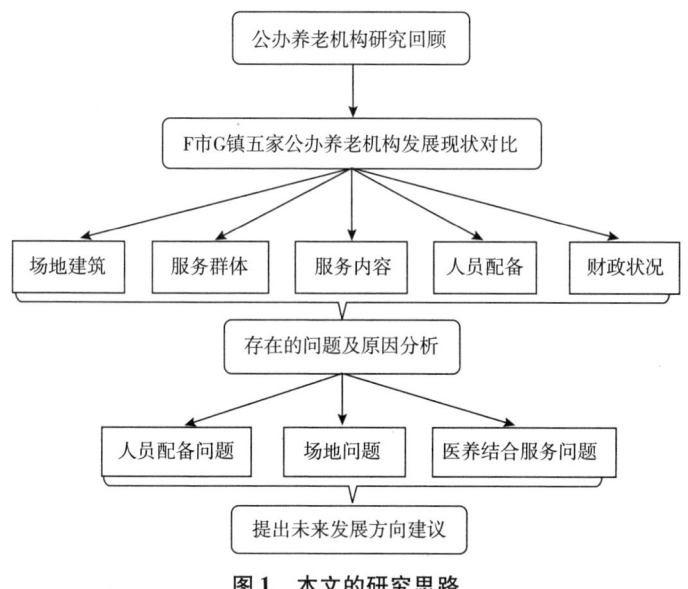

图 1　本文的研究思路

四　研究方法

本文采取定性研究方法，对珠三角地区 F 市 G 镇内的五家公办养老机构进行实证研究，研究方法主要包括二手资料分析法与半结构式访谈法。

（一）二手资料分析法

一方面，本文将搜集目前有关公办养老机构发展的相关文献、政策文件、新闻报道和公开数据等资料，了解国内尤其是珠三角地区公办养老机构发展的背景信息，从而有针对性地为后续走访进行方案规划与访谈内容准备。另一方面，本文将从 G 镇政府部门获取的当地人口数据，以及公办养老机构负责人提交的基本信息报告，更直观地了解 G 镇的老龄化状况与五家公办养老机构的基本运营情况。通过对当地二手资料的分析，研究小组可对五家公办养老机构的信息进行初步的分类梳理与横向对比，多方面地了解研究对象，进一步拓宽研究视角，为进行深入的研究提供信息。同时，对相关资料的阅读还有助于形成研究思路，以为后续的深入访谈打好基础。

（二）半结构式访谈法

半结构式访谈具有方式灵活、要求简单、易于调整、气氛轻松等特点。本文主要采取半结构式访谈法，在前期进行二手资料分析的基础上形成一份访谈提纲，以G镇社会工作办负责人、各公办养老机构负责人以及其他相关政府部门人员为访谈对象，分别从政府部门的角度与机构运营者的角度出发，深入分析目前G镇五家公办养老机构的运营情况、存在的问题与发展瓶颈。通过对实际问题的归类，探讨现有问题存在的原因，并结合机构运营者的体会与其对未来发展规划的意见，为G镇五家公办养老机构提出改革建议。

五 案例分析

（一）地理位置与场地建筑

研究小组主要走访了G镇的五家公办养老机构，按走访辖区的顺序将其分别命名为A、B、C、D和E院。从地理位置来看，五家公办养老院均处于中心城区或老城区，距离居民住宅区近，且交通便利，方便辖区老人就近入住，具有良好的地理优势。其中，D、E两院均建在公立医院附近，D院与其辖区内公立医院仅一墙之隔，E院则距离公立医院有两个街区，为医养结合服务的进一步发展营造了优势条件。五家公办敬老院的场地与建筑状况见表1。

表1　五家公办敬老院的场地与建筑状况

公办敬老院	投入使用年份	占地面积（平方米）	建筑面积（平方米）	是否具备土地使用证	套间数（套）	床位数（张）
A	1993	10000	4140	是	64	80
B	2000	11387	2409	否	34	50
C	1985	—	—	否	—	108
D	1988	6700	—	是	—	200
E	1989	11827	7000	是	—	136

其中，在建筑类型上，A、B院为典型的独栋式建筑群，C、E院为多栋综合建筑楼，D院为一栋四合院型的四层建筑物。各院都有明显的功能分区，包括办公区、食堂、居住区和其他功能区等。在无障碍设施配备上，五家敬老院中仅有D院设有电梯，A、B两院设施较为陈旧，只有少许无障碍过道，C、D、E院均具有完善的无障碍通道。

（二）老人入住情况

G镇五间公办敬老院共有574张床位，其中D院规模最大，有200张床位，B院床位数仅为50张；五间敬老院的入住率差异较大，最高的C院可达87%，而D院入住率仅为62%，总体入住率较低，床位充足。在五院中自费老人都占绝大多数，A院自费老人比例最高，为89.7%，D、E院相对而言财政集中供养老人较多，自费老人分别占78.2%与73.0%（见表2）。自费老人的护理费是主要收入来源之一。而入住老人的失能情况表明，公办敬老院中大约50%的老人为全护理老人，体现了敬老院对护工人员的巨大需求（见表3）。

表2 入住老人来源结构

公办敬老院	现有床位（张）	"五保"老人（人）	"三无"老人（人）	自费老人（人）	合计（人）	入住率（%）
A	80	6	0	52	58	72.5
B	50	6	0	33	39	78
C	108	9	3	82	94	87
D	200	25	2	97	124	62
E	136	30	0	81	111	81.6

表3 入住老人失能情况与性别构成

单位：人

公办敬老院	入住总数	失能情况 自理	失能情况 半自理	失能情况 全护理	性别构成 男性	性别构成 女性
A	58	—	—	28	14	44
B	39	—	—	26	14	25
C	92	10	30	52	25	67
D	126	—	—	50	—	—
E	111	22	22	66	—	—

（三）服务内容与收费

对比五院的价格收费，B院收费水平最低，C院收费水平最高，D、E两院同属一个社会工作办管理，收费水平为中等。A、B两院虽然由同一社会工作办管辖，但B院的场地较陈旧、基础设施配备不齐，因此无法提价。G镇的五家公办敬老院在收费方面受每个管辖片区的调整略有不同，但与邻近的民办敬老院相比低得多（见表4）。

表4 服务内容与收费

单位：元/月

公办敬老院	护理分级与收费标准			
	介助护理（自理）	半护理	全护理	特护理
A	双人房：1300 单人房：1450	1650	2050	2450
B	1100	1400	1800	2200
C	1600	1900	2300	—
D	双人房：1200 单人房：1350	双人房：1650 单人房：1800	2200	2850
E	双人房：1200 单人房：1350	双人房：1650 单人房：1800	2200	2850

（四）人员配备

在人力资源方面，各公办敬老院按照G镇政府要求的人员编制配备人手，五院的工作人员与老人的数量之比分别为0.31∶1、0.44∶1、0.22∶1、0.21∶1和0.24∶1，护工和老人的数量之比分别为1.37∶10、1.56∶10、1.52∶10、1.11∶10和1.26∶10。也就是说，总体工作人员的比例A、B院明显比C、D、E院高。因此，虽然五院的护工比例相近，护理质量相近，但A、B两院要承担更多的人力资源成本。人员配备见表5。

表5 人员配备

单位：人

公办敬老院	行政人员	护理员	厨工	门卫	社工	护士	其他	合计
A	2	8	2	2	2	1	1	18
B	1	5	2	2	2	1	1	14

续表

公办敬老院	行政人员	护理员	厨工	门卫	社工	护士	其他	合计
C	2	14	2	1	2	0	0	21
D	3	14	4	3	2	3	0	29
E	2	14	4	3	2	2	0	27

注：①行政人员包括院长、副院长；②社工属于政府另外购买的社会服务项目，由政府另外拨款。

（五）财政收支状况

由于有政府兜底，从账面上看，五个敬老院都能维持收支平衡，但财政补助和专项经费为政府补贴部分，财政补助按照敬老院实际的"五保"老人与"三无"老人的人数补贴，专项经费部分实际是政府补贴的"大窟窿"。根据实地走访的情况来看，C、D、E三院实际运营状况良好，能够在政府不提供大量补贴的情况下维持基本收支平衡甚至略有盈余，但A、B两院的财政状况堪忧，每年都需要政府投入大量资金来支撑其运营，财政入不敷出是A、B两院经营不善、发展活力低的重要原因。财政收支状况见表6。

表6 财政收支状况

单位：万元

公办敬老院	合计	财政补助（含"五保"老人生活费）	自费老人托养费收入	专项经费	银行利息
		财政收入			
A	268.65	38	106.5	124	0.15
B	225.16	43.4	53.2	128.5	0.06
C	358	201.3	—	—	—
D	358	158	200	—	—
E	330	170	160	—	—

公办敬老院	合计	人员薪酬福利	商品和服务	项目支出	设备购置
		财政支出			
A	247.7	—	—	—	—
B	189.5	—	—	—	—
C	289	147	87	42	13
D	355	210	130	—	15
E	317.8	190	103	15	9.8

注：A、B、C、D、E院分别收入20.95万元、35.66万元、69万元、3万元、12.2万元。

六 存在的问题

(一) 人员配备问题

人员配备是维持公办养老机构有效运行的重要部分，对提升公办养老机构的服务水平与扩大养老服务规模都具有关键作用。经过走访发现，G镇五家养老机构都不同程度地存在养老服务人员配备问题，严重制约了公办养老院的改革与发展，是G镇公办养老机构面临的重要瓶颈之一。人员配备问题主要可以分为以下三个方面。

1. 专业人员配备不全

失能、半失能老人是养老机构服务的最主要人群，这意味着除了日常起居照料以外，入住的老人还有慢性病定期诊疗、行动康复训练与健康管理等医养结合需求。但从访谈结果与机构报告来看，五家公办养老院并未配备完整的服务团队，尤其是医生、护士与康复师等专业医护人员。专业化服务人员的有无直接决定公办养老机构服务水平的高低。从目前的情况来看，除了少数雇用的护士外，五家公办敬老院并无完整的医护人员团队，这严重限制了机构内医养结合服务的发展与养老服务水平的提高，成为公办敬老院偏向于接收照料难度较小的老人的重要原因，进一步造成公办养老机构功能性缺位现象。

从医护人员自身的需求来看，公办养老机构没有配备完整的医护团队的原因主要有两个。

一是在公办养老机构工作的医护人员的薪酬待遇不高。G镇每年对各公办养老机构的财政拨款都是固定的，人员编制与薪酬发放也有限定的标准，相比于名声在外的大医院，公办养老机构的薪资水平较低、人员没有编制，而且社会地位与名望也不高，不具备足够的吸引力。

二是在公办养老机构工作的医护人员缺乏晋升机会。对医护从业者的培育需要前期投入大量教育成本，对于一名已经成熟的医护从业者来说，相比起在医院和卫生站工作，在公办养老机构从业，职业晋升的前景并不明朗。因此，增加和提升公办养老机构医护人员职位的吸引力与价值是解决公办养老机构服务工种问题的关键。

2. 护理人配备不合理

按照国际行业标准，养老机构中护理员与全失能老人的数量之比应为

1∶3，与半失能老人的数量之比应为1∶6，与全自理老人的数量之比为1∶10，这是确保老人都能得到妥善照料的合理的护理员的配备规模。从实际走访来看，G镇的五家公办养老机构均达不到此标准，且平均之比均接近1∶10，一直处于人手空缺的状态。其中，A、D院负责人均表示，护理员的欠缺一度成为自身敬老院无法扩大养老服务规模的重要原因，可见护理员数量对当地公办养老机构发展具有极大限制。经过探究，G镇公办养老机构的护理员数量欠缺主要存在以下三个原因。

一是招聘困难。一方面，护理员招聘渠道狭窄，五家公办养老院一般使用的招聘渠道有线下广告粘贴、电视广告、网站招聘与人际互传等，其中，大部分雇用的护理员以人际互传，即通过熟人介绍的方式应聘，招聘途径普遍较少且存在严重的路径依赖。另一方面，养老院护理员职位本身的吸引力弱。A院负责人表示，许多年轻女性对养老行业持排斥态度，护理员工作辛苦、脏、累、假期少，应聘者大部分为40岁以上的中年妇女，且一般是没有更好的就业选择才来养老院的。护理员职业的低认同度与低吸引力直接提高了招聘的难度。此外，C敬老院由于所处辖区经济较发达，招来的护理员多为外省或广东非本地籍人口，养老行业也基本不在本地女性的就业选择范围内，这同样说明公办敬老院护理员工作具有较低的吸引力。

二是编制限制。区别于民办养老机构的独立运营与自负盈亏，公办养老机构具有政府领导与政府统筹等公立性特点。由于五家公办养老机构在职人员的薪酬由G镇政府统一发放，因此各种人员配置的数额也必须由上级政府决定。根据各公办养老机构的服务范围与规模，上级政府会设立一定的护理员数额，各机构招聘不得超出这个限额，若实在不够人手，机构负责人可以申请多增名额，但必须在机构接纳老人数量增加到一定数量后才能多雇用护理员。固定编制的限制在很大程度上降低了各机构的招聘自主性，使各机构在优化护理员配置上愈加无能为力。

三是女性50岁退休的阻碍。女性50岁即退休的问题是目前G镇五家公办养老机构护理员人手不足面临的最大困境。上文提及，受养老院护理员职业本身吸引力的限制，来应聘该职位的一般为40岁以上的中年妇女，那么按《国务院关于工人退休、退职的暂行办法》精神，男年满60周岁，女干部（管理或专业技术岗位聘满10年以上）年满55周岁，女工人（或工勤岗位）满50周岁，即可办理退休，退休后雇佣单位将无法再为其购买社会保险。这对于公办养老机构来说，意味着用工风险大幅增加。经过访谈，五家公办养老机构负责人均表示，现下许多50岁的女性护理员依旧身心健康，能承担照料老人的职能，且较年轻护理员来说具备更多的服务经验，这恰是机构最需要的，然而因为无法继续为其购买社保，外加近几年出现过护理员工伤与意外事故，为了避免担责，上级政府一致不再同意继续聘用已满50周岁的女性员工。换句话说，公办养老机构中招聘到的护理员的工作时长将不超过10年。这在招聘原本就困难的前提下，进一步增加了公办养老机构的招聘成本与培训成本，限制了公办养老机构护理员规模的扩大与素质的提升。

护理员数量不足的三个重要原因是相互影响的。由于护理员职业的低吸引力与女性工人满50周岁即需办理退休的阻碍，公办养老机构本身就存在护理员缺口的问题，再加上编制限制与招聘困难，公办养老机构的老人与照料人员配比一直处于不合理的状态。反过来，人手的缺乏又延长了护理员轮班的时间，致使护理员休假等福利被剥夺，招聘困难再次增加。

3. 服务的专业化程度低

机构养老服务的专业化主要体现在齐全的工种、完整的培训系统、高素质的服务人员以及全面的考核方案等方面。从走访来看，G镇五家公办养老机构均存在服务专业化程度不高的问题。除上文提及的医护人员配备缺乏的问题外，在工作人员的其他管理方面，五家公办养老机构均没有固定的入职人员培训流程与系统全面的考核方案。护理员是否接受统一的老人生活照料、心理慰藉以及健康管理等培训，是决定机构养老服务水平能提升多少的重要一环，也是规范化、标准化机构养老服务的重要步骤。从实际运作来看，五家公办养老机构既缺乏对人员的培训，不同机构之间也甚少交流与合作，这不利于全镇公办机构养老服务的统筹与提升。此外，除了A敬老院有粗略的人员考核方案以外，其他四家敬老院尚未出台正式的人员考核文件，这不仅无法有效检测公办养老机构的人员服务效果，也无法对服务人员形成积极的绩效激励作用，容易使公办养老机构持续维持低活力与低创新力状态。从护理员的学历来看，A、B、C三家敬老院的护理员多为初中或小学学历，受教育程度普遍偏低，且由于经验多少不一，外加缺乏系统的培训，护理员服务水平呈现参差不齐的状态，这不利于公办养老机构服务水平的提升。

（二）场地场室

1. 场地空置率高

通过走访发现，G镇的五家公办敬老院普遍存在场地空置的问题。例如，D院建筑物共四层，其中三层空置近一半，暂时用作临时庇护所，四层则完全空置；E院共3栋建筑物，目前将老人都集中在一栋建筑物内，其余两栋，一栋作为员工宿舍，另一栋空置。值得注意的是，在大量场地空置的同时，敬老院负责人却表示无法接收更多老人，床位饱和的说法与场地空置的现象之间存在明显的矛盾。

消防不达标是场地空置的直接原因之一。按照消防要求，敬老院每间房间都需配置烟雾感应器与喷淋装置，放置灭火装置以防安全隐患，而公办敬老院建院时间较长，往往不具备符合要求的消防设施，安装消防设施的经费需要政府层层审批。一方面，审批手续的烦琐、资金审批时间长使敬老院负责人倾向于保持现状；另一方面，公办敬老院属于公共资源，空置浪费并不影响对负责人的绩效考核，因此，负责人缺乏动力降低空置率。另外，一些消防达标的场地缺乏必要的设施，缺乏无障碍设施和电梯也是空置率高的直接原因。如在A院中，大量独栋建筑的二层房间不能满足老年人的需求。别墅式的建筑容积率低，加装电梯或无障碍设施的成本太高，但是如果缺乏这些设施，老人就容易在上下楼梯的过程中摔倒、受伤，因此大部分老人都不愿意入住，这导致场地空置。

在场地空置与床位饱和的悖论背后，深层原因是护工人手不足，护工人手不足导致敬老院主动选择空置场地。多位敬老院院长提到，敬老院还能接收自理老人，但失能和半失能老人的数量已经饱和。在无法增加护理员的情况下，解决场地的消防和设施问题对敬老院而言相当于加重负担，护工人手不足是敬老院拖延解决上述问题的根本原因。

2. 场室设计不合理

建筑物陈旧、设计不合理是公办敬老院的通病。在G镇的五间公办敬老院中，有三家建于20世纪80年代，最新的一家也已经建成近20年。首先，年代久远是设计不合理的重要原因，陈旧的建筑物无法满足随着物质生活质量提高而增加的需求，房间缺乏空调、暖灯等设施，电线老化等都使敬老院的内部设计不尽如人意。实际上近年来用于修补房屋、防止电线老化等的资金已经远远超过重建一个敬老院的费用。

其次，部分敬老院由小学、医院住院部改建而来，一开始的功能差异决定了设计的偏差。建筑物设计不合理阻碍了公办敬老院的发展，多位社工办负责人考虑对敬老院进行改建，但是在20世纪80年代敬老院落成时缺乏房产证这一历史问题一直遗留到现在，导致无法改建，而申请房产证和改建资金的手续烦琐，因此改建计划一直搁置而无法实施。

（三）医养结合

2016年，国家卫生计生委办公厅与民政部办公厅联合发布《关于确定第一批国家级医养结合试点单位的通知》，推动将医疗方面治疗、康复的功能和养老方面的养护功能结合起来。作为医疗和养老的抓手，敬老院和医院的合作是医养结合的基础。由政府统筹管理的公办敬老院理应和公办医院有更好的合作基础，通过走访发现，G镇五家公办敬老院在医养结合领域的工作近乎空白，在推动医养结合方面甚至逊色于民办敬老院。

1. 缺乏合作医院

从地理位置来看，G镇几家公立敬老院离公立医院距离较近，D院就坐落在镇级公立医院旁，与医院住院部仅一墙之隔；E院离公立医院仅有两个街区，但实际上区位优势并没有转化为医养结合优势。目前几家敬老院与医院的合作仅限于敬老院能够打电话请医院为老人预留床位；个别医院会有医生、护士每季度到敬老院义诊或巡诊。

首先，公立敬老院与医院缺乏合作源于政府部门内部缺乏顺畅的沟通机制，无法统筹相关工作。在机构改革前，医院和敬老院分属国家卫计委与民政部管理，尽管中央层面医养结合的顶层设计已经推出，但落实到基层，部门间的合作不紧密，导致公办敬老院对医疗服务的强烈需求得不到医疗机构的回应。党的十九届三中全会后，政府机构改革将养老工作部分划归国家卫健委，客观上能够打破部门间的合作壁垒。其次，医院负担过重，医疗人员超负荷工作且自顾不暇，难以顾及敬老院的合作需求。据了解，B院曾与医院合作在敬老院旁开设卫生站，以提供医疗和护理服务，但随着医院的工作量增加，医院本部人手不足，医院选择将卫生站撤掉以集中医疗资源。就根本原因来说，医养结合的获利方只有敬老院，医院既没有上级的行政压力，又缺乏合作的经济动力，老人大多患有心脏病、糖尿病、高血压等慢性病，治疗周期长，日常基本靠基础护理和吃药，医院无利可图，这大大降低了医院进行医养结合的积极性，客观上阻碍了医养结合的推进。

2. 缺乏专业医疗设施

除了与医院合作外，敬老院配备医生、护士和康复师也是医养结合的路径。按照目前 G 镇敬老院的情况，若不和医院合作，敬老院内部由于缺乏专业设施和人才，基本不能开展专业的医疗活动，在五家敬老院中仅有一家有医生坐诊并配有药房。

公办敬老院规模较小导致配备医疗设施、专业人才的成本高。G 镇五家敬老院的床位数都不超过 200 张，规模最小的 A 院仅有 50 张床位。G 镇在考虑投放财政资金购买医疗设施时需考虑公平性问题，必须五院统一购买，但在规模较小的公办养老院投放高价的医疗设施成本高而利用率相对较低，有可能造成财政资源的极大浪费。并且对于坐落在医院旁边的敬老院而言，和医院合作的成本比在敬老院内部建立基础医疗系统低得多。医养结合模式的多样性、复杂性和高成本导致其进度缓慢。

七 未来发展方向

面对上述公办敬老院人员、场地与医养结合的问题，主要的发展方向有两个：一是基于解决问题的视角保持公办公营的性质；二是引入民间资本让敬老院实现转制，包括公民共建、共建民营和公办民营。

（一）保持公办公营

保持公办公营是可行的发展方向之一，通过改革解决现存的人员编制约束、场地空置率高、场地设计不合理、医养结合推行困难等主要问题，能够在保持公办敬老院的公共性和公益性同时提高服务质量，打造机构品牌，创造发展空间。据此，本文提出可行的对策建议。

1. 松绑人员限制以优化资源配置

首先，民政局要根据老人的身体情况确定合理的护工数量并给予敬老院合理的灵活调整空间。按照国际上被广泛采纳的标准，护工与老人数量之比按照全护理、半护理与自理的分类应分别为 1∶3、1∶6 和 1∶10，制定合理的护工数量编制是促进敬老院接收更多老人的制度基础。此外，无论是老人的总数还是全护理、半护理和自理老人的数量都处于动态变化状态，因此应当给予敬老院适当上浮或下调护工人数的空间。

调整敬老院的人员规模、优化人力资源配置也能帮助公办敬老院扭亏为盈。人员规模包括两方面的内涵，一为工作人员的规模，二为老人的规模。若以经营状况将五家敬老院进行分类，基本收支平衡甚至盈利的 C、D、E 三院接收老人数量都接近 100 人，而经营状况不善，每年需要大量财政专项补贴方能维持经营的 A、B 两院接收老人数量仅为 58 人与 39 人。由于管理团队人员的薪酬是维持敬老院日常运作的固定开支，在管理人员数量相近的情况下，老人数量越多，平摊到每个老人的运营成本就越低，因此在管理团队人数已定的情况下接收更多的老人是扭亏为盈的重要途径。

2. 改造陈旧建筑以破除场地限制

改造陈旧建筑首先应保证公办敬老院证件齐全。公办敬老院由政府直接管理，相比民办敬老院而言，其与政府部门的联系更紧密，但由于 20 世纪 80 年代建筑落成时，人们缺乏办理房产证、土地证的意识，部分敬老院缺乏改造需要的证件，因此多年来公办敬老院基本保持原有的建筑结构，没有进行过重建。但部分敬老院的设计不符合老年人的需求，从而限制了入住老人的数量，急需进行改造。

改造建筑、配齐设施，包括将不符合需求的别墅式建筑合理改造成公寓式建筑，增加床位和提高容积率；另外，应在保证建筑结构合理化的基础上安装包括消防喷淋、无障碍设施等必备的硬件设施，完善的基础设施是吸引更多老人入住的关键，能够大大降低场地的空置率。

3. 建立激励机制以促进医养结合

以行政手段促进合作，打破部门间壁垒。医院的配合是医养结合的关键，行政机构改革之后，养老工作和医疗工作划归国家卫健委管辖，客观上打破了部门间的壁垒，为医养结合的推进创造了良好的条件。在国家卫健委统一管辖公立医院和公办敬老院的情况下，医养结合工作得以从政府层面向公立医院、养老院推动。

医院内部建立激励和轮换机制，提高医生和护士参与的积极性。医院缺乏参与医养结合的原因是缺乏动力，因此政府需要出台政策鼓励医院建立赴养老院的医生和护士轮换与激励机制。常见的医养结合方式包括驻院医师和医生巡诊，而 G 镇的公办敬老院医养结合还处于起步阶段，相对而言，聘用驻院医师的成本较高，靠近医院的地理位置对医护巡诊有通勤时间短的优势，因此先通过医护巡诊的方式缓解迫切的医疗需求，再循序渐进地发展驻院医师是更可行的路径。医院作为医疗服务的提供方，内部应建立轮换巡诊制度，并为赴养老院的医生和护士提供相应的奖励以激发其参与的积极性。

（二）引入民间资本

由公办公营转制为公办民营对于解决现存的问题具有积极意义。制约公办敬老院发展的人员编制问题一旦将敬老院外包，民间资本介入运营敬老院，人手问题便迎刃而解。场地限制也能通过民间资本的改造破除，如采用公民共建和公建民营模式，在新建敬老院的同时解决场室设计不合理的问题。

1. **返聘退休人员，吸纳优质人才**

受养老行业工作内容所限，大多数年轻人不愿意进入这一行业，而50岁正是一名护工的黄金年龄，其既有护理经验又具备足够的劳动能力，50岁退休年龄的限制实际上导致人才流失，许多公办敬老院的退休护工甚至院长被返聘到民办敬老院继续从事养老工作。首先，民办敬老院能够通过市场自由调节护理人员的薪酬，通过更高的价格吸引劳动力；其次，民办敬老院能购买商业保险为员工提供保障，同时没有人手编制的限制，能依据敬老院的实际需求灵活地改变工作人员的数量，合理调整护工的工作量，具备公办敬老院难以拥有的灵活性和自由度。

2. **优化场地设施，提高服务质量**

本研究走访了G镇两家民办敬老院X院与Y院，在场地设施方面，民办敬老院明显优于公办院。X院的定位是高端敬老院，在设计之初就参考酒店住房的方式建设场室，敬老院内采光良好，康复室、文化室、活动室等功能室一应俱全；Y院属于中端民办敬老院，配备电梯、可移动床等硬件设施，同时也有文化室等场地，计划建成一个养老园区。换言之，民办敬老院以营利为目的，根据老人需求升级设施，改造场地，资本的介入为场地的改造或新建提供了资金，为敬老院的发展注入动力。

但是，引入民间资本并不代表可以高枕无忧，公办敬老院的民营化具有难以忽视的困难和风险。第一，公办敬老院最重要的特征是公益性，引入民间资本如何保障"五保"老人和"三无"老人的晚年生活是需要考虑的问题。因此，在讨论敬老院民营化的同时，政府应该通过部分让利的方式要求运营方预留足够的床位给集中供养老人。第二，引入适当的竞争并建立考核机制以保证养老服务的安全性。养老领域外包服务的期限一般以10年为单位，外包时间长、风险较高，因此在招标时必须保证充分的竞争和谈判。如G镇的五家公办敬老院如果民营化，则可以外包给2~3个供应方，在供应方之间形成竞争，从而避免一家独大、难以监督的局面。或以有限度的优惠和补贴换取监督考核权等，在优化养老服务的同时保证提供养老服务。

总体而言，保持公办公营与引入民间资本各有千秋。公办敬老院的优势是政府政策支持、医养结合推动、有政府助力、地理位置极佳、民众对敬老院有信心、价格实惠利民；但是公办敬老院受到人员薪酬等条件约束，服务质量较低、场地陈旧落后。另外，民办敬老院吸引人之处在于服务质量高、场地设施完善、自由度大、灵活性高；但民办敬老院往往价格较高，有运营风险。因此最佳的路径是通过政府与民间资本的合作机制，结合公办敬老院与民办敬老院的优势。

八　总结与展望

本文主要通过对G镇五家公办养老院的走访，对比分析公办养老院的运营现状，以小见大，总结目前珠三角地区公办养老院运营中可能出现的问题，包括人员配备不足、建筑设备陈旧、场地设计不合理和医养结合推行慢等，研究发现，政府对人员编制的限制、资源的低效投放以及考核机制与激励机制的缺乏是G镇公办养老院运营活力不足和服务水平低的重要原因。因此，针对人员、场地以及医养结合三方面问题，本文从保持公办公营和转制为公办民营两个发展方向出发，分别提供了具有可操作性的建议，促进公办养老院突破目前发展瓶颈。其中，若要保持公办公营，则必须打破养老院人员编制的限制，解决历史遗留问题、改善场地设计，适当增加激励机制并以行政手段推动医养结合发展。若选择引入民间资本也未尝不可，民营化本身具有灵活性高、活力强的特点，可以利用市场机制与通过资本引入直接解决上述问题，但需要注意的是，政府需要在管控与放任方面找到平衡点。所以事前协商和建立一定的竞争机制是保证转制后的公办养老院继续保持其公益性，履行社会责任，并得到合理监管的重要环节。归根究底，无论是何种方式，只有解决上述问题，才能有效提高公办养老院的服务水平，以惠及更多对机构养老有需要的老人。

本文尚有许多不足，在未来的研究中可以通过关注一个问题焦点以更深入地挖掘原因，如对于国内其他地区的公办敬老院如何解决人手不足等问题，通过案例对比提出更多样化的对策建议。另外，本文的研究对象 G 镇五家公办敬老院在医养结合领域还处在起步阶段，能够借鉴的经验有限。随着公办养老院改革的进行，期望可以看到有更多研究在探讨公办养老院发展困境的基础上，进一步分析公办养老院的转制及医养结合问题，为公办养老院服务水平的提高建言献策。

参考文献

[1] 陈友华、艾波、苗国，2016，《养老机构发展：问题与反思》，《河海大学学报》（哲学社会科学版）第 6 期，第 75~79、93、96 页。

[2] 程启智、罗飞，2016，《中国公办养老机构改革改制路径选择》，《河北经贸大学学报》第 2 期，第 48~52 页。

[3] 董红亚，2011，《非营利组织视角下养老机构管理研究》，《海南大学学报》（人文社会科学版）第 1 期，第 41~47 页。

[4] 董红亚，2018，《市场化进程中公办养老机构的改革及其发展》，《浙江大学学报》（人文社会科学版）第 4 期，第 14~26 页。

[5] 黄闯，2016，《民办养老服务机构运行：自我发展与支持体系》，《重庆社会科学》第 2 期，第 66~72 页。

[6] 黄佳豪、孟昉，2014，《安徽省合肥市民办养老机构发展的现状与问题》，《中国卫生政策研究》第 4 期，第 62~66 页。

[7] 姜向群、张钰斐，2006，《社会化养老：问题与挑战》，《北京观察》第 10 期，第 22~24 页。

[8] 刘佩璐，2014，《公办养老机构民营化改革的必要性研究》，《科技视界》第 23 期，第 42、142 页。

[9] 卢德平，2014，《略论中国的养老模式》，《中国农业大学学报》（社会科学版）第 4 期，第 56~63 页。

[10] 穆光宗，2012，《我国机构养老发展的困境与对策》，《华中师范大学学报》（人文社会科学版）第 2 期，第 31~38 页。

[11] 任洁、王德文，2016，《人口老龄化背景下机构养老国内外研究比较》，《西北人口》第 5 期，第 17~23、30 页。

[12] 王婷、李珏玮、张英，2007，《公办养老院存在的必要性》，《中国老年学杂志》第 12 期，第 1223~1224 页。

［13］吴玉韶，2014，《养老服务热中的冷思考》，《北京社会科学》第1期，第40～45页。
［14］杨团，2011，《公办民营与民办公助——加速老年人服务机构建设的政策分析》，《人文杂志》第6期，第124～135页。
［15］于潇，2001，《公共机构养老发展分析》，《人口学刊》第6期，第28～31页。
［16］〔美〕E. S. 萨瓦斯，2002，《民营化与公私部门的伙伴关系》，周志忍等译，中国人民大学出版社。

教育与社会流动

家庭背景对通过 631 模式录取学生的影响

——基于中山大学的实证研究

钟小波　李家润　林啟鏘　冯樂茵[*]

摘　要： 我国社会各阶层之间的差距表现在他们所占有的经济资源、政治资源、文化资源和社会资源等方面，这导致不同阶层的子女所获得的教育资源、提高综合能力的机会存在差异。近年来，除了以高考成绩录取学生外，国内部分高校还采用新的招生模式——631 综合评价招生录取模式（简称 631 模式），即高考成绩占 60%、自主考试成绩占 30%、学业水平考试成绩占 10% 的招生模式。本文以中山大学为例，向该校通过 631 模式入学的 342 名学生发放问卷和进行部分访谈，研究家庭经济资本、文化资本和社会资本对子女通过 631 模式获益的影响。研究结果发现，学生的家庭经济资本对其通过 631 模式获益没有较为显著的影响，但学生的家庭文化资本和家庭社会资本对其通过 631 模式获益有较为显著的影响。

关键词： 家庭背景　社会分层　631 模式

一　研究背景

目前，我国高中毕业生获取高等教育机会的方式较多，综合来看主要有四种：第一种是参加普通高等学校招生全国统一考试；第二种是参加高校自主招生考试；第三种是参加部分高校的 631 综合评价招生计划；第四

---

[*] 钟小波，中山大学政治与公共事务管理学院高等教育学专业 2016 级硕士研究生；李家润，中山大学政治与公共事务管理学院 2016 级本科，已被中山大学政治与公共事务管理学院行政管理专业录取为 2020 级硕士研究生；林啟鏘，中山大学政治与公共事务管理学院 2016 级本科，已被澳门大学社会科学学院公共管理专业录取为 2020 级硕士研究生；冯樂茵，中山大学政治与公共事务管理学院行政管理专业 2016 级本科。

种是以艺术特长生或者体育特长生身份入读高校（大部分特长生仍需参加高考，但以艺术或体育测试为主，高校将视其测试成绩相应降低高考录取分数线或让学生参加独立的文化考试）。其中，631综合评价招生计划是近几年开始正式实施的。

自1977年我国恢复高考招生制度以来，高考已经成为高中毕业生入读高校的主要途径。近年来，高校招生的方式也在跟随时代发展的脚步不断进行改革。传统的高考以大规模统一考试、统一检测尺度的形式，给予所有考生竞争的均等机会和公平争取接受高等教育的权利，这充分体现了高考制度公平性的一面，但其一考定终生、无法考查学生全面素质的弊端可能会给学生未来的发展带来不良的影响。为改变这一现象，我国一直在积极寻求高考改革的途径以及拓宽学生接受高等教育的渠道，631综合评价招生录取模式正是为响应国家深化考试招生制度改革提出的，即高校综合评估学生高考成绩（占总成绩60%）、高校综合素质测试成绩（占总成绩30%）和高中学业水平考试成绩招生（占总成绩10%）。它是对"形成分类考试、综合评价、多元录取的考试模式"的积极探索，突破传统高考一考定终生、唯分数论的局限。631综合评价招生计划对学生的要求主要体现在两个方面：第一是学生自身的综合素质，主要体现在学生的学业水平及知识的全面掌握程度上，即高考分数达到高校要求的分数线，全面掌握课本内外的知识；第二是学生的家庭经济背景，即有能力支付学生入读高校所需的学费及生活费。在以上两个因素的共同影响下，由社会各阶层之间的家庭收入、教育背景、生活方式差异导致的阶层差距对学生通过631模式获益的影响变得越来越突出。

现阶段我国社会各阶层之间的差距越来越大，各阶层所占有的经济资源、政治资源、文化资源和社会资源存在显著差异。以社会分层中的经济分层和文化分层为例，经济分层是指按照收入差异来划分社会群体。经济的差异主要体现在两个方面。一是各种数据表明我国贫富差距问题已越来越严重。2017年，国家统计局公布的基尼系数为0.4670，较2016年上涨0.002%，较2015年的数据上涨了0.005%（每日财经网，2018），中国贫富差距再次扩大。北京大学早在2014年7月发布的《中国民生发展报告》中就指出，中国家庭净财产基尼系数已经达到0.73。该报告称，中国顶端1%的家庭拥有全国大约1/3的财产，而底端25%的家庭拥有全国家庭总财富的1%左右（参考消息网，2016）。二是地区发展不平衡、城乡发展不平衡等导致收入水平差距扩大。文化分层是指以社会成员的受教育程度来衡量社会分层结构。而经济分层与文化分层都与教育分层存在相应的联系。本文旨在研究经济分层、文化分层、职业分层等层面的家庭背景差异对于子女通过631综合评价计划获益的影响，探索社会分层和教育分层间的联系，为未来相关政策的改革提供有价值的参考。

二 研究意义

文化分层、经济分层对教育分层的影响很大。当前我国高校间巨大的差异、愈演愈烈的"择校热"现象让人们逐渐认识到，不同社会阶层的人在升学方面存在巨大的差异。在我国社会分层和教育分层都尤为明显的背景下，厘清两者间存在的联系是非常重要的。本文主要分析不同家庭背景对通过631模式获益的影响，探索社会分层与教育分层的联系，这对往后教育政策的改革和调整具有重大的现实意义。国内的现有研究中多是关于社会分层对高中毕业生通过高考入读高校的影响，631模式是从2016年才开始实施的，目前仅在全国8所大学试点，关于社会分层与这种招生录取模式相关的研究相对较少。社会分层对631模式与普通高考在影响因素、影响程度等方面存在差别，探索社会分层对通过631模式获得高等教育机会的影响，有利于进一步深化社会分层与教育分层的相关理论。

本次研究的对象主要是通过631考试进入中山大学就读的本科学生。中山大学631考试是2016年才开始实行的新的招生模式。探究家庭背景对通过631模式获得高等教育机会的影响，有助于人们更清晰地了解家庭背景与这种新的招生模式的关系。

三 文献综述

改革开放以来，随着经济的迅速发展，中国社会开始逐渐分化为多个社会阶层，由阶层带来的对高等教育的各种影响也成为社会舆论的热点话题之一。国内外学者对于社会分层和高等教育公平的联系展开了较多的研究，下文将对社会分层、家庭资本以及教育起点公平的典型研究进行梳理。

（一）社会分层理论

社会分层理论是西方社会学家用来描述社会结构的一种理论，最早提出社会分层观点的是德国社会学家韦伯（1997：333～337），他认为，一定社会的成员必然要按一定的社会标准被分成不同的社会阶层，不同的阶层之间存在社会地位的差异，而划分阶层的标准是多元的。由此他提出了三重标准分层方法，即财富、威望、权力"三位一体"学说。这一学说在学界的影响很大，许多学者围绕韦伯的社会分层理论开展了许多研究与探讨。尽管他提出的划分社会阶层的三重标准在理论上显得有些单薄，但这并不妨碍他在这方面进行新的理论研究。

同样，关于社会分层，马克思、安东尼·吉登斯和维尔弗雷多·帕累托等学者的观点也极具代表性。马克思根据社会经济关系提出了阶级理论，认为阶级差别"就是他们在社会生产中所处的地位"。吉登斯（2000：61）提出了"市场能力"的概念，提出了三种重要的市场能力：第一是占有经济生产资料，第二是占有文化教育技术，第三是占有身体劳动力。由此，他把社会划分为三个基本阶级：上层资产阶级、中产阶级和下层阶级或称工人阶级。帕累托（2001：298）依据社会主导因素提出精英理论，将社会成员划分为精英阶层和非精英阶层。

国内学者以李培林、李强、郑杭生、陆学艺等为代表。李培林等（2004）主张以"职业"为标准对社会成员进行分层，认为市场经济的激励机制是引发工农比较利益低下、推动社会人员流动的主要因素；李强（2004：41～62）根据家庭贫富程度将我国社会成员划分为富有阶层、中间阶层和贫困阶层三大阶层，认为改革开放带来的贫富分化是社会阶层变化和流动的主因；郑杭生（2004：9～11）根据城市职业状况将我国城市社会成员划分为管理阶层、专业技术人员阶层、办事员阶层、工人阶层、自雇佣者阶层、私营企业主阶层和其他7个阶层，认为经济体制转轨引发的社会结构转型是社会阶层变化的动因；陆学艺（2004：1～32）综合城乡职业状况将当代中国社会成员划分为国家与社会管理者阶层、经理人员阶层、私营企业主阶层、专业技术人员阶层、办事人员阶层、个体工商户阶层、商业服务阶层、产业工人阶层、农业劳动者阶层以及城乡无业、失业、半失业者阶层十大阶层，认为工业化、城镇化和市场化是中国社会阶层结构变化和社会流动的动力。

由此，我们结合吉登斯的社会阶级理论和陆学艺的职业分层方法，根据家庭中父母的职业将其划分为三个阶层，分别是优势阶层，包括国家机关及事业单位管理者、经理人员和私营企业老板；中间阶层，包括专业技术人员、机关普通办事人员、个体工商户和商业服务人员；基础阶层，包括工人、农民和失业、待业、半失业者。

（二）家庭资本的内涵与界定

家庭资本可作为社会分层的依据，它最早起源于布尔迪厄的"社会资本理论"，Bourdieu（1986）认为社会资本就是一种通过"体制化关系网络"的占有而获取实际或者潜在资源的集合体，社会资本是个人或者组织有意投资而产生的效益。虽然他没有对家庭资本的概念进行明确的界定，但从他对社会资本的定义中可以看出，家庭资本依靠关系网络，为家庭成员提供资源。高耀等（2010）沿用其概念，把家庭资本定义为个体家庭所拥有的，能够实现个体某种需求的工具，即家庭经济、文化、社会资源。

家庭经济资本主要是父母具有所有权、使用权和经营权的各种资产的总和，即我们通常所理解的物质利益，可以将其直接转化为货币，也可以将其制度化为产权形式（张意忠、黄礼红，2018）。家庭经济资本是各种社会资源中最基本也是最有效的资本形式，如家庭社会资本和文化资本都是以经济资本为基础的。本文中的家庭经济资本以家庭人均年收入为主要衡量指标。

家庭文化与家庭的产生和发展共存，它是家庭成员所拥有的一切知识、思想、价值观和所创造的一切人工制品（孙银莲，2006）。Bourdieu 和 Passeron（1990）认为家庭文化资本是由三种类型组成的：身体化的文化资本，即存在精神和身体上的内在形式，是与个人身体直接关联的文化资本；客观化的文化资本，是指以物质的客观和媒体表现出来的文化产品，如图书、绘画、艺术作品等；体制化的文化资本，是指由合法的制度所确认的文化资本，如文凭、毕业证书等。在实证层面，DiMaggio（1982）提出文化流动模型，将参与具有优势地位的文化活动视为一种文化资本，发现文化资本对学生的学业成就，能够产生积极影响，尤其是下层群体更能从参与文化活动中获益。

本文集中讨论客观化和体制化的家庭文化资本对学生入学机会的影响,其中客观化的家庭文化资本由受访者每年书籍阅读量来测量,体制化的家庭文化资本由父母的受教育程度来测量。

家庭社会资本是指家庭成员通过社会网络、人际关系获得的财富或资源总和。一个特殊的社会行动者所掌握的社会资本的多寡,有赖于他可以充分调动起来的社会关系网络规模以及相关成员所持有的各种形式资本的总量(高敏,2017)。Bourdieu(1986)认为社会资本是实际的或潜在的资源的集合体,其同对某种持久的网络的占有密不可分,这一网络是大家都熟悉的、得到公认的一种体制化的关系网络。

在本文中,结合家庭社会资本对子女教育的影响途径,以父母的职业、生源地作为家庭社会资本的主要衡量指标。

(三)教育起点公平

关于教育起点公平的概念,国内外学者有不同的理解和阐述。在Husén 和 Postlethwaite(1994)看来,根据某种已经制定的原则或规则,教育起点公平意味着平等的利益、权利或待遇,这并不意味每个人都应该和其他人一样。例如,这并不意味着每个人都有义务接受高等教育。有些人可能根本不需要这样的选择。这就是为什么将教育起点公平的范畴定义在两性、社会阶层和种族之间是荒谬的。每个人都有平等的权利接受尽可能多的教育,如果他想接受更多的教育,那么在他接受了迄今为止的教育后,他就有权获得平等的机会去接受更多教育。他是否能得到更多机会取决于他的喜好,也取决于教育机会的数量,以及获得教育机会所涉及的竞争。Husén 和 Postlethwaite(1994)认为,最关键的是机会的数量,因为无论人们如何分配教育机会,它都倾向于青睐那些拥有有利背景的人。这是在所有类型的社会中得到的一个教训,甚至在那些已经尝试过某种积极应对各种歧视的社会中也是如此。石中英(2007)将 Husén 和 Postlethwaite(1994)的观点进行引申,引用古汉语对"机会""平等"的定义对教育起点公平进行解释,认为教育起点公平包含如下几个方面的内容。第一,可能性平等。人们,特别是青少年具有同等的接受某种教育的可能性,不受任何社会排斥或歧视。第二,权利平等。不考虑人与人之间特别是青少年个体之间的生理的、社会的和心理的差异性,根据法律赋予他们同等的接受某种教育的权利,禁止任何社会排斥或歧视。第三,相对平等。在不同历史时期和社会背景下，人们所能同等享受的教育机会、类型以及质量是不同的，呈现一种鲜明的历史进步性和社会境遇性，不存在一种绝对的、静止的和放之四海而皆准的教育机会均等。法律上所赋予的受教育机会均等需要相应的经济的、文化的以及其他一些社会条件来保障。第四，部分平等。以平等原则对教育机会进行同等分配，或者人们所希望的接受某种教育的相同可能性所涉及的"教育机会"，主要指人们接受公共教育的机会，不包括在它之外的家庭教育、私立教育以及其他通过市场来提供的非正规教育（石中英，2007）。

（四）社会分层与高等教育起点公平

在高等教育入学机会的研究中，国内外众多研究已对家庭背景与子代获取教育机会的关系进行过探讨。

20世纪六七十年代，罗宾斯委员会通过大范围的实证调查，发表了著名的《罗宾斯报告》。报告指出，父母的职业与子女获得入学就读机会有很大的相关性，"1960年，中上阶层家庭子女进入高等教育机构攻读学位者是下层社会家庭子女的6倍，且不同性别样本有所不同，男性样本两者的差距为4倍，女性样本两者的差距高达8倍"。之后，罗伯特、希尔曼等学者也从不同角度，运用不同的方法进行了类似的研究。虽然研究角度和方法不同，但基本都发现，在英国，高等教育发展虽然取得了一定的成绩，但是各社会职业阶层子女之间入学机会的差别并没有因高等教育的发展和规模的扩大而出现本质性的缩小，下层职业阶层子女和上层职业阶层子女之间的入学机会差异还保持在较大范围。

Coleman（2010）对美国教育生产函数的研究表明，公立学校资源对学生学业成绩没有显著影响，学生家庭社会等级却显著影响学生的学业成就。Deng和Treiman（1997）对21个国家的相关数据以及将其与1993年26个国家数据的比较表明，父亲受教育年限每增加一年，子女受教育年限就将增加半年。

从国内研究来看，张翼（2004）和Zhou等（1996）均认为，新中国成立以来，不管在哪一历史时期，父亲职业地位越高，相对于其他社会群体而言，在为其孩子提供教育上就越具有优势。郭丛斌和闵维方（2006）通过对2000年全国城镇住户调查数据的分析，发现家庭文化资本和经济资本占有量居前列的优势社会阶层，如机关人员、企事业负责人、各类专业技术人员，其子女的受教育层次主要为高等教育；而文化、经济资本占有量均处劣势的其他社会阶层的子女主要接受初等、中等教育。谢作栩和王伟宜（2004）利用"辈出率"概念，通过对陕西、福建、浙江、上海等地共11所高校的2000多名学生进行家庭状况调查，发现部属重点高校的入学机会明显偏向于拥有较多组织、经济和文化资源的社会上层子女；而社会中下层子女只能获得那些具有地域性和职业性特征的公立高职院校的入学机会。余小波（2002）还发现学生家庭背景对学生就读的高校专业有影响，他以某所电力学院2000级新生作为研究样本进行研究，研究发现父母身份为干部的子女多就读于热门专业，父母身份为工人和农民的子女想就读热门专业，需要比其他人付出更多的努力、考取更高的分数。闫广芬和王红雨（2012）通过对中国综合社会调查（CGSS）的统计数据分析发现，在优质高等教育资源的获得方面，家庭经济资本所起到的作用趋弱，性别差异、城乡差异、地区差异的作用在减小，而家庭文化资本的作用在趋强。

综上所述，尽管不同的学者对社会分层教育起点的关系在表述上有一定差异，但他们得出的结论具有一些共性，即个体所处的社会阶层会影响甚至决定他所能接受的教育层次和类型。

四 研究方法

（一）问卷法

教育公平问题首先影响的群体是学生，通过数据了解不同学生在现有教育体制及社会环境下所能够获取的教育资源的实际差异很有必要。我们通过中山大学网站获取历届631考试录取名单，从中随机选取一部分同学并向其发放线上调查问卷，收集目标群体的数据并进行分析。

（二）访谈法

在完成调查问卷收集工作后，笔者进一步采用深度访谈法，在已收集的问卷中挑选具有代表性的样本进行深度访谈。访谈采取半结构访谈的形式，通过预先设计的提纲，对学生的家庭背景等因素进行访谈。

五 调查与分析发现

(一) 概念的操作化定义

高等教育机会：教育机会反映了不同层次社会成员接受教育的可能性。高等教育机会及其均等问题涵盖范围比较广泛，主要包括高等教育起点的平等、过程的平等以及最终目标的平等。本文主要以高等教育的入学机会为研究对象，分析拥有不同家庭背景的子女获得高等教育机会的情况。

高校631录取模式：学生高考成绩占综合成绩的60%，高校综合素质测试成绩占30%，高中阶段的学业水平考试成绩占10%，三者构成考生的综合成绩，高校按考生综合成绩择优录取。目前全国已有8所高校基于以上综合评价进行招生录取模式试点工作。

(二) 问卷样本情况

问卷的样本为中山大学国际翻译学院、国际金融学院、中山医学院、工学院、海洋科学学院、旅游学院、药学院、材料学院的2016级、2017级和2018级学生。回收问卷342份，有效问卷为336份。我们选取其中25位具有代表性的问卷填写人，进行电话访谈。样本基本情况见表1。

表1 样本基本情况

单位：人,%

名称	选项	频数	占比
您的性别	男	142	42.3
	女	194	57.7
您在高中阶段是	理科生	180	53.6
	文科生	156	46.4
您与父亲的沟通情况	经常沟通	156	46.4
	有一些沟通	141	42.0
	很少沟通	38	11.3
	没有沟通	1	0.3

续表

名称	选项	频数	占比
您与母亲的沟通情况	经常沟通	231	68.8
	有一些沟通	99	29.5
	很少沟通	5	1.5
	没有沟通	1	0.3
父亲的政治身份	中共党员	132	39.3
	民主党派成员	2	0.6
	群众	202	60.1
母亲的政治身份	中共党员	99	29.5
	民主党派成员	4	1.2
	群众	233	69.3
您是否为独生子女	是	216	64.3
	否	120	35.7
您就读的高中是否为重点高中	是	318	94.6
	否	18	5.4

（三）研究假设

结合已有的理论以及本文研究的主要问题，现提出以下研究假设。

H1：家庭经济资本高的学生更能通过631考试模式获益。

H2：家庭文化资本高的学生更能通过631考试模式获益。

H3：家庭社会资本高的学生更能通过631考试模式获益。

（四）变量的定义与测量

1. 自变量的定义与测量

本文将自变量分为家庭经济资本、家庭文化资本和家庭社会资本。其中，家庭经济资本的测量指标为家庭人均年收入。家庭文化资本的测量指标有客观化的状态（课外书阅读量）和体制化的状态（父母受教育的程度）。家庭社会资本的测量指标为生源地和父母的工作类型。工作类型又细分为三类，分别是：优势阶层，即国家机关及事业单位管理者、经理人员、私营企业老板；中间阶层，即专业技术人员、机关普通办事人员、个体工商户、商业服务人员；基础阶层，即工人、农民、失业、待业、半失业者。

2. 因变量的定义和测量

本文的因变量为学生是否通过 631 模式获益,其测量指标为是否通过 631 模式取得比高考更好的成绩。

(五) 假设验证

1. 不同家庭经济资本的学生通过 631 考试模式取得的结果

表 2 表示家庭人均年收入不同的学生通过 631 考试模式取得更好成绩和没有取得更好成绩的比例。据此,可以得出以下结论。

表 2 学生家庭人均年收入对学生是否通过 631 考试模式取得更好成绩的情况分析

单位:人,%

家庭人均年收入	是	否
0~20000 元	71 (27.4)	22 (28.6)
20000 元以上	188 (72.6)	55 (71.4)

注:括号外数据为人数,括号内数据为占比。

从家庭人均年收入来看,所调查的学生中,无论是否通过 631 模式比高考取得更好的成绩,家庭人均年收入在 2 万元以上的占比都在 70% 以上。其中取得更好成绩的学生中,家庭人均年收入在 2 万元以上的占72.6%,略高于没有取得更好成绩的学生在该项中的占比(71.4%);没有取得更好成绩的学生中,家庭人均年收入在 2 万元以下的占 28.6%,略高于取得更好成绩的学生在该项中的占比(27.4%)。这说明家庭人均年收入对于学生是否从 631 模式中获益有一定影响,但影响程度不大。

假设 H1 没有得到验证,即家庭经济资本的高低对学生通过 631 考试模式取得更好成绩的影响不显著。

2. 不同家庭文化资本的学生通过 631 考试模式取得的结果

表 3 和表 4 呈现了父亲以及母亲学历不同的学生在 631 考试模式中取得的成绩情况。从父亲的学历来看,当父亲的学历为大专、高中时,对于学生是否取得更好成绩没有明显的影响,两者比例相差不超过 1 个百分点。而当父亲学历为本科及以上时,对于学生的成绩有比较明显的影响,其中取得更好成绩的学生的该项占比为 55.6%,没有取得更好成绩的学生的该项占比为 46.8%,前者比后者高 8.8 个百分点。当父亲学历为初中、中专

及以下时,取得更好成绩的学生的该项占比为10.4%,而没有取得更好成绩的学生的该项占比为19.5%,比前者高9.1个百分点,说明父亲学历较低对学生成绩有一定程度的影响。

表3 父亲学历对学生是否通过631考试模式取得更好成绩的情况分析

单位:人,%

父亲学历	是	否
本科及以上	144 (55.6)	36 (46.8)
大专、高中	88 (34.0)	26 (33.8)
初中、中专及以下	27 (10.4)	15 (19.5)

注:括号外数据为人数,括号内数据为占比。

表4 母亲学历对学生是否通过631考试模式取得更好成绩的情况分析

单位:人,%

母亲学历	是	否
本科及以上	123 (47.5)	28 (36.4)
大专、高中	94 (36.3)	30 (39.0)
初中、中专及以下	42 (16.2)	19 (24.7)

注:括号外数据为人数,括号内数据为占比。

从母亲的学历来看,当母亲学历在本科及以上时,取得更好成绩的学生的占比为47.5%,没有取得更好成绩的学生的占比为36.4%,前者比后者高11.1个百分点,说明母亲学历能明显影响学生的成绩。

从课外书阅读量来看,当学生课外书阅读量在0~5本时,取得更好成绩的学生的该项占比为41.7%,而没有取得更好成绩的学生的该项占比为46.8%;当学生课外书阅读量在6~10本时,取得更好成绩的学生的该项占比为36.7%,而没有取得更好成绩的学生的该项占比为24.7%;当学生课外书阅读量在10本以上时,取得更好成绩的该项占比为21.6%,而没有取得更好成绩的学生的该项占比为28.6%(见表5)。这说明学生每年的课外书阅读量在6~10本时,有可能取得更好的成绩。

表5 课外书阅读量对学生是否通过631考试模式取得更好成绩的情况分析

单位:人,%

高中阶段平均每年课外书阅读量	是	否
0~5本	108 (41.7)	36 (46.8)

续表

高中阶段平均每年课外书阅读量	是	否
6~10本	95（36.7）	19（24.7）
10本以上	56（21.6）	22（28.6）

注：括号外数据为人数，括号内数据为占比。

综上所述，父母学历较低对学生成绩有一定程度的影响，且母亲的学历的影响程度大于父亲的学历。在每年课外书阅读量方面，学生每年的课外书阅读量在6~10本时，有可能取得更好的成绩。

假设H2基本得到验证，即家庭文化资本高的学生更能通过631考试模式获得比高考更好的成绩。

3. 不同社会资本的学生通过631考试模式取得的结果

从学生的生源地来看，当生源地位于城市（地级市、省会）时，通过631模式取得更好成绩的学生所占比例为88.0%，而没有取得比高考更好成绩的学生中生源地位于城市的学生的占比为77.9%，比前者低10.1个百分点；当生源地位于乡镇（县、村）时，取得更好成绩的学生的占比为12.0%，没有取得更好成绩的学生的占比为22.1%，比前者高10.1个百分点（见表6）。总体上看，生源地位于城市的学生更有机会在631模式中获得比高考更好的成绩。

表6 生源地对学生是否通过631考试模式取得更好成绩的情况分析

单位：人，%

生源地	是	否
城市	228（88.0）	60（77.9）
乡镇	31（12.0）	17（22.1）

注：括号外数据为人数，括号内数据为占比。

从父亲的职业来看，所调查的学生中，无论是否取得更好的成绩，父亲职业处于优势阶层的占比均在50%以上，二者几乎没有差别。差距主要体现在中间阶层和基础阶层，当父亲职业为中间阶层时，取得更好成绩的学生占比为45.6%，没有取得更好成绩的学生在该项中的占比为39.0%，比前者低6.6个百分点；当父亲职业为基础阶层时，取得更好成绩的学生占比为2.7%，没有取得更好成绩的学生的该项占比为10.4%，比前者高7.7个百分点。这说明父亲的职业层级对于学生成绩具有一定程度的影响(见表7)。

从母亲的职业来看,母亲职业为优势阶层时,对于学生是否取得更好成绩没有明显的差别。当母亲职业为中间阶层时,取得更好成绩的学生占47.9%,没有取得更好成绩的学生占37.7%,比前者低10.2个百分点;当母亲职业为基础阶层时,取得更好成绩的学生占17.0%,没有取得更好成绩的学生占24.7%,比前者高7.7个百分点。这说明母亲的职业层级对于学生成绩具有一定程度的影响(见表8)。

表7 父亲职业对学生是否通过631考试模式取得更好成绩的情况分析

单位:人,%

父亲职业	是	否
优势阶层	134(51.7)	39(50.6)
中间阶层	118(45.6)	30(39.0)
基础阶层	7(2.7)	8(10.4)

注:括号外数据为人数,括号内数据为占比。

表8 母亲职业对学生是否通过631考试模式取得更好成绩的情况分析

单位:人,%

母亲职业	是	否
优势阶层	91(35.1)	29(37.7)
中间阶层	124(47.9)	29(37.7)
基础阶层	44(17.0)	19(24.7)

注:括号外数据为人数,括号内数据为占比。

本文选取的家庭社会资本的三项指标表明:城市的学生更有机会在631模式中获得比高考更好的成绩。父母职业处于优势阶层时,对于学生成绩没有明显影响;父母职业处于中间阶层和基础阶层时,对于学生的成绩有一定的影响,且父亲职业的影响程度高于母亲职业。

假设H3基本得到验证,即家庭社会资本高的学生更能通过631考试模式获得比高考更好的成绩。

(六)研究结论与分析

家庭经济资本对学生在631模式中能否获益没有显著影响。通过对学生家庭人均年收入的分析可知,在631模式背景下能取得更好成绩的学生中，家庭经济资本水平高的学生所占比例与其在631模式背景下不能取得更好成绩的学生所占比例没有明显差别，因此本文中家庭经济资本水平高的学生更能通过631模式获得比高考更好的成绩的假设并不成立。出现这种情况的原因可能是大部分学生对家庭的经济状况没有非常准确的了解，在子女没有主动提问的情况下，父母很少会把家庭的收支情况告诉子女，这导致学生在对家庭经济资本进行评估时出现了一定程度的偏差。另外，随着经济的发展，大部分家庭的经济资本足以支持其子女的学业，从而为其创造良好的学习环境。当经济资本达到一定水平后，其对子女学习的影响不大，且本文的研究对象的家庭经济状况没有特别极端的现象。正如访谈对象所说：

> 我爸妈学历也不是很高，他们小时候穷，无法继续读书。想为我创造一个好的学习环境，我如果愿意补课，他们肯定支持。(I01)
> 我觉得这个很难说，因为我所处的家庭不是特别极端的家庭，所以没有特别大的影响。(I19)

在家庭文化资本方面，当文化资本水平较高时，它对学生在631模式背景下取得更好的成绩没有显著影响，但当文化资本水平较低时，学生有明显的趋势不能取得更好的成绩，且母亲的学历对学生的影响程度大于父亲的学历，这可能是因为学生与母亲的沟通程度普遍高于父亲。在问卷数据中，学生与母亲经常沟通的比例比与父亲经常沟通的比例高20个百分点，所以学生更可能在与母亲交流过程中受母亲学历的影响。

在家庭社会资本方面，城市的学生更有可能通过631模式获益。当父母职业处于优势阶层时，对学生从631模式中获益没有明显的影响；当父母的职业阶层较低时，学生通过631模式取得比高考更好的成绩的可能性更小。

六 原因分析

（一）631综合评价招生模式加剧对家庭资本的依赖

为了全面考核学生的综合素质，目前在广东部分高校所实行的631综合评价招生模式考察的不仅包括学生在学校学习的基础知识，还包括考生的认知能力、分析能力、应能变力以及理想信念、思想品德、社会责任感等方面。根据对部分通过631综合评价招生模式入读高校的学生的访谈可知，在面试环节，考官考核的知识面极广，涉及的内容可以具体到日常的积累。这在访谈中学生对面试问题的回忆有所体现：

> 你对特朗普和金正恩的看法？你对食品安全的看法？如果人类有永生，你支持吗？（I03）
>
> （提问的问题）比较接近社会热点，比如人工智能，比如高考思路。（I12）

由此可见，家庭资本对学生获取教育机会存在深远影响，631考核模式的内容不仅限于教科书的知识点。由于考核内容超越书本，学生需要在日常生活中积累足够知识，这使得家庭在学生成长中扮演着重要角色。根据调查，我们可以发现：文化素养较高的家长不仅对子女的学习成绩有要求，还重视对子女兴趣和特长的培养，与子女的交流所涉及的知识也会更加多样化，有相对更多的时间和子女一起进行阅读之类的课外活动。

> 读书习惯是受父母影响，家里人每天都会花两个小时看书，放学回家后父母会跟我聊天，世界观受到影响。（I04）

除了文化方面潜移默化的影响外，经济资本优渥的家庭有足够的经济能力满足子女培养其兴趣爱好的需求，也能为子女争取更高质量的教育资源以及更多接触课外知识的媒介，如各种电子设备和兴趣班，帮助子女拓宽眼界。

> 问：家庭怎么样影响你的学习？
>
> 答：经济状况肯定有影响，例如他们会让我学学不同的东西，我小学就学了不同乐器、参加过交流活动。（I06）

综合来看，良好的家庭资本更能让学生丰富各方面的知识，培养自身兴趣、发挥特长，全面提升自身素质，从而更能迎合631综合评价这种考核标准多元化的招生方式，凭借长期以来家庭资本发挥的作用在获得高等教育机会的竞争中取得优势。

（二）家庭文化资本与家长对子女教育的重视程度有较高关联性

家庭文化资本包括父母的受教育程度以及抽象的、无载体表现的经验形态的家庭文化。父母的受教育程度这种由家庭经济资本转化而来的文化资本具有鲜明的历史性和时间性，在保障学生受教育权利、增加学生接受高等教育和精英教育机会等方面容易形成良性循环（张明坤，2017）。例如，具有高学历的父母往往会对自己的子女抱有更高的期望，希望他们达到自己的水平甚至更高。无论在哪个时代，教育机会尤其是高等教育机会于整个社会而言都是非常珍贵的，当初从激烈的竞争中获得入学机会的父母更清楚接受高等教育对个人发展的重要性，他们对子女教育的重视程度从总体上看也会更高一些，他们倾向于将自己当初接受的教育资源尽可能多地向子女输出以帮助他们获得优质的接受高等教育的机会。在访谈中我们发现，父母的学历、文化素养对于子女学习习惯的养成以及知识的获得有非常大的影响。

问：你觉得家庭如何影响你的学习，如父母学历和家庭经济状况？

答：父母也是老师，与他们的沟通方法比较融洽，他们为我营造一个安心的学习环境，不会对我的心情造成影响。（I11）

问：家庭怎么样影响你的个人素质？

答：跟父母沟通多，学习问题会拿出来探讨，影响大。（I10）

从反面来看，社会中也有不少经济情况较为困难的家庭如农民工家庭、外来工家庭支持其子女放弃接受进一步教育的机会甚至中途辍学去工作。在这样的家庭中，家长的受教育程度普遍低，对教育的重要性没有足够的认识，对子女教育的重视程度也严重不足。可见，在家庭关系中，长辈对于教育的认识和重视程度具有传递性，这种观念会通过家庭文化氛围影响晚辈。

（三）教育资源分布不均

教育资源分布不均主要体现在城乡间分布不均和高中教育资源分布不均这两个方面，这是通过631综合评价入读高校的学生大多来自城市和重点高中的重要原因。在城乡教育资源分布不均方面，城市的社会教育文化资源明显比乡村更为丰富。薛海平、李静（2016）分析了我国2006～2013

年小学、初中、普通高中城乡公共财政生均事业费比值（见图1）。

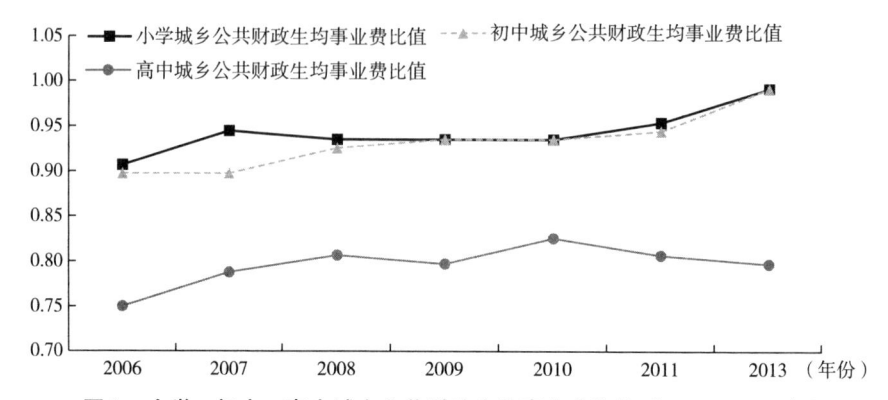

图1 小学、初中、高中城乡公共财政生均事业费比值（2006~2013年）
注：2012年数据缺失。
资料来源：薛海平、李静（2016）。

从图1可以看出，小学和初中公共财政生均事业费的城乡之比较为相似，有逐年增大的趋势，但始终维持在1以下。相比之下，普通高中的公共财政生均事业费城乡之比波动较大。在2006年，普通高中公共财政生均事业费城乡比值在0.75左右，随后在2007~2010年总体处于上升趋势，但2011年之后又开始下降。这体现了近年来城乡教育资源分配不平等加剧的趋势。

除此以外，公共教育资源在城乡间的分布也有明显差异，由于广东省佛山市顺德区每年都是631综合评价考生的主要生源地之一，下文以该地区各镇图书馆资源配置为例来探讨公共教育资源对学生的影响。表9是佛山市顺德区各镇图书馆的建筑面积、藏书规模和阅览座位的数据。

表9 佛山市顺德区各镇图书馆情况一览

顺德区各镇图书馆	建筑面积（平方米）	藏书规模（本）	阅览座位（个）
大良图书馆	28000	1000000	1100
北滘图书馆	4045	150000	700
容桂图书馆	5150	55000	800
伦教图书馆	2150	80000	356
勒流图书馆	1200	45000	600
乐从图书馆	500	20000	100

续表

顺德区各镇图书馆	建筑面积（平方米）	藏书规模（本）	阅览座位（个）
均安图书馆	330	15000	60
陈村图书馆	160	20000	35
龙江图书馆	150	25000	30
杏坛图书馆	72	5000	29

资料来源：顺德区图书馆网站，http://www.sdlib.com.cn/librarymap/。

从表9可以看出，位于区中心的大良图书馆以及处于经济较发达地带的北滘图书馆和容桂图书馆无论是建筑面积、藏书规模，还是阅览座位都遥遥领先于其他镇的图书馆。而位于顺德边缘地带，经济相对落后的陈村、龙江、杏坛的图书馆规模与其他镇的图书馆规模形成极为鲜明的对比，硬件设施落后，很明显无法满足人们阅览的需求，对于在这些地方有阅读需求但经济有压力的人来说，如果要借阅到相关书，就只能奔波到邻近城镇的图书馆查找，这带来了额外的麻烦。

所处地区丰富的公共教育资源能为学生带来更多参加文娱活动、拓展知识面的机会，和其他因素一起推动学生形成阅读习惯与批判性思维，使学生在面试环节取得更大优势。

高中教育资源分布不均体现在普通高中和重点高中之间。广东省内的广东省实验中学、华南师范大学附属中学等重点高中拥有顶尖的生源和教师团队以及长久以来形成的优良的办学传统和校园风气，无论是从硬件还是软件来看，都不是一般普通高中能比的，但是非常有限的重点高中招生名额远远无法满足社会的需求。位于经济、教育欠发达地区，自身水平不够拔尖的学生大多无法享受到优质的高中教育资源，在高中教育阶段，他们从起点开始就与其他人产生差距，这对争取入读高校机会的竞争也会产生非常重要的影响。此外，中山大学等广东省内优质高校每年都会在部分重点高中进行自主招生和631综合评价招生的宣讲。所有高中学生对这两种招生方式都不太熟悉，宣讲会无疑是他们进行了解的最直接最好的机会。相对而言，没有机会参与宣讲会的学生则需要自己主动联系老师或者搜索相关信息进行了解，没有接收到相关信息的学生很可能会错过这一机会。综合来看，高中教育资源分布不均体现在高中教育从起点到终点的各个阶段，这也是通过631综合评价招生入读中山大学的学生大多数来自重点高中的重要原因。

（四）家庭背景对获得信息资源的影响

作为高考制度的一种补充考试模式，631综合评价招生方式发挥着较为独特的作用，不只是因为它作为一个试点性的政策只在广东省内展开，还因为它的传播力度受到多方面的影响。在问卷中，我们发现，生源地在广州的学生数量占所有广东考生数量的1/3左右，这意味着，除了广州市拥有省内较为丰富和优质的教育资源以外，省内出台的各种政策在作为省会城市的广州的落实程度也较高。此外，中山大学在珠海、广州拥有校区，也会促进信息在当地的传播，这就意味着广州的高中会在宣传这一考试方式上发挥较大的作用，这些高中宣传这一考试方式的目的除了提高升学率以外，还有一点就是高中校长需积极响应省教育厅出台的最新政策，让相关政策在校园内得到充分的贯彻落实。

除了地域差异之外，学生家庭情况对获取信息也起到重要的作用。在访谈中，我们发现，部分学生会提到自己参加这个考试是因为他们的父母是体制内的公务员，或者是因为他们的父母本身就是高中教师或大学教师。父母能快速掌握教育方面的最新信息资源，他们的人脉关系也会对信息资源的获得产生影响。

> 问：你觉得家庭经济水平、父母的学历和职业、家庭和谐程度对你的素质有影响吗？会表现在哪些方面呢？
>
> 答：影响比较大，主要体现在一些信息获取的渠道上。父母属于国有企业的员工，他们周围的同事圈子里的子女可以接触到一批同等层次相对优秀的同龄人，这给了我比较大的帮助。（I17）

七 对策与建议

本文通过问卷数据和访谈资料分析了家庭背景对于通过631模式录取的学生的影响。研究表明，家庭背景更为优越的学生更有机会通过631模式取得比高考更好的成绩。虽然寒门子弟可以通过后天的努力学习实现向上流动，但是家庭背景依然影响其获取教育的机会和质量，从而影响其进入高校接受高等教育的机会。由此，要改变这种不平等的现状，就必须从制度层面进行变革，同时加强基础教育以及转变家庭教育观念。

（一）优化教育资源的配置

631 模式有效摆脱了高考"一考定胜负"的弊端，综合考量学生的课外知识水平、思维宽度、表达能力、创新能力等综合素质，在一定程度上帮助学校挑选出综合能力更高的学生。然而，课外知识积累量的增加、表达创新能力的提高都离不开家庭背景的熏陶。已有很多研究发现，家庭背景会影响学生的高考成绩，而本文则进一步证明家庭经济资本、社会资本和文化资本还会影响学生在高考成绩之外的能力。所以，为了缩小不同阶层之间教育水平的差距，必须先从教育资源配置方面考虑，用公共资源弥补家庭资源的不平等。前文已经提到，我国在小学、初中、普通高中等基础教育阶段，城镇学生拥有的生均事业费和公共财政经费都多于农村地区，且这种差距在高中阶段尤为明显，甚至有扩大趋势，这会导致家庭资本更优越的城镇学生拥有更好的教育资源，进而加剧城乡教育的不平等。由此，教育资源应当向基础教育倾斜，同时增加对农村地区、边远地区和民族地区的教育投入，淡化家庭资本对学生的影响，加快缩小教育差距。

（二）加强在普通中学的招生宣传

问卷数据表明，绝大部分通过 631 模式取得更好成绩的学生就读于重点中学。很多曾就读于重点中学的学生表示，高校有在中学对 631 模式进行广泛宣传，而普通中学的学生则是通过朋友、亲戚介绍等其他途径得知这种招生方式的。作为一种新的招生模式，631 模式并不被很多普通中学的学生获悉，相反，重点中学的学生会选择组团参加这种招生模式以增加被高校录取的机会。受招生经费的限制，很多"双一流"高校只会在一些重点中学进行招生宣传。而 631 模式可以选择更为简易的方法，即先与地方教育部门合作，依托教育部门的影响力，加大宣传力度，让中学自行宣传 631 模式，同时有意识地引导各中学摆脱单一的以高考成绩为唯一指标的固定模式，培养学生的综合素质能力。

（三）加强家庭与学校之间的联系

有些父母由于受教育程度低，不知道如何与子女沟通，缺乏良好的教育能力，因此选择让学校全权负责子女的教育，只是尽可能地让子女上更好的学校，而忽视了家庭教育的重要性，因此，建立家长和学校沟通的机制便显得尤为重要。在当今互联网时代,很多老师都与家长建立了微信群,以便于家长及时了解子女的在校情况,同时实现老师与家长的互动,这有助于老师引导家长建立良好的家庭文化环境,培养子女获取课外知识的兴趣。

八 结语

本文通过对家庭经济资本、文化资本和社会资本的分析,比较不同家庭背景的学生在通过631模式录取方面存在的差异,研究结果表明,学生通过631模式录取的机会与其家庭背景之间的关系是密不可分的。在家庭资本日益发挥重要作用的今天,分析和研究家庭资本如何影响子女从各类招生考试中获益显得尤为重要。一方面,它可以促进公共资源对弱势群体的倾斜,减少学生对其家庭资本的依赖;另一方面,它可以引导家长重视家庭文化资本,主动改善家庭资本状况。不过,这需要行政部门、教育工作者、家长以及学生的共同努力和通力合作。

当然,学生获得高校教育机会的影响因素很多,有些因素难以被察觉和感知。本文对家庭背景的研究只是一种尝试性探索,希望能够以此为基础,在以后的研究中不断进行深化。

参考文献

[1] 参考消息网,2016,《报告称中国1%家庭拥1/3财富 教育很难改变命运》,http://www.cankaoxiaoxi.com/china/20160116/1054571.shtml。

[2] 高敏,2017,《家庭资本对高等教育机会获得的影响研究》,西南大学硕士学位论文。

[3] 高耀、刘志民、方鹏,2010,《人力资本、家庭资本与大学生就业政策绩效——基于江苏省20所高校的经验研究》,《高等教育研究》第8期,第56~63、99页。

[4] 郭丛斌、闵维方,2006,《家庭经济和文化资本对子女教育机会获得的影响》,《高等教育研究》第11期,第24~31页。

[5] 〔英〕吉登斯,2000,《第三条道路——社会民主主义的复兴》,郑戈译,北京大学出版社、生活·读书·新知三联书店。

[6] 李培林、李强、孙立平等,2004,《中国社会分层》,社会科学文献出版社。

[7] 李强,2004,《转型时期中国社会分层》,辽宁教育出版社。

［8］陆学艺，2004，《当代中国社会流动》，社会科学文献出版社。
［9］《马克思恩格斯全集》（第3卷），1998，人民出版社。
［10］〔德〕马克斯·韦伯，1997，《经济与社会》（上），林荣远译，商务印书馆。
［11］每日财经网，2018，《中国基尼系数2017真实数据 中国贫富差距现状分析》，https：//www.mrcjcn.com/n/274887.html。
［12］〔意〕V.帕累托，2001，《普通社会学纲要》，田时纲等译，生活·读书·新知三联书店。
［13］石中英，2007，《教育机会均等的内涵及其政策意义》，《北京大学教育评论》第4期，第75~82、185~186页。
［14］孙银莲，2006，《论家庭文化资本对学生成长的影响》，《湖南师范大学教育科学学报》第4期，第44~46页。
［15］谢作栩、王伟宜，2004，《不同社会阶层子女高等教育入学机会差异的探讨——陕、闽、浙、沪部分高校调查》，《东南学术》第S1期，第259~264页。
［16］薛海平、李静，2016，《家庭资本、影子教育与社会再生产》，《教育经济评论》第4期，第60~81页。
［17］薛海平、李岩，2013，《中国城乡义务教育均衡发展预警机制研究》，《首都师范大学学报》（社会科学版）第2期，第132~137页。
［18］闫广芬、王红雨，2012，《优质高等教育资源的获得及影响因素分析——从社会分层的视角出发》，《现代大学教育》第1期，第6~11页。
［19］余小波，2002，《当前我国社会分层与高等教育机会探析——对某所高校2000级学生的实证研究》，《现代大学教育》第2期，第44~47页。
［20］张明坤，2017，《家庭文化资本对高考志愿选择的影响研究》，《教育理论与实践》第23期，第15~17页。
［21］张翼，2004，《中国人社会地位的获得——阶级继承和代内流动》，《社会学研究》第4期，第76~90页。
［22］张意忠、黄礼红，2018，《城乡家庭经济资本与高等教育需求关系实证分析》，《现代教育管理》第5期，第30~35页。
［23］赵海利，2003，《从高等教育的个人收益看我国高等教育成本分担的合理性》，《财经论丛》（浙江财经学院学报）第1期，第43~47页。
［24］郑杭生，2004，《中国社会结构变化趋势研究》，中国人民大学出版社。
［25］Bourdieu, P., 1986, "The Forms of Captical," in Richardson, J., *Handbook of Theory and Research for the Sociology of Education*, Greenwood Press.
［26］Bourdieu, P., & Passeron, J., 1990, *Reproduction in Education, Society and Culture*, Sage Publications Ltd.
［27］Coleman, J. S., 2010, "Inequality of Educational Opportunities," *Educational Theory*

26 (1), pp. 3 – 18.

[28] Deng, Z., Treiman, D. J., 1997, "The Impact of the Cultural Revolution on Trends in Educational Attainment in the People's Republic of China," *American Journal of Sociology* 103 (2), pp. 391 – 428.

[29] DiMaggio, P., 1982, "Cultural Capital and School Success: The Impact of Status Culture Participation on the Grades of U. S. High School Students," *American Sociological Review* 47 (2), pp. 189 – 201.

[30] Husén, T., Postlethwaite, T. N., eds., 1994, *The International Encyclopedia of Education*, Pergamon Press.

[31] Zhou, Xueguang, Tuma, Nancy B., Moen, Phyllis, 1996, "Stratification Dynamics under State Socialism: The Case of Urban China, 1949 – 1993," *Social Forces* 74 (3), pp. 759 – 796.

教育扶贫的国强公益基金会模式

——以其资助的两所慈善学校为例

王铀度 汤鹏 苏泽涵 李正邦 刘璇[*]

摘 要：教育扶贫能够阻断贫困代际传递，帮助贫困家庭彻底拔掉穷根，是典型的"造血式"扶贫，然而，在实践中存在扶贫人均投入较少、脱贫效果有限等问题。随着中国教育扶贫的发展，慈善基金会逐渐成为独立于政府和企业之外的第三方教育扶贫力量。本文对国强公益基金会资助广东碧桂园职业学院和国华纪念中学的教育扶贫模式进行研究，发现这种模式可以有效地解决目前教育扶贫存在的各类问题，但这种模式仍存在一定的改善空间，本文对此也给出了意见和建议。

关键词：广东碧桂园职业学院 国华纪念中学 教育扶贫 国强公益基金会

一 绪论

（一）研究背景

自20世纪60年代以来，我国学者在教育扶贫的理论、内涵、功能、模式等各个方面展开了广泛而深入的研究。历经几十年的发展，教育扶贫作为国家扶贫工作的重要阵地，充分发挥了其服务社会的作用。将教育视为脱贫攻坚的基础与核心在今天已成为从政府到学界的共识，对教育扶贫等问题的研究逐渐成为近年来教育学领域的研究热点，教育扶贫已经成为

---

[*] 王铀度，中山大学政治与公共事务管理学院教育学原理2016级硕士研究生，现执教于深圳市南山区南油小学；汤鹏、苏泽涵，中山大学政治与公共事务管理学院行政管理专业2016级本科；李正邦、刘璇，中山大学政治与公共事务管理学院行政管理专业2017级本科。

新时期国家开展扶贫工作的重要内容和优先任务。

然而，何种教育扶贫方式能够更有效地贯彻扶贫必扶智的扶贫理念，让更多贫困孩子拥有可期的美好未来，成为各地不断探索的命题。改革开放几十年来，社会公益组织从无到有，在我国公益事业中扮演了越来越重要的角色。它们在教育等方面积极推进公益事业，对推动社会精神文明建设，促进社会和谐发展发挥了重要影响。《国家八七扶贫开发攻坚计划（1994—2000年）》明确指出，充分发挥中国扶贫基金会和其他各类民间扶贫团体的作用。《中国农村扶贫开发纲要（2001—2010年）》指出，积极动员和组织社会各界，通过多种形式，支持扶贫地区的开发建设。由此，以慈善基金会为扶贫主体之一的教育扶贫模式开始陆续发展起来。

（二）研究目的及意义

综观我国慈善基金会的发展脉络，中国的慈善基金会在扶贫方面已经成为政府和企业之外的第三方力量，在国家治理中发挥不可或缺的作用。然而当前学界对这一社会公益组织参与教育扶贫的研究，大多集中在从宏观上对该类教育扶贫模式进行研究，很少有用案例分析对教育扶贫进行微观分析的研究。由于慈善基金会在我国的教育扶贫实践中发挥着越来越重要的作用，我们认为，有必要通过对某个典型案例的定性研究，从微观组织运行机制的层面探讨公益基金会模式教育扶贫存在的问题和改进方向，使社会公益组织更好地在扶贫工作中发挥积极作用。本文以国强公益基金会为例，通过分析此基金会的教育扶贫项目［广东碧桂园职业学院（简称碧职院）和国华纪念中学（简称国华）］的基本情况、存在的问题等，提出相关建议，以期为其他基金会的教育扶贫提供参考与借鉴。

（三）研究方法

1. 二手数据分析法

笔者通过线下纸质资料搜集、线上数字化图书馆搜索等渠道，收集国强公益基金会及其资助的两所慈善学校的背景信息，从而有针对性地为后续走访做准备。此外，梳理与扶贫开发政策发展历程、教育扶贫理论和教育扶贫模式相关的学术文献，系统了解学界对公益基金会教育扶贫模式的已有讨论，为进一步的理论对话打下基础。

2. 半结构访谈法

半结构式访谈具有方式灵活、对话自由、气氛轻松等特点，获取的资料比较真实可靠。本文主要采取半结构式访谈法，在前期进行二手资料分析的基础上形成一份访谈提纲，以碧职院和国华两所学校领导、老师、学生和基金会的领导为访谈对象，深入分析国强公益基金会模式的优势、存在的问题和问题产生机制。

二 文献综述

（一）中国扶贫开发政策的演变

1. "输血式"扶贫模式

"输血式"的扶贫模式是我国传统的扶贫模式，其核心观点是主张扶贫主体向扶贫客体提供一定的物质资料，以帮助、支持、扶持扶贫客体开展生产和经济活动以摆脱贫困（赵昌文、郭晓鸣，2000）。"输血式"扶贫维持着贫困地区人口最基本的生活（赵卫华，2005），本质上是一种社会救助，主要由各级政府及相关部门出钱物对贫困者直接进行救济，以求得暂时的温饱，其基本思路主要有：直接提供物质资料、直接提供小额贷款、出台相关优惠政策（谭贤楚，2011）。其中，政府既是投资主体，又是经营决策的主要负责者，贫困人口则扮演被动接受者的角色（王蓉，2001）。"输血式"扶贫具有简单、易行、效果直观的特点，受帮扶的对象也乐于接受（仲明，2005），其有效地满足了贫困人口的现实需要，缓解了生存危机，在保持社会稳定的同时也体现了社会主义制度的优越性（王蓉，2001），在一定时期内对我国的社会发展以及扶贫工作的开展起到了积极作用。但是，随着经济社会形势的变化，尤其是改革开放的日益深入，"输血式"扶贫越来越不能适应经济发展和社会发展的需要。其局限性主要为贫困人口的返贫率高，无法从根本上帮助贫困人口有效脱贫（谭贤楚，2011）。随着"输血式"扶贫的局限性与弊端逐渐暴露，学界对其进行了思考与质疑，主要分为以下两个方面：一是"输血式"扶贫起到的扶贫效果是浅表性的、短暂的，且助长了"搭便车"行为和"等、要、靠"思想，出现"年年扶年年贫"现象，不能达到扶贫开发的根本目的，造成各种社会资源的浪费（仲明，2005）；二是"输血式"扶贫的力度与规模有限，且无法集中力量解决重点、难点问题（朱坚真、匡小平，2000）。

2. "造血式"扶贫模式

随着"输血式"扶贫的弊端和局限性日渐凸显,新的扶贫模式——"造血式"扶贫应运而生。"造血式"扶贫是指扶贫主体通过投入一定的扶贫要素,例如项目开发、科技培训、企业引领、业主承包等,来扶持贫困人口改善生产和生活条件、促进生产、提高教育和文化科学水平,以促使贫困人口生产自救,逐步脱贫致富(谭贤楚,2011)。"造血式"扶贫最大的优点在于为贫困地区和贫困人口脱贫致富打下基础、创造条件、提供支持,其强调贫困人口的自力更生、自谋发展(赵昌文、郭晓鸣,2000),提高贫困人口自身的发展能力、就业能力,是一种深层次的扶贫(郑玲,2006)。"造血式"扶贫使贫困人口在满足生活基本需求、独立自主地改善生活状况的同时,不削弱后代人发展所需的外部条件,是一种可持续的扶贫,体现了可持续发展观的内涵(王蓉,2001)。自20世纪80年代诞生以来,"造血式"扶贫对我国经济社会发展、贫困人口问题的解决起到了积极作用,经过几十年的发展,这种扶贫模式逐步完善,但是仍然存在一些问题。一是"造血式"扶贫仍存在扶贫投入、资金使用效益、产业化、科技教育、生态环境保护与基础设施建设等方面的配套问题,对资源不合理的开发利用造成新的贫困(朱坚真、匡小平,2000;余华,1998);二是政府和有关部门在"造血式"扶贫中扮演重要角色,以行政手段为主的扶贫方式容易造成短期行为、盲目投资、盲目开发现象,"造血式"扶贫的实施缺乏有效监督(赵昌文、郭晓鸣,2000)。

(二)教育扶贫的理论基础

1. 人力资本理论

舒尔茨在20世纪60年代指出,传统经济理论认为经济增长必须依赖物质资本和劳动力增加的观点已无法解释今天的事实。他认为,在现代经济发展中,必须具有全面的生产要素概念,这个全面的生产要素概念不仅包括所有物质形式的资本(凡是它所包括的有用知识都是这种资本的一部分),而且还包括所有的人力资本(这里也包括人所得到的知识,即作为劳动力的一部分的技能和有用知识),当我们使用这个全面的生产要素概念时,就要完全考虑到所有的生产技术(舒尔茨,1987)。

人力资本理论突破和补充了传统的资本概念,将人力资本视为现代经济发展的核心力量。人力资本是体现在一个人身上的资本,包括对其进行培训和教育的成本等,表现为其所拥有的管理能力、生产技能和身体素质等。人力资本理论提高了教育的地位,也为职业教育提供了理论基础。第一,通过技能培训和知识传授来提高生产者的能力和素质,从而提高生产水平,达到经济发展、摆脱贫困的目标。第二,通过教育扶贫,推动人口由不发达地区向发达地区流动,以达到减轻当地环境承载压力、改变家庭收入来源结构、外出务工的工资同受教育程度成正相关关系等方面的目标(何家理、查芳、陈绪敖,2015)。

2. 能力平等观

阿玛蒂亚·森没有从收入水平和基本效用的角度来衡量贫困,而是从可行能力的视角指出贫困的本质不在于收入的低下和基本物品的匮乏,而在于能力的剥夺。换言之,是能力的不平等引致了贫困。因此,解决贫困之道不仅在于增加供给、提高收入水平,更重要的是增权赋能,提升贫困者的可行能力。

能力平等观下的教育扶贫,主要聚焦现实增权和提升可行能力两方面。第一,权利的贫困诱因包括由信息资源占有的不对等导致的信息不对称,由机会缺乏导致的机会不平等,生产要素的匮乏导致的权利丧失,等等,因此,推进机会平等,致力于贫困者现实之中的增权,是精准扶贫的必然举措。第二,贫困的实质在于能力的剥夺,脱离贫困关键是提升可行能力,而不仅仅是提高收入、改善生活质量或增加基本效用。毕竟,物品和效用是静止的、被动的外在物,其作用的彰显离不开人主体性的发挥(李翔,2018)。

3. 恶性循环因果论

讷克斯(1966)认为,发展中国家在宏观经济中存在供给和需求两个恶性循环。从供给方面看,低收入意味着低储蓄能力,低储蓄能力引起资本形成不足,资本形成不足使生产率难以提高,低生产率又造成低收入,这样周而复始完成一个循环。从需求方面看,低收入意味着低购买力,低购买力引起投资引诱不足,投资引诱不足使生产率难以提高,低生产率又造成低收入,这样周而复始又完成一个循环。两个循环互相影响,使经济状况无法好转,经济增长难以实现。

资本形成不足是经济发展的主要障碍,其根本原因在于人均收入水平过低及人们对发展前景悲观。从教育扶贫角度来看,通过教育可以提高劳动者的能力和素质,从而提高其就业率和收入水平。让劳动者去思考未来发展前景的前提,是满足劳动者及其家人的生活基本需求(王增文,2013)。

(三)教育扶贫模式

教育扶贫模式的建立必须使贫困地区的经济发展和教育扶贫的理念相结合,更好地服务当地经济发展实际。扶贫地区的差异性,扶贫主体、扶贫对象的不同也使现有的教育扶贫模式呈现多样化。综合已有研究文献,现有主要的教育扶贫模式有以下几种:"证书式"教育扶贫模式、"订单式"教育扶贫模式、"联动式"教育扶贫模式、"服务式"教育扶贫模式和"互联网+"教育扶贫模式(袁利平、万江文,2017)。

第一,"证书式"教育扶贫模式。朱德全(2004)基于贫困地区农村经济与社会发展的现实,经过多年的实验研究和教育实践探索,形成了"双证式"(中学毕业证书和技术资格证书)特色教育模式。该模式以"课堂+基地""基地+农户""农户+实体""农校+高校"四种结构为载体,秉持职教渗透的扶贫理念,主要解决农村脱贫问题。"证书式"教育扶贫模式以农村相应地区特色资源库为依托,以"双证"为纽带,将职业教育与普通教育、国家课程与地方课程、本土知识与地方课程、理论知识与实践操作有机结合,通过教育扶贫的方式服务地区经济。这种教育扶贫模式主要适用于中西部贫困地区,扶贫对象主要是农村和乡镇升学无望的中学生。它改变了传统的以升学为培养目标的课程设置和办学模式,能够较快地帮助扶贫对象同时掌握科学文化知识和职业技能,推动贫困地区经济发展与教育发展有机结合,能够在短期内取得成效,实现局部脱贫。但是这种教育扶贫模式需要以农村相应地区特色资源库为依托,同时需要政府、学校和相关产业同步协作,较难推广。

第二,"订单式"教育扶贫模式。该模式是让贫困家庭的学生在接受九年义务教育之后,通过"订单式"教育在职业技术学校免费学习两年,即"9+2"。其目的是帮助贫困家庭脱贫,以及培养具有职业能力的、能在城市生活的新市民(宋清华等,2009)。该教育扶贫模式与"证书式"教育扶贫模式相似,均是通过职教结合的方式,将贫困地区经济发展与教育发展有机结合。这种模式的操作方法简单,容易推广,在中西部中小城市较为常见。但是这种教育扶贫模式扶持力度小,一般此类扶贫性质的职业技术学院的办学质量和教学水平也较低,仅仅两年的免费职业教育也无法较明显地提高扶持对象的职业技能水平和科学文化素质，因此毕业之后的他们也难以实现高质量就业、立即脱贫的目标。

第三，"联动式"教育扶贫模式。该模式是在教育扶贫过程中逐渐形成的"全面规划、全面保障、全面参与、全面发展"的一种"四位一体"的联动机制。"四位"之间是一种互动的辩证关系：全面规划是先导，全面保障是基础，全面参与是载体，全面发展是目标（何家理等，2013）。"联动式"教育扶贫模式的扶贫主体主要是地方政府，地方政府通过"四个全面"实现各个教育阶段的贫困学生均能受惠的扶贫目标。这种扶贫模式的投入力度大，成效明显，受惠面广，能够产生良好的社会效应，推动教育全面发展，但在实现"全面性"的同时使扶贫缺乏针对性。首先，"广撒网"意味着"贫困群体"远多于实际情况，造成一定的资源浪费；对于教育事业的大量投资也使扶贫本身变了质。其次，这种教育扶贫模式前期投入较多，回报周期较长，政绩动力弱，因此官员动力不足，会使扶贫成效大打折扣。

第四，"服务式"教育扶贫模式。该模式主要是就高等教育的社会服务职能而言的。这种模式的创新点在于高校围绕国家重大战略需要，结合自身的资源优势，主要通过理论研究、知识创新和教育培训等行动，通过互联网和高科技创新等手段以及产学研相结合的模式来提供"全方位"的社会服务，这是高校履行服务社会责任的重要途径。在这种教育扶贫模式中，"不同层次和类型的高校应根据自己所处的位置和能力，借助资源优势，秉承'顶天立地'的服务理念，在教育扶贫中发挥应有的作用"（袁利平、万江文，2017）。"服务式"教育扶贫模式依托高校的教育资源。高校是科研、技术与人才的聚集地，高校参与基础教育质量全面提升工程，能够提供"全方位"的社会服务，助力教育扶贫质量的提升。优质教学资源能对症下药，同时提升教师教学水平，形成教育扶贫的"造血机制"。但是，有学者认为，高校教育扶贫存在一些问题，教育扶贫的趋同化、功利化和盲目化存在相互强化的关系（熊文渊，2014）。首先，目前高校教育扶贫方式同质化现象严重，大多数高校主要通过"三下乡"活动、捐款捐物等途径开展扶贫活动，均属较低层次的教育扶贫，对大学的技术和能力的要求并不高。目前，几乎所有的高校都具备远程教育的基本设备和技术，教育扶贫的趋同化现象表明不同类型的高校没有充分利用各自的特色资源。其次，大多高校扶贫活动具有周期短的特点，如果没有形成长效机制，则难以产生良好效益，某些高校为了完成扶贫任务，把教师和学生的评优与"三下乡"活动相挂钩，部分师生参与"三下乡"活动存在明显的功利化动机。最后，当前许多高校在教育扶贫中存在盲目倾向。一是不清楚自己能做什么，盲目开展不擅长的教育扶贫。二是不清楚扶贫对象需要什么（熊文渊，2014）。

第五，"互联网+"教育扶贫模式。该模式主要是充分利用教育信息化来推动教育扶贫。网络扶贫是在紧跟现代移动互联网经济和移动终端发展的基础上，通过慕课、微课等在线教育方式，把优质的教学资源通过互联网分享给受教育程度偏低的贫困地区的一种扶贫模式。目前这种扶贫模式主要包括以网点建设和资源输送为特征的资源型教育扶贫模式、以提升信息技术能力为抓手的功能性教育扶贫模式以及以信息技术与教学整合为导向的跨界协同教育扶贫模式（袁利平、万江文，2017）。"互联网+"教育扶贫模式突破以往支教模式的各种限制，减少了人力、物力的投入，让大规模、可持续、随时按需的支教行动成为可能，更加优化教育资源的配置和教学方法的升级。使用互联网技术搭建远程教师培训及教师支持服务体系，为教师提供先进实用的培训教育资源，可以以网络课堂这种模式，解决老师不足、课程不齐的问题。但是，"互联网+"教育实践的难点是如何推动教育制度改革。这种创新实践对传统的学校教育体系和管理制度提出挑战，需要配合的是构建开放的教育服务体系。开放的教育制度是构建开放的教育服务体系的关键，也是深化教育教学改革的难点，是当前制约"互联网+"教育实践发展的瓶颈（陈丽，2016）。

三 学校情况介绍

国强公益基金会模式与上述几种教育扶贫模式都不同。首先是扶贫主体不同，不再由政府或者事业单位出资，而由私营企业家创立的慈善基金会来负责。其次是扶贫的载体不同。以往的教育扶贫模式都是在扶贫对象的所在地建立机构开展或短期或长期的扶贫活动。国强公益基金会模式则是把全国各地的扶贫对象聚集到寄宿学校，打造了两所学员都是扶贫对象的封闭式学校，两所学校距离出资的企业总部很近，其中一所与企业总部只有一条马路之隔的距离。最后，也是最重要的一点，是培养目标不同。以往教育扶贫活动的培养目标主要是培养具备一定职业技术能力、有望成为新市民的毕业生,并且主要通过让学生接受职业教育的方式培养扶贫对象。而国强公益基金会模式则不满足于培养有能力脱贫者,其资助的两所学校都致力于培养社会中的稀缺人才。其中广东碧桂园职业学院在录取学生时有一定的素质筛选,培养过程中采用半军事化管理方式,以企业的产业科技优势和经验,培养稀缺的高级技术工人。国华纪念中学则只录取成绩达到当地县市一中分数线的初中毕业生,重金打造学校管理队伍和师资队伍,精心培养学生的综合素质,培养的学生在广东省高考中成绩优异,被名校录取的比例较高,堪称"广东最牛中学"。

国强公益基金会资助的两所学校的概况如表1所示。

表1 国强公益基金会资助的两所学校的概况

项目名称	广东碧桂园职业学院	国华纪念中学
学校概况	全国首家完全慈善性质的民办高等学府,实施精英教育,致力于培养基层一线管理干部和技术骨干	全国第一所纯慈善、全免费、全寄宿民办高级中学,为全国各地最优秀、最贫困的少年提供最好的高中教育
教学模式	实行产教融合、校企共育、创新人才培养模式,实现学生高起点、高薪就业,使贫困学生有能力改变自身和家庭的命运,从而实现从根本上扶贫的目的	学校常规的教学活动和普通的高中并没有太大差别,但是每两个星期会组织学生外出活动一次,外出活动的内容主要是做义工、探访老人等,另外,因为学生除了寒暑假之外一般不回家,所以假期学校会外聘老师给他们上兴趣班,让学生能够全面发展
管理模式	半军事化管理	学校放手让学生自己组织自己、自己管理自己。学校没有专职生活指导老师,没有宿舍管理员,在学校团委指导下,学生宿舍、饭堂等的大多活动由学生会自己组织,自己管理,90%以上工作由学生自己完成
贫困条件	1. 建档立卡贫困户或低保家庭 2. 贫困孤儿 3. 依靠资助完成高中或中职阶段学业者 4. 市县级及以上工会建档困难职工家庭	1. 建档立卡贫困户或低保家庭 2. 城市失业贫民或农村贫困的纯农户家庭 3. 贫困孤儿 4. 发生特大变故致贫的家庭 5. 因公牺牲或负伤的军警人员的子弟

续表

项目名称	广东碧桂园职业学院	国华纪念中学
教师队伍	由专业带头人、中青年骨干教师和具有一线实践经验的企业工程师相结合的教师团队	现有教职员工97人，其中教师为52人，教师学历全部为本科以上，学历达标率为100%，并全部具备高中教师任职资格，经验丰富，教学能力优秀
经费来源	广东省国强公益基金会	广东省国强公益基金会
资助政策	1. 全额资助学费、教材费、食宿费、服装费、床上用品费、学习用品费以及生活用品费，提供寒暑假往返路费补助 2. 每月发给每位男生40元，女生60元的零用钱 3. 设有国家奖学金、国家励志奖学金、国家助学金等	1. 一切生活、学习费用和回乡探亲的车费。一切生活用品均由学校提供，包括鞋袜、内衣等 2. 对考上本科大学的学生，每年还发放11000~15000元的奖学金，对在大学期间成绩优异，获得大学各种奖励的学生，再给予特别奖励 3、对个别家庭特别困难的学生还可以为其家庭提供一定数额的经济资助 4. 每月发给每位男生40元，女生60元的零用钱
成绩	2017年首届毕业生共290名，已实现100%就业，毕业生平均薪酬为3689元/月，有11人成功竞聘1万元/月岗位	10多年来，国华纪念中学的高考本科上线率一直高达100%，一类重点本科上线率近四年在95%以上，2016年更是高达98%

四 国强公益基金会模式的优势

（一）教育扶贫理念和方式创新，创新驱动力强

国强公益基金会的创新力表现为教育扶贫理念创新和教育扶贫方式创新，具体体现在：第一，在教育扶贫理念上，既强调对知识与技能的传播，又强调培养受助学生的社会责任感，碧职院和国华的学生在毕业的时候，都会签订一份《道义契约》，承诺在其有能力时向社会返还其所得的助学金以帮助更多需要帮助的人；第二，在教育扶贫方式上，基金会除了兴办慈善学校，还创新其他教育扶贫手段，例如，碧职院尝试校企结合办学模式，结合碧桂园集团的企业经验和学院的专业知识，培养真正实干、能干的技术人才。

（二）教育扶贫的精准度高，扶贫资金充裕且使用效率高

在教育扶贫的精准度上，碧职院和国华在招生时，规定学生必须来自建档立卡贫困户或低保家庭。此外，在学生递交的贫困材料的审查上，对于有伪造证明嫌疑的学生，学校通过多方渠道的数据进行核实，有时还会派专人去实地调查学生家庭的贫困情况。

在扶贫资金的使用上，基金会的主要出资人杨国强家族累计投入超过42亿元，以用于办学、助学、兴教，保证了扶贫资金的充裕。同时，基金会秉持"有多少钱就做多少事"这一扶贫理念。和其他学校相比，碧职院和国华的招生规模要小得多，但管理和培养要精细得多，能够真正帮助这些学生摆脱贫困，防止扶贫被当作地方的一项政绩工程，确保扶贫资金的使用效果。

充裕的扶贫资金和较小的招生规模，使学校在招生、培养、资助的各个环节都有高额的生均资金作为精准识别、精细管理的支撑。以国华的招生环节为例，学校主要以有偿推荐的方式保证各地的贫困生参加入学资格考试，并派专员老师前往生源地组织考试，最后全额资助通过笔试的贫困生前往广东佛山参加录取面试。整个录取环节的支出高达200万元，在学生正式入学前，平均每录取一个学生就已经花费超过了1万元，超过了大部分教育扶贫模式的全流程生均资金。

五 国强公益基金会模式存在的问题

（一）国华和碧职院存在的问题

在对国华和碧职院进行实地考察的过程中，笔者发现国强公益基金会的扶贫模式存在不可复制、不够精细和不肯变通等主要问题。

1. 不可复制

笔者在同国强公益基金会副秘书长交谈的过程中了解到，基金会的主流价值观是慈善应该聚焦服务对象，让孩子们有学上、能上学、上好学，让孩子们能够高质量地成长，只有这样，才能拔掉这些家庭的穷根。对于一个资金有限的基金会来本身说，只追求做大做强而不注重学生质量的培养是没有意义的。同时，国强公益基金会认为慈善并不是普惠性的服务。总结起来，国强公益基金会模式的成才培养目标定位决定了它有限的受助对象和高昂的

生均培养费用，这导致模式推广困难。

首先，由于致力于高标准的培养流程，国强公益基金会资助的两所学校每年用于学校运行的成本较高，但受助生的数量较为有限。国华作为全国唯一的纯慈善、全免费高中，每年招收不超过200名应届初中毕业生，但每年的支出超过4000万元；碧职院作为全国唯一全免费的大专院校，对所有入读学生不仅免除一切费用，还发放日常生活补贴，每年花在每位学生上的成本大概是6万元，一年的投入资金为六七千万元。与此同时，慈善学校本身的性质要求基金会长期保持高额的资金投入以获得社会信任，导致此类教育扶贫模式的启动成本极高。其次，大部分企业家对教育扶贫的理解与国强公益基金会对救助对象的培养目标有出入。倘若企业家不认同"在寒门子弟中挑选英才以培养成国家栋梁"的慈善理念，那么国强公益基金会模式较少的受助对象则无法带给其足够的慈善获得感，进而很难有动力选择这种慈善模式。

受助对象少，很难满足部分企业家做慈善的初心；扶贫成本高，又让不少企业家望而却步。由于这两方面原因的限制，推广国华和碧职院的教育扶贫模式更多地依赖企业家个人的慈善理念和慈善偏好。主要出资人杨国强有一种特殊的人才观，认为顶尖人才对社会的贡献是更大的，并且认为寒门子弟更能被培养出社会责任感。因此他希望通过自己的努力为国家和社会培养出能力顶尖且道德出众的人才。出资人独特的慈善理念和个人情怀也是国强公益基金会教育扶贫模式难以推广、不可复制的原因之一。

2. 不够精细

国强公益基金会模式在教育扶贫的过程中没有考虑国家政策外部环境的变化，没有在扶困助学领域与国家资助体系形成配合和补充，导致对扶贫资源的利用不够精细。

国华纪念中学和广东碧桂园职业学院扶贫的最终目的是减少乃至消除这些孩子贫困的根源，实现"就业一人，脱贫一户"的扶贫目标。同时，基金会认为学生毕业后首次就业的工资为5000～6000元/月就是达到该目标的标志。

《2018年中国大学生就业报告》显示，2017届大学毕业生的月收入（4317元）比2016届（3988元）增长了329元。其中，本科院校2017届毕业生的月收入（4774元）比2016届（4376元）增长了398元。在本科院校中，"双一流"院校2017届毕业生的月收入（5691元）比2016届

(5201元)增长了490元(王伯庆、王妍,2018)。国华每年高考本科上线率接近100%,其中一类重点本科上线率在95%以上,也就是说,国华的培养目标是受助学生考上重点大学并顺利毕业。

在国华的招生简章里有这么一条:对考上本科大学的学生,每年发放11000~15000元的奖学金,资助其在大学期间的学习和生活。对在大学期间成绩优异、获得大学各种奖励的学生,再给予特别奖励。我国的义务教育、职业教育、高等教育资助体系较为成熟,对高中贫困生的扶困助学工作则有些关注不够(袁忠霞,2017)。因此,国华纪念中学在中学阶段免除这些家庭生活贫困学生的一切费用,给他们继续读完高中增加了不少信心和勇气。但是,当这些学生考上大学以后,国家对大学生有"奖贷助勤补免+绿色通道"等多元混合资助,基本能够解决贫困家庭学生的学费和生活费问题,这个时候国强公益基金会再继续每年发放11000~15000元的奖学金,且持续到硕士、博士阶段,显然不合适,这部分资金造成一定程度上的浪费,应当投入其他更有需要的扶贫项目中。

慈善捐赠是社会财富的第三次分配,在注重公平的同时也要追求效率。企业家在做慈善的时候如果不考虑国家政策等外部环境的变化,则容易造成资金分配不精细等问题。相反,如果充分考虑国家教育资助体系的变化,加强毕业生家庭情况资料与录取院校的对接,使私人救助与国家救助顺利承接,则能够减少后续对毕业生成绩和家庭情况的审查成本,避免慈善资源的浪费。

3. 不肯变通

国强公益基金会模式的不肯变通集中体现在其招生环节对贫困生筛选标准的固守上。招生标准没有适应贫困生救助需要和现实状况,造成招生名额空缺,导致宝贵招生资源的浪费。

国华纪念中学每年计划面向全国招收200名初中应届毕业生,但2018年实招人数只有160多人,广东碧桂园职业学院2018年计划招500名学生,但实招人数只有300多人。国华和碧职院两校负责招生工作的工作人员告诉笔者,在面试或者夏令营时若观察到一些学生的行为比较孤僻,或者表现出一些反社会倾向,那么出于方便学校管理方面的考虑,这一部分学生必须被排除在招生范围之外。但那些有心理问题的孩子才是更需要社会帮助的群体。

除了将身体心理素质不佳者排除之外,笔者还发现学校在录取时对学生成绩的要求过于严苛。以国华纪念中学的生源地考试招生环节为例，其要求报考的学生初中升高中的成绩必须达到县一中或地市级重点高中的录取分数线，这对那些不能享受充足的教育资源的贫困家庭的初中学生来说是很难达到的。近年来，符合这一报考条件的贫困生越来越少，国华纪念中学没有因此放宽学生成绩方面的报考条件，这同样导致招生名额空缺。

从广东省教育厅给予国华纪念中学每年跨省招生200人的名额，以及基金会的生均资金的限制来看，计划招生名额无疑是资源允许的情况下宝贵的教育扶贫资源。相对于中国庞大的贫困生基数，国强公益基金会模式运营的两所学校有几百名招生名额却依然出现较大的空缺比例，不能不说是招生过程中因标准不适应现实且不肯变通导致教育扶贫资源的浪费。

（二）国强公益基金会内部存在的问题

1. 人手不足，专业度不高

笔者在同国强公益基金会副秘书长交谈的过程中了解到基金会和碧桂园集团的社会责任部属于"一套人马，两个牌子"，也就是说，基金会的工作人员是从社会责任部的抽调的。虽然说国强公益基金会也是为了奉献爱心，回报和造福社会，碧桂园集团的社会责任部也负责碧桂园集团如何走向可持续发展等重要事务，从这个意义上看，两者的职能似乎有重叠交叉的部分，但是，基金会的管理相较社会责任部来说是不同领域的事务，基金会的工作也不是从企业的社会责任部中调出几个兼职人员就可以胜任的。

碧桂园集团目前实行的是包括党建扶贫扶志、产业扶贫扶富、教育扶贫扶智、就业扶贫扶技及其他创新形式在内的"4+X"扶贫模式，对应的工作分别由党建组、产业组、教育组和就业组来完成。因为教育组的工作相对来说没那么多，所以由教育组承担起了包括碧职院和国华在内等诸多教育扶贫项目运行的工作。目前基金会在职人员不超过20人，这些人除了负责碧桂园集团社会责任部的工作，还要兼顾基金会项目的立项、可行性研究、审批、执行、监督、结项等各项事务，但没有一个是全职人员，基金会的工作只是他们的兼职工作。这样的安排或许有抵税和以基金会的名义开展活动更为方便等方面的考虑，但不可否认的是，这种仅从集团内部调拨而不从外面引进人才的做法导致基金会工作人员少、专业人才缺乏等问题。

2. 筹资理念落后，筹资渠道狭窄

基金会中心网的数据调查显示，目前非公募基金会主要的筹资方式是企业捐赠、个人捐赠以及私人募捐股权（扈基楚，2010）。国强公益基金会的资金主要来源于碧桂园集团和杨国强家族的捐赠，其中家族的捐赠占据整个基金会捐赠的最大份额。目前国强公益基金会正处于准备转型的过程中，打算将一些家族企业的部分股权捐赠给基金会，由于集团和家族的捐赠都具有一定程度的不确定性，如果能够成功转型，那么基金会以后就能有稳定的捐赠收入，也能方便以后各项扶贫项目的开展。但是，暂且不说目前私人募捐股权还在筹划当中，今后是否能够真正落到实处还有待时间去考证。即便基金会之后的确获得了杨国强家族企业股权的捐赠，其资金来源的稳定性依旧有赖于杨氏企业的盈利状况，并没有实际解决基金会筹资渠道狭窄、风险控制不足的问题。

碧桂园集团作为全国知名的房地产开发企业，其房地产开发遍及全国乃至国外市场，存在庞大的业主群体。业主中的大部分人属于中产阶级乃至富有阶级，不乏有捐赠意愿的慈善人士。如果能将这笔潜在的资金来源变现，那么对基金会的发展无疑是巨大的帮助。但是笔者在访谈的过程中了解到，基金会目前的管理层认为国强公益基金会作为非公募基金会，不能公开募资，也就不能吸纳来自业主的捐助，这又再次印证了目前基金会管理的专业度不足以及缺乏对外交流的问题。目前的趋势都是鼓励非公募基金会成立专业的筹资团队，让基金会的劝募走向市场化的运作（李莉，2013）。目前，国强公益基金会的筹资停留在依赖杨国强个人捐赠的层面，庞大的开支全凭杨国强一己之力。随着他年事渐高，这种"教育乌托邦"的持续性问题日益突出。

3. 预算审批走形式，缺乏监督和反馈机制

为了保证预算质量，一般会从预算编制开始，经过预算审查、预算执行、预算调整、决算，最后到预算审计为止，形成一个完整的预算循环过程。基金会的项目预算即使不必太过苛求，但编制预算、审查预算、项目执行、监督与调整等仍是必需的。但是笔者在访谈的过程中了解到，国强公益基金会对国华纪念中学和广东碧桂园职业学院的预算审批仅仅停留在形式审查的阶段，并不会对预算的通过进行干预。此后，学校具有自主管理的权力，只需向基金会提交简单的年终财务报告。基金会在每个项目告一阶段之后也不会形成专门的结项报告，而且他们对结项报告的认识还停

留在结项报告等同于基金会定期发布的季刊这个阶段，缺乏合理的监督和反馈机制。

六　对策与建议

（一）组建专业化的基金会队伍

当前国强公益基金会中的工作人员均由碧桂园集团社会责任部工作人员兼任，笔者在访谈的过程中了解到这是出于避免外部引进人才带来高额管理费用的考虑。但从社会治理主体角度看，国强公益基金会属于第三部门，碧桂园集团作为企业属于第二部门，这种编制混乱的管理模式除了影响基金会的专业程度，还会带来工作人员压力过大等问题。而且要想推动慈善基金会的大力发展，专业基金会管理人才不可欠缺。只有形成专业化的工作团队、规范化的工作形式，才能形成可持续发展的运行机制。所以，笔者提议，目前基金会需要引进专业的管理人才专职管理基金会的各项事务，以推动基金会朝着专业化、科学化、精细化的方向发展。

（二）拓宽基金来源渠道，扩大融资规模

国强公益基金会的资金主要来源于碧桂园集团和杨国强个人的捐赠，虽然现有的教育扶贫项目基本不存在资金不足的情况，但是国华纪念中学与广东碧桂园职业学院的教育扶贫是长期任务，而且杨国强先生年事已高，这两所学校的教育扶贫模式能持续下去的关键因素之一就是稳定的资金。因此，拓宽基金会的资金来源是极为必要的。虽然国强公益基金会属于非公募基金会，没有公募的资格，但依然可以接受来自社会捐助者和企业的捐助。这样不仅能为基金会构建稳定的融资体系，还能为基金会的长期发展提供保障。资金的稳定也是国华纪念中学和广东碧桂园职业学院得以长期进行教育扶贫的保障。

（三）加强对奖助学金后续使用情况的监管

针对基金会存在的资金分配不精细等问题，基金会应通过加强奖助助金的后续监管来加以避免。一方面，根据学生的经济情况、消费情况、学校的资助体系等评定学生是否还需要基金会的奖助学金来减轻生活负担，要确保"钱花在正确的地方"；另一方面，奖助学金发放到学生个人手中不是终点，

应对受助学生进行多方位引导，让其合理使用奖助学金，使其理解发放助学金的初衷，同时接受监督，对发现的任何问题都要进行及时的核实并处理，真正做到奖助学金评选、发放、监管全方位到位。

（四）加强资金管理，提高资金使用效率

相较于大部分非公募基金会，背靠杨国强家族和碧桂园集团的国强公益基金会称得上是资金雄厚，然而，其资金管理制度仍有待完善。首先，基金会应当加强预算审批。针对国华等教育扶贫支出层面的预算审批，应当事先进行一定调查和数据分析。其次，在不影响扶贫项目进程和学校发展的前提下，加强对基金的监管，避免资金浪费。最后，充分利用现有资源，推动教育扶贫项目的进一步发展。例如，根据广东省批准的国华纪念中学和广东碧桂园职业学院的招生规模，基金会有招收200名学生的权限和能力，应当积极加强与各省招生办、扶贫办等部门的交流和政策沟通，避免资源浪费。

参考文献

［1］陈丽，2016，《"互联网＋教育"的创新本质与变革趋势》，《远程教育杂志》第4期，第3~8页。

［2］国华纪念中学，2019，《国华纪念中学2019招生简章》，http：//www.sdgh.net/sitecn/zszp/zsjz_ 2017.html。

［3］何家理、查芳、陈绪敖，2015，《人力资本理论教育扶贫效果实证分析——基于陕西7地市18个贫困县教育扶贫效果调查》，《唐都学刊》第3期，第125~128页。

［4］何家理、李孝满、张翔，2013，《"四位一体联动机制"教育扶贫模式探析——安康市教育扶贫模式实证研究》，《西安文理学院学报》（社会科学版）第3期，第59~62页。

［5］扈基楚，2010，《关于基金会筹资能力的调查和对策建议》，《社团管理研究》第7期。

［6］李莉，2013，《非公募慈善基金会资金运营管理研究——北京市的三个基金会为例》，首都经济贸易大学硕士学位论文。

［7］李翔，2018，《精准扶贫的理论阐释——基于阿玛蒂亚·森"能力平等观"的视角》，《学习论坛》第4期，第37~42页。

［8］马建富，2006，《舒尔茨反贫理论与农村职业教育反贫策略的选择》，《河北师范大学学报》（教育科学版）第4期，第109~113页。

[9] 〔美〕西奥多·W. 舒尔茨,1987,《改造传统农业》,梁小民译,商务印书馆。

[10] 宋清华、杨云、张明星,2009,《"9+2"教育扶贫模式的探索与实践》,《职业时空》第3期,第157~158页。

[11] 谭贤楚,2011,《"输血"与"造血"的协同——中国农村扶贫模式的演进趋势》,《甘肃社会科学》第3期,第226~228页。

[12] 王伯庆、马妍,2018,《就业蓝皮书:2018年中国大学生就业报告》,查思客,https://chassc.ssap.com.cn/c/2018-06-28/550719.shtml。

[13] 王蓉,2001,《我国传统扶贫模式的缺陷与可持续扶贫的战略选择》,《农村经济》第2期,第8~10页。

[14] 王增文,2013,《贫困恶性循环、福利依赖与再就业收入》,《中国人口·资源与环境》第1期,第132~136页。

[15] 熊文渊,2014,《高校教育扶贫:问题与路径》,《当代教育科学》第23期,第43~46页。

[16] 阎桂芝、何建宇、焦义菊,2014,《教育扶贫的清华模式》,《北京教育》(高教)第5期,第7~10页。

[17] 游明伦、侯长林,2013,《职业教育扶贫机制:设计框架与发展思考》,《职教论坛》第30期,第19~22页。

[18] 余华银,1998,《论我国扶贫战略的误区》,《农业经济问题》第9期,第33~36页。

[19] 袁利平、万江文,2017,《我国教育扶贫研究热点的主题构成与前沿趋势》,《国家教育行政学院学报》第5期,第58~65页。

[20] 袁忠霞,2017,《高中贫困生扶困助学体系及其完善》,《教学与管理》第34期,第25~28页。

[21] 赵昌文、郭晓鸣,2000,《贫困地区扶贫模式:比较与选择》,《中国农村观察》第6期,第65~71页。

[22] 赵卫华,2005,《农村贫困的新特点与扶贫战略的调整》,《吉林广播电视大学学报》第1期,第5~10页。

[23] 〔郑玲,2006,《贫困县域经济发展研究》,云南科技出版社。

[24] 仲明,2005,《扶贫:如何从"输血"走向"造血"》,《江苏农村经济》第3期,第37~38页。

[25] 朱坚真、匡小平,2000,《西部地区扶贫开发的模式转换与重点选择》,《中央民族大学学报》第6期,第35~40页。

[26] 朱德全,2004,《西部贫困地区农村"双证式"教育扶贫模式探索》,《教育研究》第2期,第80~84页。

[27] 〔美〕讷克斯,1966,《不发达国家的资本形成问题》,谨斋译,商务印书馆。

高校社会工作专业对口就业问题研究

——以广州市为例

摆欣悦　宋昭颖　杨钰柳　苏楚琦*

摘　要： 近年来，随着我国社会工作行业的蓬勃发展，行业对专业人才的需求量不断增加，然而高校社工专业毕业生对口就业情况不理想，存在人才输送的缺口。本文以广州市开设社工专业的15所高校以及2所社工机构为分析对象，从高校供给、行业需求和学生主体三个维度，研究高校社工专业对口就业率低这一现象的原因。研究发现，高校专业教育及实习的质量难以形成推力，社工行业的薪资水平、晋升空间和职业化程度难以形成拉力，本文基于此提出相应的改进建议。

关键词： 社会工作　对口就业　高等教育

一　研究背景与问题提出

（一）研究背景

社会工作是一种以利他主义为指导，以科学的知识为基础，运用科学的方法进行的职业性的助人服务活动（王思斌，2004）。作为现代社会服务体系的重要组成部分，专业的社会工作是有效回应社会需求、应对社会问题的重要力量。社会工作在西方发达国家已有超过百年的历史，但直至

---

* 摆欣悦，中山大学政治与公共事务管理学院教育学原理专业2016级硕士研究生；宋昭颖，中山大学政治与公共事务管理学院行政管理专业2016级本科，已被复旦大学与伦敦政治经济学院全球社会政策与公共政策专业录取为2020级硕士研究生；杨钰柳，中山大学政治与公共事务管理学院行政管理专业2016级本科；苏楚琦，中山大学政治与公共事务管理学院行政管理专业2016级本科，已被中山大学政治与公共事务管理学院行政管理专业录取为2020级硕士研究生。

20世纪初才传入中国,90年代以来,"社会工作是一个专业"的观念才逐渐被接受,并涌现出接受专业教育的社会工作者和提供专业服务的机构(王思斌,2004)。近年来,面对低保人群、残疾人口、老年人口等弱势群体的服务需求(张和荣、郭占峰,2015),社会工作受到越来越广泛的关注。2018年《政府工作报告》提出,要"促进社会组织、专业社会工作、志愿服务健康发展",这已经是社会工作连续第四次被写入《政府工作报告》;《社会工作专业人才队伍建设中长期规划(2011—2020年)》中提出,到2020年,我国一线社会工作专业人才总量增加到145万人,然而截至2015年底,我国通过职业水平考试、高校教育和专业培训的社工人才总量不足50万人。

社会服务的提供需要专业的社会工作者,美国社会工作者协会(National Association of Social Workers)将社工界定为毕业于社会工作专业,并运用他们的知识和技巧为案主职业化地提供社会服务的人员,因此专业教育对于培养社工,使其具备专业理论知识与技能至关重要(刘华丽,2004)。1987年国家教委在北京大学等高校试办社会工作与管理专业,培养社会工作人才,我国社会工作专业教育正式起步,迄今为止,全国共有超过200所高校开设社工专业,然而我国高校社工专业却面临对口就业率低的尴尬处境。狭义上讲,社会工作的对口就业指在社工机构里直接提供社会工作服务,广义上社工的对口就业则涵盖第三部门或与第三部门高度相关的政府部门的岗位。即使从宽口径上讲,2007年的统计数据显示,全国高校每年培养的社工专业人才只有不到30%毕业后选择从事社会工作(彭海燕,2007);2012~2013年,上海社会工作专业因连续两年较低的签约率与专业对口率被上海市教委评为年度本科预警专业(张和荣、郭占峰,2015);广东外语外贸大学2014届毕业生仅两人从事社工;2017年广东社工人才缺口超过4万人,仅有1/3社工专业学生有从事社工的意愿(金羊网,2017);本文中的9名社工专业的访谈对象仅有1人不确定是否要进入社工行业,其余全部计划毕业后转专业考研或从事其他行业的工作,上述情况表明不对口就业的问题确实存在。

(二)问题提出

在我国社会工作行业对一线专业人才需求量巨大的背景下,社工专业教育却无法弥补行业的人才输送缺口。对此,我们提出本文的研究问题:

为什么我国高校社工专业存在狭义上对口就业率低的问题,即为什么高校社工专业培养出来的学生没有进入社工机构,在提供社会服务的社工岗位对口就业?从高校社工专业学生对口就业的主体、推力和拉力三个方面,本文提出了三种假设:高校的专业培养存在问题;社工行业的现状阻挠专业学生进入;学生被迫选择专业与自主择业。

二 文献综述

大学生就业问题一直是学界关注的重点,现有的研究视角主要从供给侧和需求侧的视角入手(何发胜,2017),供给侧关注高校"生产的环节"(马廷奇,2013;黎大志、姜新生,2009)和大学毕业生的就业观念与选择(张向前,2005),在需求侧则侧重关注就业市场的需求(马廷奇,2013),并在供需两侧之间搭建桥梁分析其匹配程度。在供给侧方面,高等教育是培育人力资本的重要场所和现代经济增长的重要因素(邸俊鹏、孙百才,2014;许长青,2016)。1999年我国高等教育扩招至今,大学入学率不断提升,但与此同时,高等教育质量颇受学者诟病(王德文,2006;粟多树,2009;陈伟民,2010),如办学质量、师资与教学水平、课程和专业设置等方面都存在不足。

具体到社会工作专业方面,专业社工人才的培养依赖院校的专业教育的实现(刘淑娟、张海娜,2015),我国社工专业起步较晚,现有教育仍然存在诸多问题,导致教育培养出的专业学生不具备社工行业所要求的专业能力,造成对口就业率低。第一,在培养目标上,我国许多高校社工专业的培养目标与管理类学科相似、定位宽泛,不具专业特色性(王瑞华,2005;郑蓉,2010)。课程设置也无法满足社会的需求,从课程类别上看,主干课程过于注重培养通才,与社工的专业化要求脱节,导致学生对专业知识的掌握广而不精(粟志强,2015;阿如汉,2017)。第二,从课程结构上看,社工理论课占据较大的比例而轻视实践与实习的课程培养(慈勤英、赵彬,2013)。作为一门应用型学科,社工专业强调理论在工作中的实践运用,较为成熟的美国高校社工专业就是一种综合实践与理论结合的职业教育(郁建兴,2013),然而我国高校的实习却存在时长不达标、实习工作专业性不足的问题,使实习无法达到预期效果(朱眉华,2000;赵怀娟、林卡,2012;侯利文,2013),社工专业学生实操能力弱。第三,师资力量也是困扰社工专业教育发展的原因,社工专业教师资源相对缺乏,凌文豪、张玲(2014)认为从事教学的老师一般从其他相近学科转来,导致专业性低;师资队伍中拥有专业实务能力的老师不多,社工专业师资也无法逃脱轻实践、重学历的困境(郑蓉,2010)。

在需求侧方面,市场和行业的发育情况也是影响就业问题的重要因素,现有研究发现,社工行业本身发展不充分也影响着对口就业率,导致社工人才流失。学者从不同研究视角指出社工行业面临低薪资和低社会认同的问题,张和荣、郭占峰(2015)从马斯洛需求层次理论的视角分析,认为过低的薪酬水平、工作压力和社会认同导致社会工作无法满足社工的需要,从而产生人才外流严重的现象;徐晓军、孙权(2018)则从"边缘情境"视角分析社工高政治地位和低社会经济地位的巨大落差,社工成为"撕扯情境"中的"边缘人",由此造成人才流失并形成恶性循环。从人力资本投资与回报的角度,人们期望通过对教育的投资带来经济效益和个人收入的提升,而在校大学生往往高估自己的预期收入(曾湘泉,2004;马莉萍、岳昌君,2011),期待获得高回报的工作。除此之外,刘文瑞(2016)认为,不完善的职业晋升体系和有限的晋升空间极大影响工作的稳定性,加之民办社工机构发展水平较低,社工的职业前景不明晰,从而导致从业社工人才流失。

尽管从现有对社工对口就业率低的研究已经归纳出包括学校课程、师资、实习、社工薪资、社会认同在内的诸多原因,但多为理论论述,缺乏实证研究。在高校培养方面,现有研究没有讨论不同层次院校间对口就业率低的差异化原因。在行业困境方面,现有研究主要关注行业状况造成社工人才流失的原因,这些原因是否同样适用于高校社工专业的学生还未进行相关讨论。因此本文在现有文献的基础上,以广州市开设社工专业的高校为例,通过实证研究探讨社工专业对口就业的问题及原因,辅以不同层次高校之间的对比,检验学界现有观点,并寻找现象背后的其他原因,补充现有文献的不足。

三 研究意义及研究方法

(一)研究意义

在理论层面,通过补充实证研究检验现有学者的发现;在行业研究部分,本文将用劳动力市场分割理论分析社工行业的困境对对口就业率造成的不利影响。在实践层面,通过研究寻找高校社工专业教育培养体系和实际社工行业存在的问题,对症下药,完善高校社会工作专业的教育培养模式,并为行业提出有针对性建议,从而提升高校社工人才的培养质量与效果,提升社工专业人才的对口就业率,应对社会服务和对专业社工人才的巨大需求。

(二)研究对象

本文以广州市社工专业学生、开设社工专业的高校和社工行业三个主体为研究对象。广州市社会工作发展势头良好,在财政投入、社会工作专业人才数量、民办社会工作服务机构、专业服务受益人群数量上均位列全国之首,社会工作日渐成为广东社区服务和社会治理的重要专业力量。1999年,华南农业大学在广东省率先开设本科社会工作专业。在政府鼓励引导下,截至本文完稿之时,广州市已有不同层次的14所高校开设本科社工专业,可为研究提供丰富资源。本文将14所高校划分为双一流大学、普通一本、普通二本和专科四个层次,其中普通二本的广东白云学院是唯一开设社工专业的民办院校。在研究发现部分,研究对所有受访者进行匿名化处理。

(三)研究方法

1. 访谈法

本文通过访谈社工专业学生、社工专业教师与系主任、一线社工从业者,获取一手和二手资料,了解专业学生的想法、高校教学的开展和行业的现状,提炼社工专业对口就业的问题及其背后的原因。学生方面,本文具体访谈了广州市6所高校共9名社工专业的学生,其中这6所高校囊括所有大学层次;教师方面,本文联系广州市2所高校系主任与2名教师共4人进行深度访谈;行业方面,本文对越秀区某家综及广州青年地带的负责人与社工进行深度访谈。本文对访谈对象进行匿名编号处理,为方便对文章的理解,对编号方法及院校情况做出说明(见表1)。

表1 访谈对象编码

访谈对象	所属单位编号	单位简介
ST01	S	
ST02	S	教育部直属、双一流、985、211院校
SS01	S	

续表

访谈对象	所属单位编号	单位简介
HT01	H	全国重点大学，省部共建，一本院校
HS01	H	
HS02	H	
BT01	B	民办二本院校
BS01	B	
GS01	G	广东省"211工程"院校，一本院校
GS02	G	
GS03	G	
ZS01	Z	省属二本院校
PS01	P	高职院校
Q机构	—	该机构是共青团参与社会治理创新的品牌项目，由广州市和海珠区两级财政共同出资
J机构	—	为广州市一所家综机构

其中院校名称采用大写字母，学生编码方式为：学校字母+S+访谈顺序，如S大学第一位访谈的学生，其编号为SS01。老师的编码方式与学生相仿，由学校字母+T+访谈顺序构成。因社工机构只有两所，社工机构的编码方式采用机构字母代码，如第一所机构编码为Q。本文在访谈引用内容结尾处标明访谈对象。

2. 二手资料收集法

二手资料收集贯穿始终，研究整理了各高校社工专业设置与培养方案资料、可获得的高校教师资料（8所高校）、应届生起薪和广州市社工行业第一年薪资水平等信息，以用于分析社工专业对口就业存在的问题及原因。

（四）资料分析方法

通过不同高校社工专业情况、学生情况、不同社工机构现状等多方面的对比，分析其中的共性与特殊性，归纳社会工作专业对口就业的普遍问题与成因，以及不同高校和学生之间在对口就业方面的差异。

四 发现与讨论

造成社会工作专业毕业生对口就业率低的原因是多种多样的，但归根结底主要是由供应侧与需求侧共同作用形成的，高校为人才输出的端口，行业为人才接受的端口。因此，本文从这两个方面出发分析社会工作专业毕业生对口就业率低的原因。其中，高校学生是高校向市场输送的产品，因而不能忽视高校学生这一因素。综上，本文从高校层面、行业（市场）层面和学生层面分析社会工作专业毕业生对口就业率低原因。

（一）高校层面

1. 高校专业培养目标与定位不明确

我国《普通高等学校本科专业设置管理规定》明确指出：高校的专业必须"符合学校办学定位和发展规划"。可见专业定位和培养目标牵引人才培养的方向，影响学生择业方向。社会工作专业属于社会学类，应该在《社会学类教学质量国家标准》的基础上，结合学校的定位和基本条件，明确定位，制定专业培养目标。目前广州市开设社工专业的院校覆盖了各个层次与类型，然而在专业培养目标上却出现趋同、错位等现象。根据表2，可以归纳以下特点：第一，一本院校主要倾向于向社工机构、社会组织输送管理型人才和研究人才；第二，专科院校不以技术型人才为培养目标，而向复合型和应用型人才培养转变。

中山大学社会工作专业的培养目标为"从事社会保障、社会政策研究、社会行政管理、社区发展与管理、社会服务、评估与操作等工作的高级专门人才"，大学的社工培养目标与社工人才市场的需求并不完全匹配。

当学校层次下移，尤其以培养技术型人才为目标的专科学校，培养目标逐渐从复合型向应用型人才转变，转而注重社工专业学生在实务、技术能力方面的培养。然而部分学校的培养目标却存在与一线社工人才培养脱节的问题。以广州科技贸易职业学院为例，该校提出："培养具有社会组织运营与管理、社会服务项目申报与管理、社会工作领域工作手法与运用三大社会服务能力的实务型人才，就业岗位面向各类组织的行政助理、人事助理、社工助理、项目策划与执行助理，资格证书包括中级公关员证书、人力资源管理助理证书、秘书、通用管理能力证书。"学校培养的目标的确是实务型人才，然而其重点却不是专业对口的一线社工，而是组织运营管理、行政与人事工作的实用型人才，甚至在资格证书部分完全没提到助理社会工作师、社会工作师等社会工作专业对口的职业水平证书，这种培养目标恐怕会导致在此基础上的课程和教学设置逐渐偏离社会工作，造成培养出来的学生与社工人才市场需求的脱节。

表2 广州部分高校社会工作专业培养目标

学校名称	培养目标
中山大学（985、211）	本专业培养具有基本的社会工作理论和知识，较熟练的社会调查研究技能和社会工作能力，能在民政、劳动、社会保障和卫生部门，及工会、青年、妇女等社会组织及其他社会福利、服务和公益团体等机构从事社会保障、社会政策研究、社会行政管理、社区发展与管理、社会服务、评估与操作等工作的高级专门人才
华南农业大学（普通一本）	培养掌握基本的社会工作理论和知识，较熟练的社会调查研究技能和社会工作能力，能在民政、劳动、社会保障和卫生部门及工会、青年、妇女等社会组织及其他社会福利、服务和公益团体等机构从事社会保障、社会政策研究、社会行政管理、社区发展与管理、社会服务、评估与操作等工作的专门人才
华南师范大学（211）	本专业主要培养具有良好的思想政治素质、扎实的社会工作理论功底、掌握社会工作与社会调查研究技能的应用性专门人才。本专业注重学生学习能力的培养，开设的课程涉及社会学、人口学、政治学、管理学、心理学等学科，能使学生具有较为开阔的理论视野和较为厚实的理论基础。本专业注重学生社会工作能力的培养，通过一系列社会工作实务的训练，让学生掌握社会调查、社会沟通、社区工作、个案工作、社会活动策划等社会工作的基本技能和主要方法。本专业重视学生专业精神的熏陶，让学生有志于从事社会工作。本专业学生毕业以后，适合在民政、劳动与社会保障、城市管理等行政机关和工会、共青团、妇联、公益团体等社会组织以及企事业单位从事社会管理、社会政策研究和社会咨询服务等工作
广东外语外贸大学（普通一本）	社会工作专业的主要培养方向为社会政策与社会工作。以培养适应中国社会发展需要、能解决社会服务过程中面临的问题，特别是解决南中国地区复杂经济、社会和文化环境中的社会问题的社会工作专业人才为目标，培养具有基本的社会工作理论和知识，较熟练的社会调查研究技能和社会工作专业能力，秉持社会工作的价值理念，能从事与社会建设、社会福利与政策、社会行政管理、社会服务、项目管理与评估、社会发展事务等相关领域工作的高级复合型、应用型人才
广东工业大学（普通一本）	本专业紧密结合广东经济社会发展对社会工作专业人才的需要，培养具有高度社会责任感和以人为本、助人自助、公平正义的专业伦理，掌握社会工作理论和方法、深谙国际国内社会政策，熟悉社会公益项目和组织管理，与理工和人文有机结合，乐于创新，善于实操，能独立进行社会工作服务、管理、督导、政策制定等工作的，适应现代社会工作体系建设需要的高素质、复合型、应用型专门人才

续表

学校名称	培养目标
广东财经大学（二本）	本专业培养具有社会科学知识背景，熟知国家社会政策法规，认同社会工作价值伦理，掌握社会工作理论、知识、方法和技能技巧，胜任政府部门、社团、企业、社区、学校、医院的专业社会服务及服务管理工作的应用型专门人才
广东药科大学（二本）	本专业培养面向民政、教育、卫生、劳动与社会保障、工青妇组织、企事业单位、福利慈善组织、社会公益团体等机构，具备医药卫生专业知识背景，具有基本的社会工作理论和知识、较熟练的社会调查研究技能和社会工作能力，能从事社会保障、社会政策研究、社会行政管理、社区发展与管理、社会矫正、社会管理等社会工作的应用型创新性人才
广东白云学院（二本）	培养德、智、体、美全面发展，具有社会工作专业良好的综合素质和创新创业意识，掌握社会工作专业基础理论、基本知识和基本技能，具备助理社会工作师职业能力和水平，熟练掌握社会工作调查研究方法和个案、小组、社区三大工作方法，具有较强的分析与解决社会工作实际问题的能力的应用型本科人才
仲恺农业工程学院（二本）	以社会工作课程为主体，以人文与艺术课程为双翼的培养模式，培养具备"以人为本、助人自助、公平公正"的专业价值观，具有扎实的理论基础、熟练的社会工作方法，同时具有良好的人文素养，较强的人际沟通能力和组织协调能力的应用型社会工作专业人才
广州科技贸易职业学院（专科）	培养具有社会组织运营与管理、社会服务项目申报与管理、社会工作领域工作手法与运用三大社会服务能力的实务型人才，就业岗位面向各类组织的行政助理、人事助理、社工助理、项目策划与执行助理
广东南华工商职业学院（专科）	本专业面向社会管理与服务行业，与十余家社工机构、政府机构有长期良好合作关系，推荐实习就业 初次就业：街道办事处、社区政务服务中心、社区家庭综合服务中心、企业社工以及其他社工机构一线社工、主任助理、行政助理、办公室文员等
广州番禺职业技术学院（专科）	社工专业学生知识面广，组织能力、社交能力和社会活动能力强，专业教师教学特色鲜明，教学重实际运用，重能力培养，力争把学生培养成具有"综合素质+一技之长"的高级技能型人才
广东科学技术职业学院（专科）	培养熟练掌握社会工作基本理论和知识，具有社会工作基本专业技能和社会工作实务能力，拥有良好职业道德、敬业精神和健康的身心素质，适应专业社工组织、企事业单位、街道社区及其他社会福利、服务公益团体等机构的管理和服务第一线需要的高素质技能型专门人才

续表

学校名称	培养目标
广东青年职业学院（专科）	培养以人为本、助人自助、公平正义的专业价值观，掌握社会工作基本知识与技能，面向社会服务领域，具备创新意识和实践能力，能够结合时代要求、社会现状、社会群体需要，特别是青少年群体的需要，独立开展专业服务的高级技术技能人才。

注：广东省于2018年取消了一本与二本招生划分（统称普通本科），但表中所列二本院校在其他省份仍属于二本范围。

资料来源：各学校官网。

2. 专业与院系设置杂乱

由于社工专业起步较晚，我国社工专业没有取得独立的学术地位。依据《普通高等学校本科专业目录和专业介绍（2012年）》，本科社会工作专业授予法学学士学位，一级学科为社会学类。通常情况下，社会工作专业附属于社会学或公共管理相关院系。从学科专业性的角度，同一学院下的专业设置应当相互关联，不同专业之间的资源能够相互补充与支持，恰当的专业与院系设置能够为社工专业提供相关学科的支撑。

在广州市开设社工专业的15所高校中，根据学校侧重点不同，社工专业主要被放在与社会学、管理学相关的院系中。例如中山大学将社工专业设置在社会学与人类学学院，师资与社会学、人类学、考古学和民族学共享；广东外语外贸大学将社工专业设置在社会与公共管理学院，师资与行政管理、应用心理学、公共事业管理、公共关系学共享。然而在部分学校里，社会工作被设置在毫不相关的学院中，二本和专科院校在专业与院系设置上的问题尤甚。如表3所示，社工专业同院系其他专业多为相关度低的传媒类和商科类专业，学院的定位和社会工作专业严重不相符，同院其他专业的资源难以为社会工作的专业人才培养提供帮助，甚至与社会工作助人的价值观背道而驰。

表3 部分学校社会工作专业的学院系设置及同院系其他专业

学校名称	设置院系	同院系其他专业
广东财经大学	人文与传播学院	汉语言文学（商务文秘、创意写作方向）、编辑出版学、社会学、应用心理学、新闻学（财经新闻、政法新闻、全媒体传播方向）、广播电视编导、播音与主持艺术

续表

学校名称	设置院系	同院系其他专业
广东药科大学	医药商学院	市场营销、公共事业管理、人力资源管理、电子商务、物流管理、国际经济与贸易、保险、经济学
广州科技贸易职业学院	管理学院	工商管理、物流管理、电子商务
广州番禺职业技术学院	人文社科学院	酒店管理、旅游管理
广东科学技术职业学院	文化与传媒学院	网络新闻与传播、人力资源管理、行政管理、文秘（商务方向，法务方向）
广东南华工商职业学院	应用法学与公共事业学院	法律事务、人力资源管理、行政管理、文秘

资料来源：各学校官网。

3. 师资队伍不健全，教学过于强调理论

中国社会工作专业的发展历史较短，2009年广东省实施政府购买社工服务后，广东高校才陆续增设社工专业。从专业发展来看，社工专业缺乏必要的基础，师资数量和质量与实际工作需求不匹配，高校普遍存在重理论轻实践的问题，影响了专业社工人才的培养。

在师资数量上，社工专业能够开展专业课程教学的老师数量不足，除中山大学和华南农业大学外，各高校社会工作的老师数量均停留在个位数。在同院系其他专业的师资资源难以为社工专业所用的情况下，部分老师不得不身兼多门课程的教学任务，授课老师无法保证所有课程的教学质量，这直接影响了学生专业知识的输入。

在师资质量上，社会工作应用性强的性质与高校现有招聘与晋升体系间存在张力。高校普遍设有学历与科研成果的硬性门槛，社会工作的实务倾向与之产生矛盾，实践经验丰富、实务能力强但学历与科研成果未达标的应聘者被拦在门外。笔者查阅了近期发布社工专业老师招聘信息的8所高校，其中7所本科院校在应聘者学历上设置了博士研究生的要求（见表4）。整理6所高校官网的师资信息后，可获得数据的74位教师中有52位拥有博士学历、21位拥有硕士学历、1位拥有本科学历，博士学历占比为70.27%。博士生培养以学术研究为导向，偏重学科理论与科研，更多的实践与精力被分配在学术研究上，与以实务为导向的社会工作专业硕士（MSW）不同，社会工作博士大多缺乏一线实务的经

历，在提供课堂案例与讲解社工专业技能时无法有效地传授实用知识。又因教师职称晋升与科研成果直接挂钩，相比教学活动与一线实务，教师更愿意将重心放在科研学术上，课堂教学的质量尤其是涉及实操经验的内容无法兼顾。

表4 部分院校教师招聘

学校名称	招聘职位	学历要求	备注
中山大学	教授、副教授	博士	对选择"理论创新研究"类别的申请人，其代表性学术成果应以高水平学术论著为主（如主持过1项及以上省部级科研项目、ESI高引用论文或热点论文等）；对选择"技术、应用与工程研究"类别的申请人类别的申请人，其代表性学术成果应以决策研究及其应用成果为主
华南农业大学	—	博士	—
华南师范大学	—	博士	—
广东外语外贸大学	—	博士	副教授及以上职称优先
广东药科大学	—	博士	—
广东白云学院	—	博士	企业、行业相关工作经验优先；只需满足博士研究生或副高级以上职称任意一项
仲恺农业工程学院	—	博士	"仲恺农业工程学院百名博士招聘计划"招聘要求
广东南华工商职业学院	—	硕士或具有副高以上职称的本科学士	有社工机构工作经验者优先

资料来源：各学校官网。

师资队伍的数量与构成直接影响授课的具体内容，目前各高校社工专业课普遍存在"重理论轻实践"的问题。由于老师缺乏一线社工的服务经验，课堂内容通常过于理论化而与实际服务相脱离。即便是一部分具有实践经验的专业老师也主要担任社工机构的评估者或督导，而非接触案主的一线社工，课堂案例大多从评估的角度展开，与社工学生期望得到的专业实务知识与经验背道而驰,也偏离行业对提供服务的一线社工的需求。

> 从专业需求来讲对老师的实操经验是有要求的,但是现在所有高校在招老师的时候都有门槛,要博士,还会注重他之前的科研成果,有很强实务能力的人按照这两条标准是进不来的。哪怕博士读的是社会工作方向的,他都是偏社会工作研究,而不是社会工作实务。(HT01)

4. 实习时间短,无法接触核心工作

作为一门实务型学科,实践是培养专业学生实务能力不可或缺的环节,国际社会工作教育协会为发达国家和地区制定了高校社工专业实习时长不少于800小时的标准,美国、中国台湾等国家和地区的社工专业实习还具体划分为暑期实习和学期中实习,并分散在大三和大四阶段渐进地开展。我国教育部高教司颁布的《普通高等学校本科专业目录和专业介绍(2012年)》要求本科社会工作专业的实习时间为14~16周,然而,在实际培养过程中,高校并不能保证将实习时数落实到位,存在开课与实习时间冲突、实习时长向课程需求妥协等现象。

> 学分不够的情况下大四必须上课,今年暑假只有6周,最后协调是我们在开学之前结束实习就可以了,无论做多少小时都算作符合时长要求。我们全都进入农村,按照一天24小时来计算时数,6周没有休息就够,帮我们解释和隐瞒这个实习时数。(SS01)

保证时长是实习取得成效的基础,但实习质量更受具体实习内容的影响,受限于社工机构质量的参差不齐和社工工作专业性的考量,社工学生实习内容的选择有限,通常难以达到预期效果。一方面,社工机构往往出于案主安全和政府购买服务要求的考虑,避免分配专业社工服务给实习生,实习生多从事日常行政工作和文书工作。繁重的行政和文书工作无法让学生体验真实复杂的服务处境而掌握具体实际的服务技巧,实习中体验到的社会工作内容与高校课堂上老师传授的社会工作理想存在差距,引起学生对行业不满。另一方面,社工机构参差不齐,难以为学生的实习提供有效的指导。即使一线社工有娴熟的服务技能,其工作内容仍需以案主为

先，部分机构的社工很难以学生为主，为学生提供及时有效指导和评估，事后评价的方式无法在实习工作开展之前和进行时为学生提供足够帮助来保证为案主服务的效果。

> 老师说我们还是学生，没有一线的经验，如果贸然接触案主，处理不好的话影响就会很严重，尽量不要伤害案主，等真正有能力接收一个服务对象的时候再去。(BS01)

> 我们去实习过，就觉得做的东西很琐碎……家综的实习就是叫你一直打电脑，文书工作很多，你是学习不到东西的……很多人去实习做事都是很认真的，但关键就在于社工机构不怎么让你碰到真正核心的工作。(GS01)

(二) 行业（市场）层面

1. 薪资水平低，晋升受限

目前，社会工作从业人员的收入低、晋升空间小，影响了社工专业毕业生的职业选择。一方面，社工行业难以吸引新的人才加入，高校毕业生极易因社工行业的低薪而降低进入该行业的意愿；另一方面，低廉的薪酬难以留住在职的人才，即使有情怀的短暂支撑，也难以长期接受低薪现实，很容易出现社工人才的外流，导致社会工作人才队伍难以稳定。

社会工作从业者的薪资水平与社会工作证的等级密切相关，是否可以参加考试受到专业、工龄、学历条件的限制。2006年发布的《社会工作者职业水平评价暂行规定》规定，社会工作专业本科应届毕业生有资格报名助理社会工作师考试；取得社会工作专业大学本科学历，从事社会工作满3年可以报名社会工作师考试；取得社会工作专业大专学历，从事社会工作满2年可报名助理社会工作师考试。《广州市社会工作专业岗位设置及社会工作专业人员薪酬待遇实施办法（试行）》允许各社会工作服务机构，在办法附件中的社会工作专业人员薪酬指导价位（见表5）标准上，根据机构自身的情况对薪酬进行调整。社会工作专业本科应届生考取二级助理社会工作师后每月工资最低标准应为3500元①。针对实际薪酬，本文整理了2017年广州市社会工作协会官网上发布的所有社工机构的招聘信息，根

---

① 本文中的薪资水平全部为税前收入。

据各机构的一线社工薪资范围分别计算总体薪资最低值、中间值、最高值三者的平均值,得出一线社工平均工资最低为3513.02元/月,中间值为4021.63元/月,最高为4546.83元/月。考虑到应届毕业生初入社工行业,具体薪资受工作年限、证书等级水平、相关服务经验的限制,本文最终选取3513.02元/月作为2017年社会工作专业本科应届毕业生从事社会工作的起薪,并与高校2017届应届本科毕业生平均起薪进行对比。而社会工作专业大专毕业生因没有两年的社会工作经历无法考取社会工作证书,则被聘为社会工作员,参照社会工作专业人员薪酬指导价位,每月工资为3000元。

表5 广州市2010年公益服务性社会组织社会工作专业人员薪酬指导价位

职位名称		平均薪酬(元/月)	备注
高级	待定	待定	1. 以上薪酬指导价适用于公益服务性社会组织社会工作专业人员,包含个人缴纳的社会保险费用、个人缴纳的住房公积金和个人所得税 2. 由市人力资源和社会保障局会同市民政局、市财政局,根据我市经济社会发展水平,适时对薪酬指导价位进行调整
中级	社会工作师一级	6500	
	社会工作师二级	5700	
	社会工作师三级	5000	
助理级	助理社会工作师一级	4000	
	助理社会工作师二级	3500	
员级	社会工作员	3000	
试用期/见习期	博士研究生	4200	
	硕士研究生	3690	
	双学士班、研究生毕业(没有硕士学位)	3320	
	本科毕业	2800	
	专科毕业	2300	

资料来源:《广州市社会工作专业岗位设置及社会工作专业人员薪酬待遇实施办法(试行)》,广州市民政局、广州市人力资源和社会保障局、广州市编委办,2010年8月1日。

在高校应届生起薪方面,广州市2016~2018年应届生平均起薪为4162元、4452元和5525元(见图1);具体分学校层次看,本文整理了广州市开设社工专业的15所高校2017届毕业生起薪(见图2)。

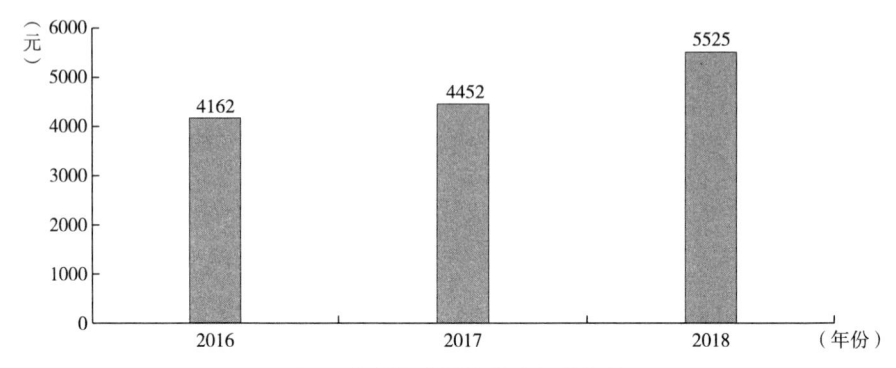

理解民生：社会政策调查报告选集（2019）

图 1　广州市应届毕业生平均起薪

资料来源：2016 年广州市应届生起薪数据源自《广州：2016 应届生平均起薪 4162 元不敢跳槽不敢恋爱》，《新快报》2016 年 10 月 18 日；2017 年广州市应届生起薪数据源自《前程无忧联合应届生求职网发布〈2017 应届生调研报告〉》，2017 年 5 月 9 日；2018 年广州市应届生起薪数据源自《2018 届毕业生薪资大曝光，你拖后腿了吗?》，2018 年 6 月 19 日。

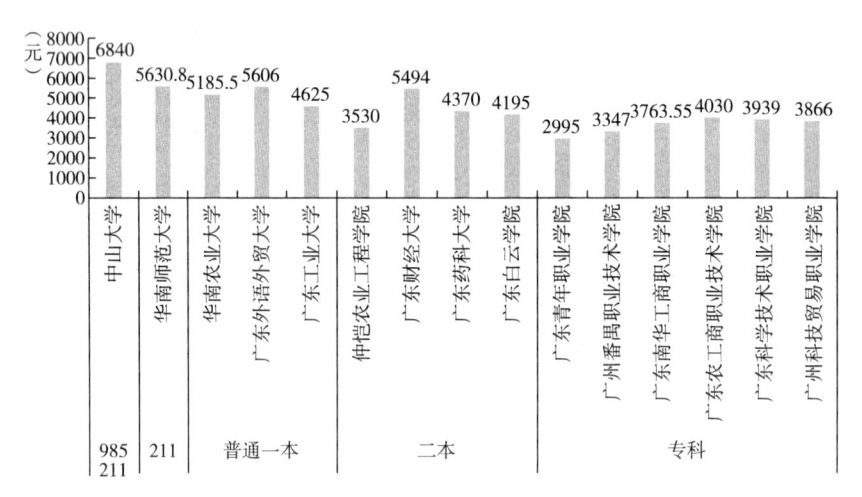

图 2　广州市各高校 2017 届毕业生起薪

注：中山大学 2017 年就业质量报告未给出应届生起薪，资料来源于招聘网站《2018 年高校应届毕业生起薪排名》；华南师范大学、华南农业大学、广东南华工商职业学院未公布应届生平均起薪而只公布起薪范围，此处应届生平均起薪是根据三所学校应届生起薪的范围及所占比重，使用加权平均数的算法得出的。

资料来源：广州市开设社会工作专业的各高校《2017 届毕业生就业质量报告》。

对比广州市不同层次的院校应届生起薪与社会工作者第一年工资，不论是 985、211、普通一本还是二本院校，社工专业本科应届毕业生考证后被聘用为助理社会工作师的 3513.02 元/月的工资均低于这些院校应届毕业生的平均起薪。就读学校层次越高，应届生平均起薪与社工行业起薪差距越大，其中差距在 2000 元以上的有 3 所，在 1500 元以上的有 5 所，在 1000 元以上的有 6 所。对于毕业时无法考证的专科学生而言，社工专业专科应届毕业生转正被聘为社会工作员的 3000 元/月的工资低于广州市开设社会工作专业的 6 所专科院校中的 5 所院校的应届生平均起薪，只略高于 1 所应届生平均起薪为 2995 元/月的专科院校，其余的专科院校应届生平均起薪与社工行业起薪的差距主要集中在 700~1100 元。与专科相比，社工行业起薪与本科层次院校的差距更大。访谈中，多数学生对社工行业的工资期望普遍高于社工行业目前的实际工资，社工行业"工资低""冷门又没钱""涨薪的机会不多"等关键词频繁出现在访谈中。

一般来说，行业入门薪资过低的问题本可以被晋升及其带来的丰厚回报所抵消，良好的薪资增长和职业发展前景可以推动学生选择该行业。然而，现实中社工的晋升回报与个人职业发展前景却并没能扭转入门薪资过低的困局。

一方面，社工晋升空间小、难度大。社工的晋升渠道分为职业资格晋升、专业管理晋升、行政管理晋升三种（李昀鋆，2014），正常情况下，晋升应该是社工人才进入社工行业后积累经验、考取证书、提高工作绩效和积极性的重要激励手段，但是由于国内社工机构相较于政府组织和企业，其管理结构相对扁平化，社工的职业晋升在很多方面缺乏吸引力。

社工机构有限的层级和管理岗位无法满足内部所有人才晋升的需求，除此之外，有限的晋升还受到证书等级、专业、工龄、学历方面的限制，尤其是职业资格晋升，既对工龄有严格要求，二级助理社会工作师晋升为一级助理社会工作师的工作时间要求不低于 2 年，社会工作师的晋升对于工作时间的要求每级原则上不低于 3 年，又需要社工在繁忙工作之外投入时间备考。

另一方面，社工的晋升并不能带来个人薪资的显著提高，晋升的回报小。即使通过投入大量时间成本去备考，顺利考取等级证书，实现了岗位晋升，社工的工资涨幅也不明显，员级、助理级、中级、高级之间的工资涨幅为 500 元、700 元、800 元、1000 元，最高涨幅为 1000 元。

> 主要是社工没有晋升，没有涨的空间。其实它刚开始的工资和大家的专业没有差很多，都是三四千元这个样子，但是它就停在那里不动了。（Q 机构负责人）

> 对个人的成长来说，社工没有晋升机制，有的虽然有晋升机制，但晋升机制会什么样子？可能你在华润做了几年，你工资涨了一倍，但是你在社工机构，工资涨了一千元。这就是社工的晋升，而且从一线到主任，晋升就没了。（GS01）

出于对投入成本与回报的考虑，高校应届生对未来从事工作的工资与晋升怀有高期待，然而社工行业的起薪甚至无法达到各高校平均起薪标准，后续晋升空间不足、晋升回报低，社工行业实际与学生期望之间存在落差，导致行业对专业对口的学生吸引力不足，无法成为他们的主流职业选择。

可以从政府购买服务的角度出发进一步理解社会工作行业薪资与晋升的困境。在我国，大部分社工机构的主要经费来源是政府购买，政府的项目经费数额在很长一段时间内得不到调整，项目经费每年甚至几年以固定的数额拨下来，除去项目开展和机构运行的费用，机构每年按照固定比例发放社工工资，使得他们的薪资水平有限且涨幅空间不大。广州市社工服务站（家庭综合服务中心）目前每年的项目经费由200万元调整到240万元，在支付项目活动等必要支出后，人员支出经费比例不低于总额的65%，倘若政府购买的项目经费总额不能随年份上调，机构人员的工资将始终维持在一个较低水平。

> 晋升可能性如果是阶梯级的话是上升的，我觉得上升可以是环向的或者是纵向的，可能有一个交叉点，其实我们现在也探索，但工资这方面是没办法的，因为我们中的标有60%用于工资的支出，是死的，很难提升他们的工资水平。（Q机构负责人）

> 你要想它的工资来自哪里，就来自固定的数字，你再怎么努力，政府每年就固定给你这么多钱，这里面就包括了给我们社工公司的钱，而且机构在制订年度计划的时候，要严格控制你机构人员的工资，超过了以后，审核人员就会觉得你没有钱去做活动。（Q机构负责人）

在政府购买的经费标准下，社工行业低薪资水平和黯淡的晋升前景导致学生在面临社工职业选择时望而却步，高校学生对收入与职业发展的追求和社工行业晋升的现实之间产生冲突，最终导致专业学生不愿进入社工行业。

2. 服务对象复杂，易与政府的工作理念产生矛盾

社工工作付出与回报不对等的现象较为突出。如上文所述，社工薪资低、晋升难度大、晋升回报少，但同时社工工作难度高、与政府关系复杂，通过实习等途径接触和了解社工行业后，学生容易对从事社会工作产生抗拒心理。

社工机构在实际服务过程中面对的服务对象构成复杂，往往增加了工作难度。在家庭综合服务中心，这种现象更为突出，社工的服务领域按对象划分包括青少年领域、家庭领域、长者领域和残康领域。不同服务领域需要社工提供的服务各不相同，如家庭领域的反家暴服务、长者领域的居家养老服务，在实际工作中社工需要针对不同领域开展不同活动、链接不同资源。

社会工作具有高度专业性。社工服务对象往往是需要帮助的弱势群体，亟待解决的问题可能棘手复杂，社工的一举一动都会给案主带来重大影响。因此社会工作要求社工投入巨大的精力和判断力，密切关注服务对象的任何细微变化，看似无伤大雅的判断错误可能带来无法挽回的损失，这也给社工带来了较大心理压力，工作难度较大：

> （我实习）面向的是青少年领域，做好对一个青少年的服务可能真的是救了他一辈子，他就不会进入犯罪这条路。(SS01)
>
> 有个人想自杀，我学姐因为太忙了没有注意到，最后这个人真的自杀了。这让她一辈子心里都有疙瘩，不会再接触社工行业……可能我的一个行动会影响案主的一生，可能改变他的人生轨迹，所以我需要很强的专业性。(HS01)

第三部门与政府不同的行事逻辑与价值导向影响了社工工作的开展。即便如此，社工机构需要与政府保持良好的合作关系，接受政府监管。

> 家综要面临很多条条框框的管理，各个部门都对我们有要求，我们的工作非常细，非常杂，工作开展起来有困难。(J机构社工)
>
> 一个7岁的小孩受到刑事伤害，家庭背景很复杂，家庭成员中有违法犯罪人员，当我们和检察院、公安合作的时候，他们想到的是怎样让这个家庭不出人命，他们在做这个家庭的工作时会很抽象地说

"你要怎样，不能怎样，一定要怎样，你不能这样，你再这样我就怎样……"，他们就是这样的解决模式，可以理解他们这样的行为。在这个过程中，我们会调整他们的期望，让他们去理解这个家庭，理解这个家庭现在所处的困难，理解这个家庭现在所处的情绪，同时让他们看到这个家庭做了多少努力，慢慢就会改变他们的一些想法。（Q机构社工）

社工机构尤其是家综需要接受各政府部门的管理，同时还需为服务对象链接行政资源、处理问题。社工更多从微观的角度具体思考问题，专注于案主个人利益；公权力部门则从更为宏观的角度看待整个事件，综合考虑各方需要，特别是将社会稳定放在首位。两者不同的行事逻辑与工作理念必然会发生摩擦，如何协调双方的观念矛盾没有一个固定的章程，只能借由互相理解和妥协达到一个相对平衡的状态。在这一过程中社工需要付出更多努力与公权力部门达成共识，工作难度较大。

3. 社会工作职业化水平不高

广州市社会工作从 2007 年开始起步。2007 年，由广州市委组织部牵头开展的一系列调查研究工作使政府得以掌握广州社会工作发展的基础情况。2008 年，政府购买社会工作服务试点项目的启动，标志着广州社会工作进入党委、政府主导推动的试点探索阶段。次年，社会工作经费纳入公共财政预算范围，当年广州投入 2344 万元开展 33 个社会工作试点项目。2010 年，社会工作系列政策制度出台实施，广州市社会工作发展进入全面推进阶段。政府在社会工作职业化进程中发挥了强力推动作用，但这种运动式发展的方式存在降低职业标准的风险（林卡，2009）。

在政府的大力扶持下，一大批社会工作服务机构应运而生（见图 3、图 4），但相应的人才培养体系并未及时为新生的社工机构提供充足人才。市场对社会工作专业人才的需求经过一段时间方能反馈到进行人才培养的高等院校，即便高等院校立即调整新生培养方案，也需要经过四年，才能为市场输送专业人才。从市场到高等院校再到教育的产出，该过程存在一定滞后性。社工机构无法招募到相关的专业人才，只能降低应聘门槛。在这段时间内，社工就业市场的空白由没有接受过完整社工专业教育的人员填补，名义上社工工作人员需要持有社工证，实际上"先工作，再考证"是被默许的。整个社工就业市场虽逐步扩大，但充斥着非专业的人员。

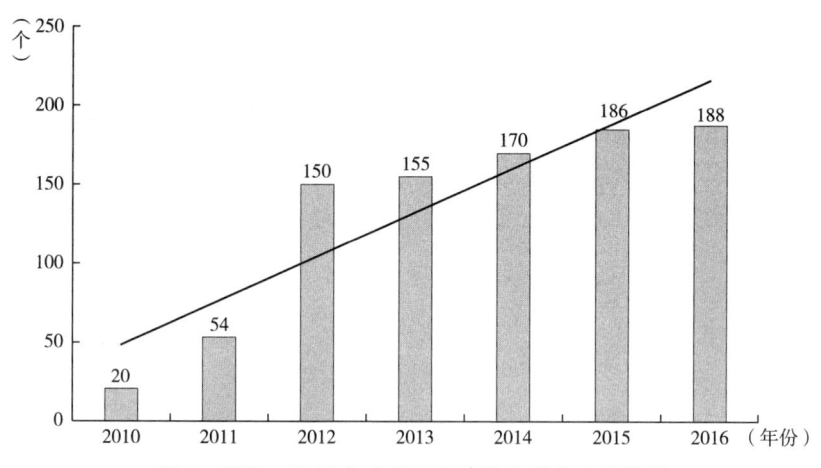

图3 2010~2016年广州市家庭综合服务中心数量

注：图中斜线为趋势线。
资料来源：《广州市社会工作十年发展报告》，2016年全国社会工作推进会议交流材料。

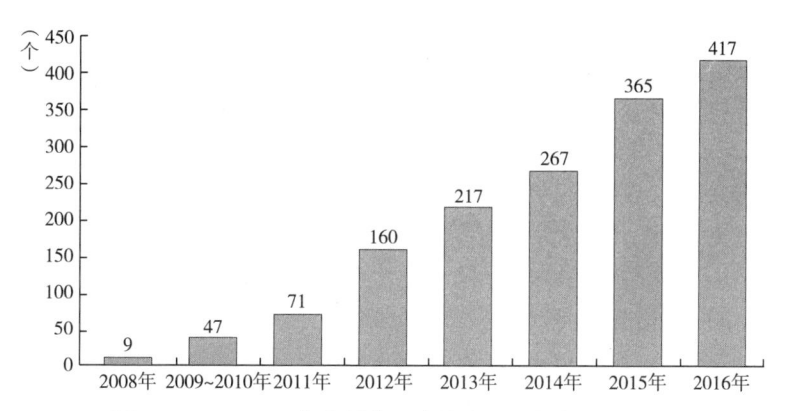

图4 2008~2016年广州市民办社会工作服务机构数量

资料来源：《广州市社会工作十年发展报告》，2016年全国社会工作推进会议交流材料。

只要你对社会工作有热忱，想了解社会工作服务机构，基本上都可以参加考试，审核机制是非常不严谨的。虽然说本科毕业之后可以考初级证，或者读完专科需要从事三年社工工作才能考这个证，但是在实际操作中，因为行业希望能够快速发展、快速考试，就会导致很多从事居委会工作或者有一点点社会工作经验的人开一个证明就可以去考试了。(Q机构社工)

从人力资本投资与回报的角度来看，接受过高等教育的求职者难以接受自己付出了高昂的教育成本，却与其他非专业学历的竞争者一样从社工行业的底层做起，获得相近的薪水。社工专业出身的学生投入了更多的教育成本，但进入就业市场后与非专业人员起点相同、薪资相近（甚至因受限于经验不足薪资反而更低），因而选择转向薪资、晋升等条件更吸引人的行业。

（三）学生层面

一方面，选择社会工作专业进行学习并不是所有学生自愿选择的结果，访谈的 6 所高校除 B 学校学生外，其他高校社工专业的学生被迫进入社工专业的人数均超过一半，其中因调剂而被迫进入的情况占多数：

> 我是调剂的，当初完全不知道有社工专业，感觉跟义工、志愿者差不多。（GS01）

> 没想到被调剂了，毫无心理准备当了一个社工专业的学生。我知道被调剂到这个专业后有去网上查一些人的说法，以了解这个专业是干什么的，本来预期就不太好，看了之后心情更不好了，因为网上各种言论都是转专业、复读，想法已经不是我怎么去读好这个专业，而是我怎么去争取转专业。（ZS01）

学生高考分数虽达到学校录取分数线，却未能进入心仪的专业，而被分配到主动选择人数较少的社会工作专业。这些被调剂进入社会工作专业的学生对社会工作专业并无多少认知与学习的热情，甚至在进入专业前将社工理解为志愿者和义工，本身对社会工作就存在一定抵触心理，从而无法在大学中专注于对社会工作知识的学习，而是为自己另谋出路。

另一方面，四年的专业教育未能成功改变部分学生进入专业之初的消极想法，不合理的专业设置和课程安排，在数量和质量上没能满足课程教学需要的专业老师，不尽如人意的实习体验，都无法满足学生对社会工作这一专业和职业的期待，学生容易对社会工作产生应付了事、避而远之的心理，在就业时更倾向于转换专业方向。

五 提高社工专业学生对口就业率的建议

(一) 增加对政府购买的财政支持，鼓励社工机构建立多样化资金来源

增加政府购买服务的财政经费支持，提高社会工作者的薪资水平和职业晋升带来的回报，吸引专业对口学生选择社会工作行业。目前，广东省社工机构的经费来源主要是政府购买社工服务所得，其经费总额在很长一段时间内难以实现上调，导致社工行业的薪资水平有限且涨幅空间小，无法吸引优秀人才。因此，政府应当完善人才激励机制，建立专项培育基金，并通过政府购买社会服务的制度设计对民办机构进行绩效评估，根据评估结果进行不同程度的补助。同时可对从事社会工作的应届毕业生给予优惠补贴，例如住房补贴、专业人才引进补贴等。

政府应当鼓励社工机构建立多样化的经费来源，改变单纯依赖政府财政的发展方式，促进社工机构自身发展。政府购买的形式短期内有助于促进社会工作行业的发展，但也会造成社工机构在发展过程中过于依赖政府财政，政府可以搭建平台，鼓励企业、基金会等社会资源与社工机构合作，例如Q机构通过与慈善会等组织合作，在争取到额外收入的同时，也提升了员工的专业技能。

> 机构也想了很多策略去提升员工的福利水平，包括会做一些小型项目，有一些项目是慈善会或者民政部门推出的，比如我们现在申请到一笔资金做散居孤儿的，这笔资金可能来自民政局等政府机关，其实很难用于人员补贴的增加，如果我们项目的资金来源于基金会或其他的一些企业、组织，我们就可以在这些里面申请给员工一些额外补贴，那在参与这个服务中，员工每个月可以拿到200~800元的补贴，一来可以提升员工的工资水平，二来员工可以参与其中，也会有专业的导师进行培训。在他们掌握这个技能的过程中，机构也很希望员工可以跟业界有更多的交流、培训的机会。(Q机构负责人)

(二) 完善社工职业水平评价制度与行业准入门槛，提升社工职业化水平

加强社工职业体系建设，对行业尤其是从业人员的监管应当规范

化,完善社工职业水平评价制度和提高行业准入门槛,从资格审查到考试再到等级上岗形成体系化管理,定期审核,配备专业督导,提高从业人员职业化水平与服务质量,机构定期进行服务全过程的评估,通过完善的行业管理与评价体系提高社工行业的整体质量,吸引专业学生选择社工。目前虽有"中国社工看广州"的行业认可,但是广东省各个区域发展不平衡,在社会工作服务时间、服务数量、服务内容、服务质量等方面缺乏基础标准,导致机构发展差异大,质量参差不齐,政府购买社工服务的效果存在差异。因此政府部门应该在招投标管理、预算监督、专业服务指标设计等方面完善制度,同时也要完善社工机构的第三方评估体系。

(三) 加强高校专业建设,提升专业教学质量

1. 根据学科特点完善高校评估机制

高校评估除关注高校整体办学实力和科研水平外,应当根据不同学科、不同层次院校的特点完善评估体系。在评估指标的设计和评估方法的选择上,需要依照社工专业应用性强的特点,给予教师一线实务教学和专业学生专业实习足够比重,以激发其对专业学生实践能力的培养。

2. 高校依照自身层次与特色确定人才培养方向

不同层次的高校应该明确自身定位和培养责任,制定符合专业社工培养方向又具有差异化的人才培养目标与体系,积极且及时回应市场的人才需求。专科和二本院校应当注重培养一线社工人才的实践技能,一本院校的重心则应放在科研学术型社会工作和社会服务人才的培养上。

3. 注重对实务教师的引进与培养,修订高校教师考核标准

为提高课堂教学质量,培养专业学生对口的实操能力,高校应该在国家评估体系的基础上引进和培养具有一线实务能力的社工专业出身的老师,在理论知识的基础上教授社工服务所需的实践知识。高校的教师评估与晋升体系应当提高教学质量与学生评价的比重,保证教学质量和实践技能的传递,让社工学生真正具备从事社工行业的能力。

4. 积极与社工机构联系,开展多样化的实习

高校应该积极与社工机构进行联系,在编制内师资缺乏一线实践经验的问题短期内无法得到解决的情况下,定期请一线社工进行授课。同时开展多样化的实习,为社工给学生日后面临多样化的服务对象打下基础,让

学生在实习中提升服务能力。

（四）提升学生的专业素养，增强专业认同感

学生选择专业时应该更全面地了解专业情况，明确自己的兴趣，规划未来职业方向。高校和第三方报考指导机构应为学生提供尽可能真实全面的报考信息，利用广州市社会工作协会网站和学院官网等平台将行业发展情况和开设社工专业高校的有关信息向社会公开，为学生和家长在报考时提供参考。

同时，高校应当引导学生客观看待我国社会工作行业的发展情况，在社会工作嵌入传统体制的过程中，有一个从稚嫩到成熟、被现有行政体制所吸纳的过程。对于社会工作专业而言，国内起步较晚，发展环境尚不成熟，理论和实践都相对薄弱，但社工专业的学生应当结合国内外的发展趋势看待社会工作。在我国，社会工作的发展符合时代需求，可以解决各类社会问题并推动社会治理发展，国家应倡导对社工专业人才的培养。学生应在努力夯实基础、提高专业技能的同时，在向案主提供服务的实践中提高专业认同感。

参考文献

[1] 阿如汉，2017，《高校社会工作专业本科毕业生就业状况研究——以内蒙古S大学为例》，内蒙古师范大学硕士学位论文。

[2] 陈伟民，2010，《高校扩招：一把"双刃剑"——我国高校扩招10年回顾与认识》，《广东工业大学学报》（社会科学版）第3期，第13~16页。

[3] 慈勤英、赵彬，2013，《基于学生需求的社会工作专业课程设置研究——以武汉大学社会工作专业为例》，《社会工作》第6期，第28~34页。

[4] 邸俊鹏、孙百才，2014，《高等教育对经济增长的影响——基于分专业视角的实证分析》，《教育研究》第9期，第39~46页。

[5] 何发胜，2017，《经济新常态下大学生就业面临的挑战与应对策略研究》，《中国大学生就业》第22期，第57~61页。

[6] 侯利文，2013，《社会工作人才培养模式研究——基于社会需求的视角》，《学理论》第24期，第84~85页。

[7] 黎大志、姜新生，2009，《困境与出路：大学生就业问题的理性思考》，《现代大学教育》第5期，第77~80页。

[8] 李爱芹,2009,《社会工作专业实习教学面临的困境与出路》,《高等职业教育》(天津职业大学学报)第1期,第36~38页。

[9] 金羊网,2017,《广东社工人才缺口超4万 仅1/3科班生愿做社工》,http://edu.ycwb.com/2017-03/28/content_24538744.htm。

[10] 李昀鋆,2014,《社工流失困境下的社会工作服务机构激励机制研究——基于双因素理论视角》,《学会》第11期,第11~21页。

[11] 栗志强,2015,《错位:社会工作专业人才的"机构需求"与"高校培养"——基于郑州市的研究》,《社会工作与管理》第6期,第66~70页。

[12] 林卡,2009,《论中国社会工作职业化发展的社会环境及其面临的问题》,《社会科学》第4期,第62~70页。

[13] 凌文豪、张玲,2014,《基于就业导向的社会工作专业教学改革的思考》,《社会工作》第3期,第136~140页。

[14] 刘华丽,2004,《中国社会工作本土化问题再探讨》,《社会》第12期,第26~28页。

[15] 刘淑娟、张海娜,2015,《社会工作概论》,吉林大学出版社。

[16] 刘文瑞,2016,《民办社工机构社工人才流失问题的分析与思考——基于北京深圳成都三地的调查》,《中国社会科学院研究生院学报》第1期,第63~68页。

[17] 马莉萍、岳昌君,2011,《我国劳动力市场分割与高校毕业生就业流向研究》,《教育发展研究》第3期,第1~7页。

[18] 马廷奇,2013,《产业结构转型、专业结构调整与大学生就业促进》,《中国高等教育》第Z3期,第56~59页。

[19] 彭海燕,2007,《关于社会工作专业毕业生就业困境的思考》,《中国大学生就业》第14期,第109~110页。

[20] 粟多树,2009,《回顾与反思:我国大学扩招十周年》,《河北师范大学学报》(教育科学版)第10期,第38~41页。

[21] 王瑞华,2005,《中国社会工作教育发展面临的若干问题及其解决对策》,《集美大学学报》(教育科学版)第4期,第27~31页。

[22] 王思斌,2004,《社会工作导论》,高等教育出版社。

[23] 王德文,2006,《高等教育扩张与大学生就业难:现状、问题和对策》,《社会科学管理与评论》第2期,第78~82页。

[24] 徐晓军、孙权,2018,《从助人者到边缘人:中国社会工作者职业困境研究》,《社会工作》第3期,第3~10页。

[25] 许长青,2016,《高等教育管理的新常态:现代大学治理的动力、特征与体系构建》,《教育学术月刊》第4期,第3~14页。

[26] 郁建兴,2013,《美国社会组织的人才培养模式和经验》,《中国社会组织》第1

期，第 49~51 页。
［27］曾湘泉，2004，《变革中的就业环境与中国大学生就业》，《经济研究》第 6 期，第 87~95 页。
［28］张和荣、郭占锋，2015，《当前中国社会工作者为何处于"弱势地位"——基于需求层次理论的视角》，《社会建设》第 5 期，第 35~45 页。
［29］张向前，2005，《当前我国大学生就业问题与对策分析》，《经济问题探索》第 4 期，第 59~61 页。
［30］赵怀娟、林卡，2012，《需求与供给：中国社会工作职业发展环境分析》，《山东社会科学》第 6 期，第 21~26 页。
［31］郑蓉，2010，《改革三十年中国社会工作专业教育发展浅析》，《辽东学院学报》（社会科学版）第 2 期，第 28~33 页。
［32］朱眉华，2000，《在理想与现实间的徘徊——社会工作专业实习教育的反思》，《华东理工大学学报》（社会科学版）第 1 期，第 91~94 页。

基层治理

政府购买社会服务的成效与困境

——以"大配餐"为例

侯妙臻 梁汉钊 陈滔 林冰纯 刘庆芳 李蓉蓉 杨慧 刘涛[*]

摘 要：广州市"大配餐"服务是广州市推动社区居家养老服务创新的重点项目之一，这种实践是否真正有助于改善社区的养老状况有待考量。本文以广州市 H 街道为调研对象，使用二手资料法、访谈法、观察法和个案研究法等方法，梳理广州市"大配餐"服务的政策要点，总结 H 街道购买"大配餐"服务的模式、成效及问题，并针对现存问题提出对策建议。研究发现，H 街道已经初步构建起街道办出资向社会工作服务机构购买社会服务的治理模式，在此基础上创新确立了以"爱心午餐"为代表的免费配餐项目，取得了一定成效，但由于资金、人员等方面的匮乏，当前的政策还存在服务覆盖人群有限、监督缺乏、老人需求满足度较低、质量参差不齐等问题。本文建议加大财政支持力度，拓宽购买资金来源渠道，扩大政策覆盖范围，吸引社会力量参与，有效增加服务供给，动态调整购买标准，细化监管指标。

关键词：政府购买服务 助餐配餐 社区居家养老服务

一 绪论

（一）研究背景

近年来我国老龄人口规模不断扩大，老龄化进程不断加快，给社会发展带来了巨大的压力。为此，国务院与广东省政府相继印发了《国务院关

---

[*] 侯妙臻，中山大学政治与公共事务管理学院行政管理专业 2019 级硕士研究生；梁汉钊、陈滔、林冰纯、刘庆芳、李蓉蓉、杨慧，中山大学政治与公共事务管理学院行政管理专业 2016 级本科；刘涛，中山大学政治与公共事务管理学院政治学与行政学专业 2016 级本科。

于加快发展养老服务业的若干意见》(国发〔2013〕35号)、《广东省人民政府办公厅关于全面放开养老服务市场提升养老服务质量的实施意见》(粤府办〔2018〕3号)等文件,以积极应对人口老龄化问题。

长期以来,不少老年人受身体、精神等各方面机能衰退的影响,无法自行烹饪,又难以承受高价的"外卖"服务,针对老年人的配餐服务成为养老服务的一个焦点议题。有鉴于此,广州市政府认真贯彻落实上级政府关于积极应对人口老龄化问题的指示精神,坚持以人民为中心,以老年人服务需求为导向,着力解决助餐配餐这个老年人最关心、最直接、最现实的问题。在这一过程中,广州市大力推动社区居家养老服务创新改革试点,全面铺开以助餐配餐为重点的"3+X"①服务项目,探索出符合市情、切合民意的社区居家养老服务发展新格局,全覆盖、多层次、多支撑、多主体的社区居家养老服务体系基本形成,助餐配餐规模化、市场化、专业化水平持续提升。H街道则为其中一个典型,该街道总面积为7.39平方公里,下设15个社区居委会,常住人口10.2万人,其中户籍人口5.4万人,外来人口4.8万人(刘云,2017),其中街道60岁以上的户籍老人为9000人左右。自广州市开展"大配餐"服务以来,H街道积极贯彻政策,从2016年10月开始启动长者"爱心午餐"的项目,在全市率先实现提供免费午餐的服务计划,现阶段已逐步建立起较为健全的服务体系和用餐制度,形成了政府主导、社会参与、市场配置的工作格局。这不仅解决了街道内年长和特殊困难老人的用餐问题,为长者提供了比较优质的服务,同时还提供了一个交流平台,让老人走出家门与人交往,丰富晚年生活,也让老人享受到政府与社会的关怀。

(二)研究问题

在此背景下,本文以广州市推行"大配餐"政策为切入点,以H街道为例,深入探究政府购买社区养老服务的模式,下文将从以下三个方面进行深入分析与探讨。其一,H街道在推进"大配餐"相关政策过程中的一系列举措是否有助于改善社区的养老状况。其二,调研H街道"大配餐"项目的实施情况,了解项目推行过程中遇到的问题。其三,在深入调研的基础上,为完善"大配餐"项目提供有针对性的对策建议。

---

① 即在助餐配餐、医养结合、家政服务的基础上,结合辖区实际再选择若干项目试点。

（三）研究意义

本文的研究意义主要分为两方面。一方面，学者们对政府购买服务这一领域虽有研究，但大多是理论性的概括和总结，较少结合具体案例进行深入探讨。为此，本文将采取实证研究的方式，在实证的基础上汲取经验，以在一定程度上填补现有政府购买社区居家养老服务、社区治理等研究领域的不足。另一方面，本文以广州市 H 街道为调研对象，通过对该街道进行调研，总结和探究广州市购买"大配餐"社区居家养老服务的现实成效与面临的主要困境，并在此基础上提出对策建议，为进一步完善该政策提供借鉴与参考，为提升老年人幸福感、获得感、安全感做出努力。

二 文献综述

（一）概念界定

1. 社会服务

根据学术界对社会服务的定义，从社会服务的内涵来看，社会服务指的是"由政府或社会组织为公众提供的非现金形式，具有社会福利性质的个人或社区服务"（岳经纶、谢菲，2013）。此处社会服务的概念内容宽泛，包括社会养老服务、社会救助服务、灾害救援服务、优抚安置服务、教育服务、医疗服务、住房服务、文体就业服务等。需要注意的是，社会服务并不等同于公共服务，公共服务是一个更大范围的概念，即与公共利益相关的事务都可称为公共服务，社会服务只是属于公共服务的一部分。

从社会服务功能的角度来看，李兵（2016）认为"社会服务是为解决遭受痛苦的脆弱群体的需求和问题所进行的干预，是捍卫基本人权和人的尊严的关键工具"。王刚和姜维（2014）也持有相似的观点，认为社会服务是为经济社会发展过程中的弱势群体提供基本的公共服务支持的一系列集体干预行动，能消减经济发展过程中蕴含的社会风险、弥合社会分歧以保持社会和谐。

本文认为，社会服务是为满足生活在社会中的人的需求所进行的一系列活动，尤以满足社会中的弱势群体的需求为主，并通过社会需求的满足实现社会的稳定与公平。其本质是一个国民收入再分配的过程。

2. 社区居家养老服务

养老服务是社会服务的一个组成部分。学者对养老服务的定义基本达成一致，均包含物质和精神两方面。祁悦（2017）认为，养老服务是指为老年人提供满足其晚年物质生活需求和精神生活需求的服务，包括基本的生活照料、医疗护理、精神慰藉、法律援助等。关于养老服务的类型，主要分为居家养老、社区养老和机构养老。丁建定（2013）强调居家养老不等同于家庭养老，现代居家养老责任主体不单单只有家庭，还包括政府和社会，支撑系统为社会关系；社区养老不等同于机构养老，不是传统养老院提供的机构服务，社区养老服务需要社区提供多种公共服务设施，从而更好地实现居家养老服务的效果。2013年9月，《国务院关于加快发展养老服务业的若干意见》发布，提出"到2020年，全面建成以居家为基础、社区为依托、机构为支撑的，功能完善、规模适度、覆盖城乡的养老服务体系"。可见养老方式朝着养老服务提供主体多样化，并且各主体力量相互联系、相互支撑的方向发展。

本文以社区居家养老服务为研究方向，社区居家养老服务不同于以往传统家庭养老或者机构养老，这种养老服务积极发挥社区在养老服务中的作用，将家庭和社区乃至社会的力量结合起来，满足老年人在地安老的需求。

3. 政府购买服务

政府购买服务是指通过发挥市场机制作用，把政府直接提供的一部分公共服务事项以及政府履职所需服务事项，按照一定的方式和程序，交由具备条件的社会力量和事业单位承担，并由政府根据合同约定向其支付费用。这意味着在公共服务的供给上越来越少地依赖行政体系的力量，而越来越多地依赖市场和社会的力量来承担公共服务的生产功能（詹国彬，2013）。目前来看，我国政府购买服务的主体通常是各级行政机关和具有行政管理职能的事业单位。此外，纳入行政编制管理且经费由财政负担的群团组织也可成为购买服务的主体。

在服务内容方面，主要包括政府新增或临时性、阶段性的服务事项，事务性管理服务等。在购买程序方面，购买主体需要按照政府采购法的有关规定，采用公开招标、邀请招标、竞争性谈判、单一来源采购等方式确定承接主体，在按规定程序确定承接主体后，购买主体应当与承接主体签订合同，并可根据服务项目的需求特点，采取购买、委托、租赁、特许经营、战略合作等形式。

本文中所指的政府购买服务特指 H 街道以公开招投标的方式，与企业、社会组织签订服务合同，向企业、社会组织购买配餐服务。

4．"大配餐"

"大配餐"是广州市政府自 2016 年始探索和推广的社区居家养老服务创新试点项目的通俗名称，其全称是全覆盖社会化"大配餐"服务体系，以特殊困难老年人助餐需求为重点，向有需要的老年人提供助餐配餐服务。"大配餐"最早见于广州市民政局、广州市财政局发布的《广州市社区居家养老服务改革创新试点方案》。该文件提出，应积极开展社区居家养老服务改革创新试点，深入探索"3 + X"创新机制，助餐配餐是其中 3 个基本服务之一，主要目标是打造"市中心城区 10 ~ 15 分钟，外围城区 20 ~ 25 分钟"的助餐配餐服务网络，并进一步建立健全政府购买服务、市场有偿服务、志愿公益服务相结合，与长期护理保险制度试点相衔接，具有广州特色的全覆盖、多层次、多支撑、多主体的社区居家养老服务体系。2018 年 5 月 28 日，广东省民政厅决定在全省范围内推广广州市"大配餐"项目，但本文中所指的"大配餐"专指在广州市范围内实施的全覆盖社会化"大配餐"服务体系。

（二）研究现状

1．关于政府购买社会服务的相关研究

（1）政府购买社会服务的模式

王刚和姜维（2014）认为政府购买社会服务的模式分为形式性购买、委托性购买和竞争性购买模式，中国的社会服务购买模式较为特殊，采取单一供给模式，即政府及其主办的事业单位绝对统领社会服务的供给。李军鹏（2013）对政府购买社会服务的形式进行了梳理，将当前政府购买社会服务模式概括为合同外包、公私合作、政府补助[①]、凭单制[②]四种。陈天祥和郑佳斯（2016）根据服务生产方的类型提出了两种方式：一种是政府向社会公开招标购买服务，另一种是街道间接管理民办非企业。还有学者

[①] 政府补助是指政府选择特定的企业或社会组织（社会服务生产者）给予补助，消费者选择特定的生产者购买服务，与引入市场机制的合同外包有所不同。

[②] 凭单制是指政府发给居民社会服务消费凭证，居民凭券在市场上自由选择社会服务或物品。

从社会治理角度出发，总结出三种组织制度模式：以上海市社区公益服务制度与实践为代表的项目制[①]，以广州市家庭综合服务中心制度与实践为代表的单位制，以香港社区公共服务制度与实践为代表的混合制（管兵、夏瑛，2016）。

（2）各个主体（购买者、服务提供者、监督者）的作用及相互关系

政府购买服务的过程涉及的主体主要包括购买者—政府、服务提供者—社会组织或企业、监督者—政府及公众，主体之间呈现复杂的互动关系。陈天祥和郑佳斯（2016）从"委托—代理"的视角集中讨论了政府和社会组织各自的作用，进一步将政府分为区民政局（主管部门）和街道办（实际的服务购买方）两个主体（见表1）。不同主体的价值目标与行动逻辑各不相同，区民政局发挥着"精明买家"的作用；而街道办兼具委托人和代理人双重身份，追求个人政治利益；作为终端代理人的社会组织只能在生存与专业自主之间谋求自主性发展空间。除了相对强势的政府部门外，社会组织在政府购买社会服务中也发挥着不可或缺的作用。崔正等（2012）指出：首先，社会组织丰富和发展了政府购买社会服务的内容，社会组织在满足公众需求方面具有信息优势；其次，社会组织专业性水平较政府高，提高了政府购买社会服务的质量；最后，社会组织提高了政府购买社会服务的效率，节省了信息和行政成本。

各主体间的相互关系如图1所示。陈天祥和郑佳斯（2016）指出，初始委托人和终端代理人、中间代理人和终端代理人、中间委托人和终端代理人之间的复杂关系最终可以演化出冲突关系、不平等的合作关系、平等的合作关系。其他学者也对各主体之间的相互关系进行了梳理，崔正等（2012）指出，社会组织与政府之间属于契约关系，而社会组织之间相互竞争以争取服务购买合约，另外，社会组织接受政府和公众监督。

[①] 项目制是指政府将社会服务细化为有特定的服务时间段、特定的服务对象、特定的要求的具体项目，以项目为标向企业或社会组织购买；单位制（以广州家综为例）的运作模式是，街道成立家综，承接社会组织以提供服务，政府直接向家综划拨资金；混合制则近似于两者的结合。

表1　广州市政府购买社会服务参与主体研究模型

参与者	目标	对服务的评估标准
委托方（区民政局）	效率、最低成本和公共责任	合同的遵守与履行
承接方（社会工作服务机构）	生存和自主性	机构的存续和发展
购买方（街道办事处）	回应政治需求（政绩和辖区需求）	个人政治利益实现

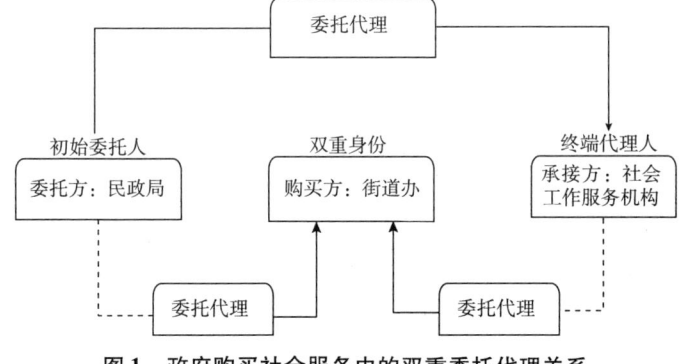

图1　政府购买社会服务中的双重委托代理关系

资料来源：陈天祥、郑佳斯（2016）。

（3）政府购买社会服务的动因

政府购买社会服务的动因主要可以归纳为以下四个方面。第一，满足公众对社会服务的需求的现实需要。政府自身生产社会服务存在不足且无法满足公众对社会服务日益增长的需求（苏明等，2010）。第二，社会组织在提供社会服务时具有优势。宋国恺（2013）认为，政府购买社会服务有利于破解政府包办的弊端，提高社会服务的质量和效率。第三，政府职能转变的需要。林闽钢和周正（2014）认为，近年来，我国大力推动政府向社会力量购买社会服务，力图通过这一政策工具的实施来增加社会服务的供给，提高公共服务的质量和效率。许小玲（2012）同样认为，经济体制的转变，对政府管理体制的转变提出了要求，转变政府职能也就成为必然要求。政府购买服务可推动政府角色由服务提供者向管理者与监督者过渡，进而推动政府职能转变，提高行政效率。第四，借鉴西方国家的成功经验。对于中国来说，学习和借鉴西方国家的经验和教训能推动社会服务的发展，增进人民福祉。

（4）政府购买社会服务的成效与困境

近年来，政府购买社会服务已取得不少成效。本文从不同主体的角度出发，梳理了政府购买社会服务的成效。首先，对社会公众而言，社会资源的整合使得社会服务在数量和质量上都有了较大的进步，基本满足了公众对社会服务的需求。2013年，广东省各级政府购买社工服务资金总额为8.04亿元，其中财政投入为6.68亿元，服务对象覆盖家庭、青少年、长者以及弱势群体（李卫湘，2013）。其次，对于社会组织来说，政府购买社会服务为社会组织的发展提供了生存空间与发展机遇。截至2013年，广东省有民办社会工作服务机构553家，全省有志愿服务站点1869个（李卫湘，2014），社会组织和专业社会工作人才都有了较大的发展。最后，对政府来说，购买服务在一定程度上促进了政府的职能转变，行政效率有了一定的提高，财政成本也相应降低。邵鹏峰（2012）指出，政府购买社会服务整合了社会资源，初步建立起内容体系，推动社会服务市场化，并初步形成了机制。

与此同时，政府购买社会服务的发展也面临一系列的困境。本文将主要困境概括为三个方面，即体制困境、制度困境以及资源困境。首先，政府实行对社会组织的双重管理，社会组织的自主发展空间受限，形成体制困境。胡宏伟等（2013）认为，社会组织受到双重管理的体制限制，组织内部治理结构也不完善，内外部的运行机制面临困境。陈天祥和郑佳斯（2016）则引入"多层级政府"维度，指出服务的承接方需要同时接受委托方（区民政局）与购买方（街道办）的双重管理，只能在夹缝中选择性提供服务以维持机构的存续和促进其发展，这无疑对社会服务的提供造成了阻碍。其次，政府购买服务制度有待完善，影响服务的规范性和专业性，造成制度困境。许小玲（2012）认为政府购买服务制度化程度低且缺乏持续性，也缺乏完善的服务评价和监督体系。邵鹏峰（2012）则指出，目前，地方政府部门购买社会服务还没有专门的管理制度，缺乏完善的政府购买服务项目选择机制与规范严密的操作管理制度，大多由政府采购、部门预算和国库集中支付等其他相关制度来保障。最后，购买服务依赖财政资金和专业人才支撑，容易陷入财力和人力资源困境。一方面是财力资源困境，另一方面是人力资源困境。社会服务的提供需要强大的经济实力来支持，政府财力有限使政府购买社会居家养老服务的意愿和购买力都比较低（胡宏伟等，2013），此外，社会组织在获取资源时存在资源依赖的问题，依靠政府购买出资的单一资金来源限制了社会组织的发展，如赵环等（2015）认为政府购买社会服务实践中的政社关系依然存在控制与依附的状况，社会组织比较依赖政府。人力资源困境是指由于我国社会组织并不发达,专业化、高素质的社会服务提供者相对短缺,如费梅苹(2014)指出由于一些地区社会服务机构数量少、规模小,当前的社会工作者并未完全专业、有效地开展社会工作服务。

(5)关于改进政府购买服务模式的建议

针对上述问题,学者们提出了许多建设性建议。第一,完善相关制度与体系建设。邰鹏峰(2012)认为,完善政策制度体系、推进配套制度改革是走出当前政府购买社会服务的困境的主要抓手,这主要包括政府购买服务项目选择机制与专门的操作管理制度、配套的法律保障制度以及相应财政制度体系;崔正等(2012)认为,政府购买服务的良性发展需要通过加强政府购买服务市场体系建设予以保障。第二,明确职责。明确政府与市场的边界及其职能,形成买方与卖方的良性互动。主体职责不明确是当前社会服务供给乱象的症结所在。苏明等(2010)认为,明确政府购买社会服务的职责可以使政府购买公共服务的工作得以有序进行。第三,加强监督和规范。王名和乐园(2008)认为,社会监督是对社会服务购买的有力监督方式,需要提高公众参与的积极性,建立社会反馈机制。同时,林闽钢和周正(2014)、苏明等(2010)认为,强化社会监督机制,依靠多方力量建立多元专业监督机制是改进政府购买服务的重要举措。

2. 对"大配餐"的研究

目前,关于"大配餐"的学术研究相对较少,多为一些时政性的报道或评论。如莫冠婷和刘露(2018)对于"大配餐"项目如何推进实施提出了相关建议,即政府要强化制度设计,整合社区资源,利用市场的力量完善"大配餐"服务体系,全面推进社区居家养老"大配餐"服务工程。《中国社会报》2018年5月30日对"大配餐"服务体系的发展进行了报道:截至今年3月,全市共有长者饭堂952个,城乡社区覆盖率达100%,惠及160余万长者,基本形成"市中心城区10~15分钟、外围城区20~25分钟"的全覆盖服务网络(张伟涛,2018)。上述文章只是对"大配餐"服务的成效做出浅层评估,对"大配餐"服务的运作模式、实际成效与发展困境仍有待更深入的探索。

3. 研究评述

总的来说,当前的研究主要停留在从宏观理论层面对当前政府购买社会服务的模式、成效、困境及对策进行研究。虽然有部分学者对政府购买社会服务的个案进行研究，但这些研究主要集中在几年前，随着时代的发展，政府购买社会服务的实践在不断创新，实践的内容在不断丰富，当前存在理论研究跟不上实践发展的问题。比如广州开展社区居家养老服务改革试点以来，推出了许多创新项目，"大配餐"服务体系是其中的典型，但当前针对"大配餐"服务的研究仍相对缺乏。

本文以广州市推行"大配餐"项目为切入点，以 H 街道为例，结合现有理论研究，深入探究政府购买社区养老服务的模式及其现状，希望通过探索"大配餐"服务的发展路径，总结广州目前实施的助餐配餐服务体系的经验，思考政府购买社会服务中存在的问题，并尝试基于本次调研结果提出相关的对策建议，从而推动"大配餐"服务体系良性发展，为政府购买社会服务提供借鉴和参考。

三 研究方法

本研究以定性研究为主，选取广州市 H 街道展开深入全面的调研，综合运用访谈、观察、查阅文献等方式，以获得丰富的资料，保证研究的真实、科学。

（一）资料收集方法

1. 二手资料法

二手资料法贯穿本文的全过程。笔者通过查找期刊、书、政府政策文件、新闻资料等书面材料，对政府购买服务的相关理论及已有的研究成果进行梳理，分析政府和社会组织之间的互动模式。

2. 深度访谈法

在进行实地调研的过程中，本文运用半结构访谈的方式获取相关信息，这也是笔者获取重要信息的主要途径之一。笔者联系了该社区负责"大配餐"的管理人员和工作人员、享用"大配餐"的老年人、相关社会组织的负责人员，开展有针对性的访谈，获取最直接的一手资料，从各类访谈材料中找出该社区政府购买服务的模式，以及这种模式下个人的需求是否得到满足，以判断政府购买服务的成效，并对该模式运行中面临的困境进行分析。

3. 实地观察法

本文用参与式观察法，实地走访 H 街道，观察社区内各相关主体落实

"大配餐"的具体情况，包括配餐方式、配餐点设施环境、餐品质量与搭配、相关主体之间的互动等多方面，同时积极把握现场的情境，以及研究对象的角色、态度等，补充细节信息，从而进一步增强研究的可靠性与直观性。

（二）资料分析方法

本文利用个案研究法，选取广州市 A 区 H 街道的"大配餐"项目①作为案例，通过探究其配餐模式、长者用餐模式以及饭堂与政府、社会组织之间的关系，分析政府购买服务的成效与困境，探讨突破困境的思路与解决方案。

四 研究发现

（一）政府购买配餐服务的模式与成效

自广州市政府要求推行"大配餐"政策以来，H 街道通过公开招投标的方式，选取餐饮公司作为长者"爱心午餐"的供应商，并委托专业化的社会组织——B 社工团队运营"长者饭堂"，利用社区内的家庭综合服务中心、日间托老中心等形成 16 个配餐点，为辖区老年人提供免费午餐服务，在"大配餐"服务体系中形成了自己的特色，取得诸多的成效。

1. 推进"大配餐"多方合作机制，升级政府购买服务模式

H 街道整合社区资源，建立 16 个配餐点，全面推进社区居家养老"大配餐"服务工程。政府放开市场，通过公开招标引入广州 A 级品牌餐饮连锁企业参与助餐配餐服务，建立取餐、配餐的链条，积极探索建立政府、企业（社会组织）、社区共同推进"大配餐"的合作机制，推动"大配餐"专业化、市场化、规模化和可持续发展，采取"企业让一点、政府补一点"的配餐补贴方式，免费配餐、送餐，让利于民。从具体运行机制来看，当前 H 街道采取的配餐方式是由配餐公司集中加工饭菜，运送至各个配餐点，再由社工采取"集中+上门"服务模式进行发放，即健能长者直接到配餐点通过刷卡、按手印等方式领取"爱心午餐"，行动不便的半

---

① 该项目成立时间较长，已经发展成比较成熟的配餐运行机制，包含堂食、自取、送餐上门等多种配餐模式，具有一定的代表性和典型性。

失能或失能且子女不在身边的老人则享受送餐到家的服务。此外，为了更好地提供配餐服务，H街道采取政府监管与社会监督相结合、行业自律和第三方监督相结合的方式，实现对"长者饭堂"多方位、全链条监管，保证助餐配餐安全可靠，运营服务符合规范（见图2）。

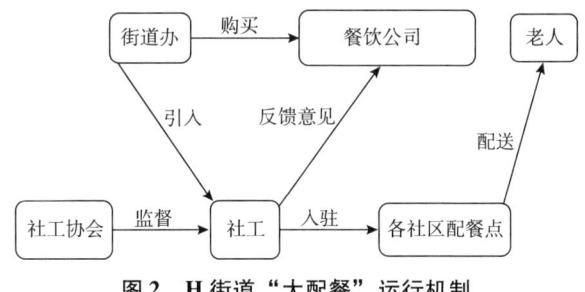

图2　H街道"大配餐"运行机制

2. 搭建智慧养老服务平台，提高社区居家养老服务水平

H街道目前配餐领餐开始采用刷卡方式，通过引入第三方信息平台，为每位申请就餐的老年人制作一张具有专属二维码的长者就餐卡，并且统一使用长者饭堂App系统，以便查看整个区乃至整个市的数据。社区搭建智慧养老平台，以信息化手段实现供需对接，为服务落地提供支撑，在一定程度上提升了社区居家养老的服务水平。

3. 依托社区提供多层次养老服务，增加服务内容，扩大对象覆盖面

A区设有区级的长者日托中心，每个街道也相应设立家庭综合服务中心和长者日托中心，有些达到一定人数的社区直接设立了家庭综合服务中心。A区的居家养老服务大部分由街道或区负责，其他社会工作服务机构一般只做爱心午餐和日托活动，但H街道社区日间托老服务中心同时会提供居家养老服务，这是H街道的特色之一，有利于惠及更多人群，提供专业化居家养老服务，从而搭建较为完善的"大配餐"服务体系，破解社区居家养老难题。

4. 坚持以老年人服务需求为导向，拓展多样化意见收集渠道

H街道社会工作服务机构工作人员每个月会到16个配餐点通过聊天的方式收集老人对"爱心午餐"的意见；每个季度到各个社区发放问卷，了解老人对配餐服务的意见与需求。此外，社会工作服务机构工作人员还会邀请餐饮公司代表、老人、街道办以及居委会相关负责人就配餐服务开展座谈会，及时反馈老人的饮食需求与意见，对配餐进行讨论与整改。意见的收集、座谈会的开展以及借鉴其他街道的配餐服务工作都致力于提高老人的配餐体验。除此之外，H 街道社会工作服务机构目前正着手建立老人家属微信群，希望及时反馈老人的用餐情况，有效满足老人的需求。

（二）政府购买配餐服务存在的问题

虽然 H 街道在目前推行的"大配餐"政策过程中已经取得了诸多的成效，但在发展过程中依旧存在一些问题。

1. 处于起步阶段，服务人群有限

《广州日报》2018 年 8 月 23 日发表文章《养老大配餐　广州全覆盖》，报道称，"2017 年全市共设有长者饭堂 846 个，街道（镇）、社区（村）覆盖率达到 100%"（秦松，2018），但这种覆盖率并非服务人群的全覆盖。据调研，街道 60 岁以上的户籍老人有 9000 人左右，独居老人有 200 多人，80 岁以上有 900 多人，真正参与使用配餐服务的老人数量有限，截至 2018 年 11 月，参与人数有 560 人，占户籍老人的 62%。H 街道爱心午餐服务对象是 60 岁以上的"三无"、低保、低收入老人和 80 岁以上户籍老人（见表 2），这种划分方式来源于现时我国福利制度中对困难特殊群体的界定，与真正需要助餐配餐服务的老年群体如失能、半失能、独居、孤寡老人存在偏离。换句话说，有一些被认定为困难的老人主观上不需要参与配餐服务，而对于那些真正有需要的老人，街道并不提供助餐配餐服务。据社会工作服务机构介绍，本街道考虑到收费对于非营利性的社会工作服务机构过于敏感，一直都没有像广州市其他街道（镇）一样，面向所有老年群体开放。这对有需要且有意愿参与配餐服务的老人而言是不公平的。此外，常住非户籍老人不享有政府补贴和企业让利，若要享受配餐服务，需自费支付全款。

表 2　当前 H 街道爱心午餐服务范围

序号	范围
1	"三无"、低保、低收入民政对象中 60 岁以上老人
2	每个月退休金低于 1200 元的独居或仅与重度残疾子女生活的 60 岁以上老人
3	曾被评为市级以上劳动模范（全国单项先进等）的 60 岁以上老人
4	计划生育政策特别扶助的 60 岁以上老人
5	80 岁以上老人
6	优抚孤老

注：仅限本地户籍人口。

2. 长者对配餐饭菜的满意度较低

社工服务机构项目负责人介绍，曾有其他街道因老人对餐饮公司服务的意见很大，向街道提议更换新的餐饮公司承接服务。本街道老人对饭菜质量的意见各异，总体满意度较低，有一部分老人因为饭菜质量、口味问题，来过几次以后便不再继续参与配餐服务，这使 H 街道老人用餐人数有所下降。社会工作服务机构曾因此组织过老人、街道、餐饮公司等多方主体举行现场交流会。随后，餐饮公司进行了为期约两周的整改，但最终效果不尽如人意，不过，更换餐饮公司的可能性也不大。因为助餐配餐服务基于福利的目的，餐饮企业的利润很少，甚至需要让利。但企业的生存基于获利，而配餐服务的定价受到各级政府政策的影响，餐饮企业只能在成本、利润和饭菜质量之间取舍——为了生存乃至获利压缩食材采购成本，饭菜的口味、种类和质量打了折扣。

3. 配餐意见收集效果和回应性较差

首先，据了解，社会工作服务机构会定期在每个社区配餐点向老人发放 5 份问卷，16 个社区总数不超过 80 份，没有覆盖绝大部分老人的用餐体验以及反馈需求，意见收集缺乏代表性与回应性的前提。其次，政府购买服务行为存在"内部化"倾向，社会工作服务机构沦为街道办附属机构。根据访谈的具体情况，作为承接者的社会工作服务机构，在很大程度上依附于街道办与上级政府，双方缺乏独立或者明显的契约约束关系。社会工作服务机构一般负责发放收取问卷，根据老人的实际问卷调查结果，与餐饮企业直接沟通并提出改进建议，但很少直接向街道办反映实情。最后，配餐意见征集座谈会流于形式，并没有起到促进企业切实提高服务质量、改善老人用餐体验的作用。

4. 资金来源单一，人员配置与服务质量相对低下

政府通过招标，分别与社会工作服务机构、企业签订合同。两者的资金来源仅限于政府补贴，H 街道办本身的财政能力会对购买服务的效果产生一定影响，主要体现在以下两个方面。第一，政府尽量压低招标与补贴成本，企业在追求薄利空间的同时（政府按照每人补贴 15 元，企业让利 3 元，最后企业实得补贴 12 元），难以保证配餐服务质量。第二，政府拨给社会工作服务机构的经费有限，社会工作服务机构配有 6 名社工，设 1 个社工驻点，但服务要涵盖 16 个社区，机构人员配置相对紧张。第三，当地街道办并未动员社会其他组织或单位积极参与配餐服务政策，没有引入志

愿组织或慈善机构进行援助，配餐发放主要依靠雇用临时兼职人员。在财政资金来源单一、有限的情况下，为了节约成本，街道办购买服务出现"一包到底，包完续约"现象，即双方缺乏规范化与合理化的购买服务程序，缺乏评估审核机制。

5. 监管力度弱，监督主体缺失

服务评价与监督体系的缺失，容易造成各方在合作与监督中的随意性，导致街道配餐服务监督效率低下（许小玲，2012）。第一，街道办是购买方，又是项目监督方，在实际的监督环节，是明显缺位的，例如，配餐食材的采购、制作、包装、配送环节都没有设定专门人员对餐品进行定时、定点的抽查，也没有积极配合社会工作服务机构跟进配餐的后续反馈以及整改工作。第二，区民政部门需要定期向社会公布社区居家养老服务资金的筹集、管理和使用等情况，因此只对社会工作服务机构项目资金运作进行审计，对服务成效缺乏关注。区民政部门没有在社会工作服务机构与餐饮企业之间就配餐服务需要改进的地方扮演协商者角色，均由社会工作服务机构负责传达老人意见；企业缺乏来自监督主体的督促与施压，社会工作服务机构的建议对企业的配餐质量整改没有太大话语权，座谈会效果不佳。第三，企业采取的"中央厨房—中转配送—配餐点"一站式服务模式在配餐的各个环节具有较大的不透明性与随意性。并且，目前政府部门对企业和社会工作服务机构配餐服务项目的考核指标仅限于服务人次，而该指标设立的标准较低，H街道早已达到任务要求。考核与监督指标的单一化，也是造成政府与第三方机构监督进程滞后与效率低下问题的原因所在。

五 结论

经过实地调研和深入分析，我们发现广州市H街道在推行"大配餐"政策方面走在广州市前列，给我们带来许多启示。

H街道在推行"大配餐"政策的过程中取得了一定的成效，初步构建起了以街道办出资向社会组织购买社会服务的治理模式，并推出了以"爱心午餐"为代表的免费配餐项目，老人的生活水平与生活满意度得到明显提升，社区的治理能力也在不断提高。但由于资金、人员等方面的匮乏，"爱心午餐"这一项目打造得并不完美，政策运行机制还有待进一步完善。

此外，当前"大配餐"政策还存在不少其他的现实问题，包括政策服务的覆盖人群有限、政府对企业的监督不够、老人需求得不到满足、餐饮质量参差不齐、服务手段不够先进、对服务对象的回应性较差等，这些问题都在不同程度上制约着当前H街道"大配餐"政策的推行效果。

六 对策建议

（一）加大财政支持力度，拓宽财政来源

为了更好地完善和推广"大配餐"政策，广州市、A区两级政府应该加大财政投入力度，积极扶持居家养老服务，保障"大配餐"项目居家养老服务的公共财政支出。同时还可以通过申请慈善基金资助、社会捐赠等方式，多方面筹措资金。此外，广州市应制定专项资金管理办法，规范资金使用与管理，提高资金使用的透明度，不断提高资金使用水平，从而能够在保证提供午餐的情况下，为建立晚餐提供的运行机制提供一定的探索空间。

（二）扩大政策范围，增加政策覆盖群体

按照基本公共服务均等化的要求，扩大政府购买服务范围。目前广州市的助餐配餐的目标是将服务范围覆盖全市常住老年人口，H街道的配餐群体却仅限于本地的户籍人口，应该进一步扩大范围，将"大配餐"服务对象扩大至非户籍老人。同时应重点关注独居、空巢、失能等符合广州市社区居家养老补贴标准的老年人，完善关爱服务体系建设，建立"关爱地图"，对老人进行定期巡访和主动服务，不断健全政府购买居家养老服务工作机制。

（三）吸引社会力量参与，有效增加服务供给

当前，广州市提出要全面放开养老服务市场，鼓励社会力量广泛深入参与社区居家养老服务，规定社区养老服务设施产权归属政府的，原则上交由各类社会主体运营管理（广州市民政局，2018）。H街道可在这一原则指导下，科学设置"大配餐"运营资质条件，择优选取具有一定品牌效应的专业化企业或社会组织运营，积极吸引企业、社会组织以及志愿者等社会力量参与进来，有效地增加服务的供给并提升服务供给的效率。此外，还要探索建立慈善资金支持助餐配餐服务的长效机制，鼓励探索通过

慈善冠名、授牌等方式支持市场主体、品牌餐饮企业参与"大配餐"服务的新模式,从而使"大配餐"政策得以长久运行,为老人带来稳定的配餐福利。

(四)动态调整购买标准,细化监管指标

政府在购买服务的时候不仅要考虑购买成本最小化,而且要关注服务质量。企业为了中标可能存在隐瞒成本、压低价格的现象,随后在服务过程中偷工减料。因此,政府应建立购买标准调整机制,根据物价、收入等指标调整购买服务的资金投入,保证助餐配餐的饭菜质量。在 H 街道执行"大配餐"政策过程中,对社会工作服务机构助餐配餐服务并没有具体的项目评估,考核指标仅仅停留于服务人次和场地面积。因而,广州市政府应完善对助餐配餐项目的评估标准,落实技术规范指引,不应粗略审计评估居家养老服务,而要细化每一项服务项目的考核指标,以老人的服务需求和服务满意度为导向,建立完善从区到街道(镇)的评估流程和政策措施,对企业和社会工作服务机构进行服务合同监管,使得企业能更好地回应服务对象的需求,切实提升服务绩效。

参考文献

[1] 陈天祥、郑佳斯,2016,《双重委托代理下的政社关系:政府购买社会服务的新解释框架》,《公共管理学报》第 3 期,第 36~48 页。

[2] 崔正、王勇、魏中龙,2012,《政府购买服务与社会组织发展的互动关系研究》,《中国行政管理》第 8 期,第 48~51 页。

[3] 丁建定,2013,《居家养老服务:认识误区、理性原则及完善对策》,《中国人民大学学报》第 2 期,第 20~26 页。

[4] 费梅苹,2014,《政府购买社会工作服务中的基层政社关系研究》,《社会科学》第 6 期,第 74~83 页。

[5] 管兵、夏瑛,2016,《政府购买服务的制度选择及治理效果:项目制、单位制、混合制》,《管理世界》第 8 期,第 58~72 页。

[6] 广州市民政局,2018,《以长者大配餐为突破口 探索广州社区居家养老共建共治共享新格局》,《中国社会工作》第 20 期,第 28~29 页。

[7] 胡宏伟、童玉林、郭少云,2013,《我国政府购买社会组织居家养老服务现状、问题与改进路径》,《广东工业大学学报》(社会科学版)第 4 期,第 41~51 页。

[8] 李兵，2016，《社会服务政策属性及构建的探索分析》，《社会发展研究》第2期，第138~155页。

[9] 李兵、张航空、陈谊，2015，《基本养老服务制度建设的理论阐释和政策框架》，《人口学刊》第2期，第91~99页。

[10] 李军鹏，2013，《政府购买公共服务的学理因由、典型模式与推进策略》，《改革》第12期，第17~29页。

[11] 李卫湘，2013，《广东：规范民政领域政府购买和资助社工服务》，《中国社会工作》第30期，第36~37页。

[12] 刘云，2017，《构建三级图书馆服务网络，黄埔打造10分钟阅读服务圈》，金羊网，http://news.ycwb.com/2017-11/15/content_ 25687070.htm。

[13] 林闽钢、周正，2014，《政府购买社会服务：何以可能与何以可为？》，《江苏社会科学》第3期，第101~105页。

[14] 莫冠婷、刘露，2018，《广东省民政厅部署推广广州社区居家养老"大配餐"经验》，《大社会》第6期，第20页。

[15] 穆光宗，2012，《我国机构养老发展的困境与对策》，《华中师范大学学报》（人文社会科学版）第2期，第31~38页。

[16] 彭少峰、杨君，2016，《政府购买社会服务新型模式：核心理念与策略选择——基于上海的实践反思》，《社会主义研究》第1期，第91~97页。

[17] 祁悦，2017，《中国农村社区养老服务供给与需求研究》，南京大学硕士学位论文。

[18] 秦松，2018，《养老大配餐 广州全覆盖》，人民网，http://gd.people.com.cn/n2/2018/0823/c123932-31967366.html。第26页。

[19] 宋国恺，2013，《政府购买服务：一项社会治理机制创新》，《北京工业大学学报》（社会科学版）第6期，第10~16页。

[20] 苏明、贾西津、孙洁、韩俊魁，2010，《中国政府购买公共服务研究》，《财政研究》第1期，9~17页。

[21] 邰鹏峰，2012，《政府购买服务的制度成效、问题与反思——基于内地公共服务现状的实证研究》，《学习与实践》第9期，74~79页。

[22] 王刚、姜维，2014，《比较视角下的中国社会服务模式重构》，《学术界》第7期，第74~83页。

[23] 王名、乐园，2008，《中国民间组织参与公共服务购买的模式分析》，《中共浙江省委党校学报》第4期，第5~13页。

[24] 许小玲，2012，《政府购买服务：现状、问题与前景——基于内地社会组织的实证研究》，《思想战线》第2期，第75~78页。

[25] 于东山，2010，《西方国家公共服务合同外包理论研究的新趋势》，《广东行政学院学报》第4期，第41~45页。

[26] 岳经纶、谢菲,2013,《政府向社会组织购买社会服务研究》,《广东社会科学》第6期,第182~189页。

[27] 詹国彬,2013,《需求方缺陷、供给方缺陷与精明买家——政府购买公共服务的困境与破解之道》,《经济社会体制比较》第5期,第142~150页。

[28] 张伟涛,2018,《广州市"一口热乎饭"破解社区居家养老难题》,《中国社会报》5月30日,第1版。

[29] 赵环、徐选国、杨君,2015,《政府购买社会服务的第三方评估:社会动因、经验反思与路径选择》,《福建论坛》(人文社会科学版)第10期,第147~154页。

NGO 参与残障人士支持性就业服务模式研究

——基于广州慧灵的案例

王潇　梁倩君　黄洁琪　陈嘉怡　李宗娅[*]

摘　要：支持性就业服务不仅能使残障人士融入正常劳动力市场，也能使其获得相应的社会尊重，被证明是一种有效的就业创新模式。广州慧灵较早在该领域进行积极探索，借鉴中国台湾和芬兰的经验，形成了一套相对完整的服务流程。其中慧灵庇护工场最为突出，然而不同于庇护性就业服务，支持性就业服务的高要求和高标准使机构在实际运作过程中并不顺畅，仍然存在机构人员不足、专业性不高、家庭支持力度小、缺乏政策支持等问题。本文建议完善有关支持性就业服务的政策，进一步完善和规范对此类 NGO 的扶持措施，并积极督促企业进行无障碍设施建设。

关键词：NGO　残障人士　支持性就业服务　广州慧灵

一　绪论

（一）研究背景

中国残联统计数据显示，目前，中国各类残障人士已达 8500 万人，约占中国总人口的 6.21%，其中仍有 1500 万名以上残障人士生活在国家贫困线以下，占贫困人口总数的 12% 以上。现阶段，我国正在为建设全面小康社会而奋斗，我国残障人士和全国人民一样有着共享社会发展成果、同奔小康的期望。然而，2013 年中国残障人士状况及小康进程检测报告显示，截至 2013 年，劳动年龄段生活能够自理的城镇残障人士的就业比例仅

---

[*] 王潇，中山大学政治与公共事务管理学院行政管理专业 2018 级硕士研究生，梁倩君、黄洁琪、陈嘉怡，中山大学政治与公共事务管理学院行政管理专业 2016 级本科。

为37.3%，农村为47.3%，这些数据表明，大多数残障人士处于失业状态，收入水平偏低，贫困问题突出，仅依靠政府根据政策发放的居民最低生活保障金以及残障人士补助金无法使残障人士的生活水平得到更大的提升。

关心残障人士是社会文明进步的重要标志。为推进残障人士事业的进一步发展，2018年，国家发改委、中国残联等15个部门印发了《关于扶持残疾人自主就业创业的意见》（残联发〔2018〕6号），明确了20多项促进残障人士自主就业创业、脱贫解困的扶持政策。在帮助残障人士实现就业的众多方式中，支持性就业被证明为一种有效的创新模式。支持性就业区别于传统的庇护式就业的重要特征是，支持性就业通过系统专业的引导扶持，帮助残障人士达到能与外界统合的状态，让残障人士被其他员工尊重，在享有相同的晋升机会的同时，形成与其他员工的良性互动，既让残障人士创造价值，也给予他们充分的尊重，帮助他们融入社会。

"十三五"期间，《残疾人就业促进"十三五"实施方案》第一次明确表示要开展支持性就业试点。此后，广州市残联于2014年发布《广州市智力残疾人支持性就业工作试行方案》，由残疾人就业培训服务中心负责主要事宜。相比于政府部门，作为重要的社会主体之一，NGO自身的灵活性、高效性、公益性，都使其在公共服务的供给过程中发挥着越来越重要的作用。支持性就业服务由政府和非政府组织共同承担，既能弥补政府财政支出不足的状况，又能缓解政府直接提供服务所带来的纠纷。

广州慧灵智障人士服务机构（本文行文中酌情简称广州慧灵）于1990年2月成立，是一家NGO，主要为中国心智障碍人士提供服务。近几年，广州慧灵在残疾人支持性就业服务方面展开了积极的探索，其借鉴中国台湾和芬兰的经验，形成一套残疾人支持性就业服务的流程。广州慧灵以下属机构"庇护工场"为依托，利用10多年积攒下的丰富资源，在筹集资金、申报项目的信息渠道上开辟新渠道。机构通过配备专业的就业督导，在就业准备阶段的就业岗位开发、就业前的考核以及就业阶段进行全程密集跟踪。这不仅能稳定残障人士的状况、减少家长的忧虑担心，还可以分担企业的风险，促进残障人士更好更快就业，是一个支持性就业方面的成功案例。然而NGO在实际运行过程中存在不少问题，一方面，内部工作人员专业性不强，人员流动性大，人手不够，并且对服务对象家庭的支持力度很小；另一方面，外部的支持力量有限，缺乏具体政策的支持，难以形成较大的受益规模，并进一步提高服务质量。

我国残障人士支持性就业服务刚刚起步，因此探究NGO参与残障人士支持性就业服务模式建构的成功案例，并分析其与政府部门和企业之间的关系，发现其实际运作过程中存在的问题，明确未来NGO提供服务的路径与方向，对我国残障人士就业事业发展具有十分重大的意义。

(二) 研究意义

1. **理论意义**

对社会而言，社会组织的体系创新是社会制度创新的重要内容，本文是关于广州市典型NGO尝试支持性就业的实证研究，通过梳理支持性就业过程中的具体实践和实践中蕴含的逻辑关系，探讨NGO在残障人士支持性就业方面发挥的作用，构建一个完整的慧灵服务模式，为将来NGO的支持性就业服务模式提供一个可参考的样本。

2. **现实意义**

对广州慧灵而言，残障人士支持性就业试行时间较短，正处于缓慢探索阶段，对慧灵运作机制的研究和分析可以帮助慧灵在残障人士支持性就业服务找到更精准的定位，并通过第三视角对广州慧灵提供的服务进行评析总结，反思其服务模式发展过程中存在的问题，为其建立更加先进的残障人士就业服务体系提供新思路。同时，广州慧灵的实践具有代表性和推广性，从宏观的慧灵服务模式及微观的服务理念、服务品质、工作经验、专业化评估等角度介绍慧灵的支持性就业服务，可以为其他残障人士服务机构提供经验及发挥榜样作用，让同类型社会组织完善和改进自身运营机制、提高服务综合水平与效率并最终找到适合自身的发展途径。

对残障人士而言，作为社会弱势群体之一，他们需要全社会的帮助和关心。本研究一方面可以为服务机构总体水平的提升提供案例借鉴，另一方面可以为残障人士的稳定就业提供经验参考，对社会公平建设以及社会的和谐稳定具有积极意义。

就社会参与体系而言，本研究对NGO在服务提供过程中存在的现实约束进行了详细梳理，同时对各个主体在互动过程中暴露出的问题进行了深入探讨，从政策导向及社会服务模式构建方面提出了相关对策建议。

(三) 研究问题

当前，我国的社会保障制度日趋完善，残疾人的福利、就业问题备受关注，支持性就业的理念与实践也不断发展，社会保障和支持性就业服务对残疾人实现就业和社会融入发挥了积极作用。但是，目前社会与就业市场仍存在残疾人定位"污名化"的问题，我国相关的支持性就业服务相较于国际社会的发展仍处于起步阶段，存在概念认识不清、实践不到位、具体成型模式缺乏、监测和统计数据缺失等现象；而广州慧灵在残疾人支持性就业上拥有较为丰富的经验，基于这些实际情况，广州慧灵支持性就业服务模式的经验与面临的困难成为本文的核心问题。

二 文献综述及研究框架

（一）基本概念的界定

本文聚焦于为残障人士提供支持性就业服务的中国 NGO，下文将以广州市慧灵智障人士服务机构的支持性就业服务模式为研究对象，深入了解我国 NGO 在残障人士支持性就业这一领域的经营运作情况，及其在中国支持性服务模块中所处的位置。

1. NGO

NGO（Non-Government Organization），直译为非政府组织，与非营利组织、公民社会组织、第三部门等用语意义相似，我国官方表述通常为民间组织。为书写简便，本文行文中多使用 NGO。关于 NGO，目前得到广泛认可的概念是由莱斯特·萨拉蒙（Lester M. Salamon）提出的"具有组织性、民间性、非营利性、自治性及自愿性的组织"。在此基础上，萨拉蒙与安纳尔（Helmut K. Anheier）曾添加非宗教性、非政治性两个特征，之后又进行修改，将其去除，但目前中国政府认可的 NGO 依然具有后面的两个特征（刘俊，2005）。中国较著名的 NGO 有妇联、残联等，其定位为与政府直接对接的大型联合会，也有民间社区一些以志愿服务性质为主的小组织，它们为特殊群体或弱势群体提供服务，主要服务对象包括长者、儿童、残障人士、青少年以及公众人士等。目前，我国 NGO 注册时的选择共有基金会、社会团体与民办非企业三类。

2. **支持性就业**

20 世纪 60 年代末，美国特殊教育工作者马克·戈尔德（Marc Gold）首次提出支持性就业（Supported Employment）的思路，他认为假设"如果接受积极的辅助性支持，所有的人都能够学会完成非常复杂的工作任务"，指出随着社会的发展，残障人士就业需求正从生存型需求转向更高层次的发展型需求，所以残障人士在就业过程中除了要解决就业问题外，还要追求个人能力的提升和自我价值的实现。1986年，美国首次将支持性就业立法，以法律为基础进行模式化服务流程。

欧盟委员会（European Commission，2011）发布的一份报告中对支持性就业做了详细的辨析，即支持性就业是一项计划，旨在帮助、支持残障人士或其他弱势群体在开放的劳动力市场获得有偿就业。该计划必须包括在获得工作之前、期间和之后给予雇员和雇主帮助和支持，其关键在于就业督导（job coach）的指导功能。此外，支持性就业重点关注残障人士的能力而不是残疾，目标是就业而不是活动或生存。

目前，支持性就业已经得到全世界的广泛应用和支持，然而在个别国家，许多不同类型的工作也被称为支持性就业，但从严格意义上来说，只有阶梯最顶端才是支持性就业的真正含义（见图1）。其主要阶段包括评估、工作搜寻、工作分析、工作匹配、工作设计、工作准备、在工作现场外的支持以及持续的支持。我国尚无正式文件提出支持性就业的概念及操作化的相关内容。

3. 残障

残障概念在不同的国家和文化下有不同的表述，但世界上大多数国家对残障的界定均指向生理和身心功能的丧失或不正常现象。《残疾人权利国际公约》中指出："残疾人包括肢体、精神、智力或感官有长期损伤的人，这些损伤与各种障碍相互作用，可能阻碍残疾人在与他人平等的基础上充分和切实地参与社会。"有学者归纳出医疗模型、慈善模型、道德模型、压迫模型、多元主义模型及社会建构模型等多种概念模型。这些现存的概念模型又可以归纳为个体模型、社会模型与整合模型。本文基于支持性就业的研究主题，选取了较为符合其服务理念的整合模型。整合模型将个体模型与社会模型两个模型整合在一起，主要关注公民权利，但并没有忽略个体伤残带来的能力削弱，将残障定义为由个体伤残与社会环境障碍共同造成的受限制状况（廖慧卿、杨罗观翠，2011）。

残障人士享有他们的人格尊严受到尊重的基本权利，并与其他人一样享有公民权利和政治权利。但是，在实际情况下，残障人士在就业市场上处于弱势和边缘化的地位，原因主要体现在制度排斥、观念排斥和教育排斥上。

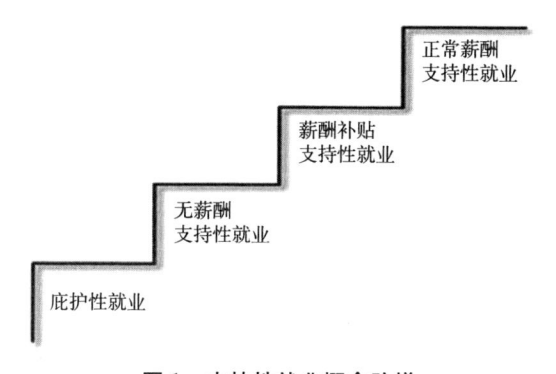

图 1　支持性就业概念阶梯

资料来源：European Commission（2011）。

（二）对相关内容的已有研究

支持性就业（Supported Employment）的相关研究一直备受学界关注，不少学者从不同研究视角为其提供理论依据。李静（2012）从"优势视角"出发，主张在帮助残障人士的过程中发掘其自身的潜能及所处环境的优势资源。另外，谢建社和彭焕城（2017）提出生态系统理论的观察视角，强调理解个人在家庭、团体、组织及社区中的社会生活功能。他们从这个角度上出发，发现残障人士的支持性就业服务不应该只局限于个体本身，也包括他们的家庭、朋友，以及他们所处社区、社会资源、政策获取等，这是一个系统工程。

从上述理论视角出发，支持性就业服务对残障人士重新融入经济社会大有裨益，在支持性就业服务中，为患有严重精神疾病的劳动者提供服务的 IPS（Individual Placement and Support）模型最具代表性，该研究经过随机对照实验验证了 IPS 可以达到 61% 的竞争性就业率（Gary，2008）。但事实上，现实实践往往与支持性就业的项目原则与模型存在众多差异。在对加拿大支持性就业项目的实施研究中，支持性就业有可能是由卫生、就业或非营利部门主导实施的，而不同城市各机构面临不同制度压力、与其他团体组织的互动和关系，以及价值观、信仰和意识形态的不同都有可能导致支持性就业服务提供具有差异（Matthew et al.，2011）。

我国目前仍未能为这种服务提供良好的环境和条件。在以往的支持性就业研究中，就有学者从家庭支持、社会机构数量、企业对残障人士接纳度、政府配套政策与社会文化五个方面上分析过支持性就业在中国面临的困境（卓彩琴等，2015）。目前，政府促进残障人士就业的政策可以大致分为以下三种：法规管制型政策、平衡型政策和替代型政策。其中，法规管制型政策又称政府主导型的政策，政府通过制定法律、法规要求用人单位按比例雇用残障人士，具有一定的强制性质；平衡型政策以增强残障人士竞争力为出发点，通过补贴提高雇主雇用残障人士的积极性，将这一部分生产力的损失经由政府财政补贴的方式转移到全体公民身上；替代型政策则假定残障人士不能完全参与开放劳动力市场的假定，为残障人士提供庇护性就业或安排在特殊岗位就业（廖娟、赖德胜，2010）。我国目前实施的残障人士就业政策仍然以按比例就业为主，在平衡型政策和支持性就业服务的提供上略有不足，并且由于条件限制，政府在残障人士培训、融入社会经济生活等方面上的工作显得心有余而力不足，因此，在这种情况下，NGO力量的加入、公私协力模式的构建便显得十分必要。关于NGO与政府部门的互动，学者为其划分出补充型、互补型和抗衡型三大类（田蕴祥，2014）。从中国台湾地区的经验出发，在政府与NGO提供残障人士就业服务的协力当中，这三种类型的互动方式都同时存在，NGO不仅可以为残障人士提供政府无法满足的需要，而且可以协助政府落实残障人士就业的各项政策，还可以督促政府进行变革，推动倡议残障人士就业政策的改良。

在帮助残障人士如何融入正规劳动力市场上，已有研究表明残障人士的家庭是重要影响因素之一。为保证残障人士顺利就业，其家庭需要与就业培训机构和专业人士充分沟通，以便更准确地评估子女参加工作的可能性，并对子女参加工作后可能出现的问题做好应对准备。同时，整个过程应在残障人士就业前开展，以保证充足的过渡与衔接周期。在培训上，除了技术能力外，企业还希望残障人士可以拥有社交、自主管理和解决实际问题的能力。此外，残障人士的培训应具备较高的灵活性，从而针对企业的要求以及残障人士自身情况做出调整。除了以上提到的方面外，这个过程中庇护性就业与支持性就业的衔接，以及工作过程中就业督导的陪同也起着重要作用（Vilà, Pallisera, Fullana, 2007）。就业督导拥有相关的技能和策略来实施适当的干预规划和评估实践时，就可以对残障人士获得的就业机会和就业质量产生积极影响（Butterworth et al., 2012）。以中国香港为例，支持性就业与医疗相结合，其服务主要由就业督导[①]提供。工作

---

① 就业督导是香港注册的职业治疗师，至少有一年的精神疾病康复临床经验。

发展由营销部门的人员或具有营销经验的人员提供，以确保为受试者提供最佳的后续支持（Chiu，Wong，2001）。此外，研究表明，自然支持（如无障碍设施建设等）是促进更好就业结果的潜在有用策略。因此，自然支持战略与就业相关结果（如工资、工作时间和工作任期）之间的联系值得进一步调查（Storey，2003）。

（三）相关国家和地区的经验：支持性就业服务模式构建

1. 中国台湾

自1993年起，台湾"行政院劳工委员会职业训练局"（以下简称"职训局"）针对功能较低的重度残障者、社会适应能力较低者，如慢性精神病患者，或在学习上有类化及沟通困难的中、重度智能障碍者等，制定了"支持性就业试行草案"并委托身心障碍福利机构试行一年，效果显著，获得好评。1995年，职训局正式开展"身心障碍者社区化就业服务"方案，无论残联者的障碍级别程度如何，都协助他们回归社会环境与一般人一起工作，以获得合理的薪资待遇（周姊毓，2016）。在服务方式方面，其工作主要由就业督导来进行，通过长时间的密集跟进为残障人士提供个性化的职业训练和工作安置。在服务手法方面，运用个案工作、职业评估、职务再设计等方式为残障人士提供服务，其中职务再设计决定残障人士是否能持续稳定就业，是最为重要的服务环节。广州慧灵主要借鉴台湾模式的经验。

2. 奥地利

支持性就业是奥地利的国家主流计划，它始于1992年对精神或身体残疾的人提供支持的试点项目。1994年，该项目被纳入"残障人士就业法"，这使其覆盖范围扩大，近几年又作为联邦劳动力市场计划适用于残障人士的部分，得到推广实施。在服务主体方面，主要由NGO提供服务，目前全国已有45家组织运行着135个与支持性就业相关的项目。而服务对象则主要为目标群体13~65岁不同类型的残障人士，比如年龄在24岁以下的没有获得学校毕业证书且拥有情感障碍的年轻人，或是残疾程度为50%以上的残障人士。支持就业服务包括两类就业专家："就业助理"和"工作教练"。前者协助客户长达12个月，后者提供更加密集的援助形式，持续时间较短，达成保留工作的目标即可。通常情况下，支持就业团队每个工作教练有5名就业助理，每位就业专家有15~30名客户。

为了鼓励雇主更积极地雇用残障人士，奥地利还专门制订了针对雇主的补贴计划，主要包括工资补贴和对无障碍工作环境建设的资金支持。招聘残障人士的雇主有权获得融合补贴。前三个月，补贴包括100%的总工资及50%的额外费用（如医疗和养老保险等），接下来的9个月，补贴占总工资的50%，占额外费用的25%。

总体来看，奥地利的支持性就业服务以残障人士和雇主的需求为基础，并通过国家顶层制度设计确保计划得以实行。例如：在资金来源方面，支持就业主要通过联邦社会福利办公室在国家一级提供资金，其中约40%的资金来自国家预算，35%来自欧洲社会基金，25%来自不履行就业配额义务的企业（同中国的残障人士就业保障金）。正是因为国家自上而下的制度设计，支持性就业在资金、资源等方面得到强有力的保障，同时还能使其他公共性服务（如失业救济金、养老保险、医疗保险等）得到较好的配套实施（European Commission，2011）。

3. 英国

与奥地利不同，英国自1995年就已出台《残障人士就业法》，然而其中并未提到支持性就业，也未构建国家相关的整体性框架。虽然英国没有成体系的支持性就业计划，但也颁布了若干针对残障人士就业的辅助政策：工作途径（Pathways to Work）、获得工作（Access to Work）、工作准备（Work Preparation）和工作步骤（Workstep）。2010年10月，工作和养老金部开始了一项名为"工作选择"（Work Choice）的新计划。"工作选择"实际上取代了工作步骤和工作准备计划，旨在帮助有就业意愿的残障人士寻找每周超过16小时的有偿工作，其支持时间分为短期（最长两年）和长期（至少两年）。在服务主体方面，主要由工作和养老金部通过就业中心提供就业服务，但目前大量的服务被就业服务承包商承包，据估计有400多个组织提供支持就业，其资金来源于地方当局、欧洲社会基金和医疗服务基金（European Commission，2011）。

英国政府充分利用了工作计划的工具性。在雇主方面，"工作机会"计划可以为残疾员工提供工作场所的设备，辅助工具或改装服务；在雇员方面，如果残障人士失业并开始新工作，若他为雇主工作不到6周，那么"工作机会"将支付100%的费用；如果残疾员工为雇主工作超过6周并且需要特殊设备或无障碍设施的改装，则雇员少于9人的雇主无须支付费用。拥有50～249名雇员的雇主将第一笔支付500英镑。拥有超过249名雇员的雇员将第一笔支付 1000 英镑。虽然没有完整的支持性就业框架，但是在就业和残疾计划的资助范围内，英国政府通过新的"工作选择"计划对雇员和雇主给予长期的支持，这为我国支持性就业发展提供了良好的经验借鉴。

（四）已有研究的不足及本文的研究内容

支持性就业过往研究成果为本文提供了充足的背景资料，世界各国及地区在支持性就业上的实践自 20 世纪 90 年代后期开始，至今已累积了不少值得借鉴的成功经验，但如果严格按照支持性就业的概念来评估，大部分国家的实践实际上不能被完全划入支持性就业的范围，尽管其中有些支持性就业项目已经形成了完整的模式流程，但仍处于试验阶段。

另外，现有的相关研究文献虽然在支持性就业在我国遭遇的困境、NGO 参与和残障人士就业政策上均有涉及，但并未有详细解析 NGO 支持性就业服务提供模式的研究，支持性就业上的统计数据和研究相较来说仍比较欠缺。寄希望于弥补这一方面的缺失，本文将从服务链条构建的角度出发，总结残障人士支持性就业服务提供的模式，通过对慧灵支持性就业服务的深入研究，聚焦残障人士重新进入经济社会就业的具体过程，重点探讨在这个过程中以慧灵为例的 NGO 所处的位置与所起作用。本文将详细分析中国以 NGO 为主体的残障人士支持性服务提供模式，进一步解构支持性就业困境，为这一方面的研究和发展助力。

（五）研究框架

本文采取以下研究逻辑。

首先，梳理现有的残疾人就业政策文件，及广州慧灵目前运营的大体状况。

其次，从服务对象筛选、就业培训、岗位对接、成功经验四个方面构建、分析广州慧灵现有的支持性就业服务模式。

再次，从广州慧灵与政府、残联、企业、家长多方联系出发，探究目前支持性就业面临的困境。

最后，分析上述困境的原因，提出促进我国残疾人支持性就业发展的对策建议。

研究框架如图 2 所示。

```
┌─────────────────────────────────────────┐
│        残疾人支持性就业发展概述           │
├──────────────────┬──────────────────────┤
│    政策背景      │  个案（广州慧灵）运营状况 │
└──────────────────┴──────────────────────┘
                    ↓
┌─────────────────────────────────────────┐
│     构建广州慧灵支持性就业服务模式        │
├──────────┬────────┬─────────┬──────────┤
│服务对象筛选│就业培训 │ 岗位对接 │ 成功经验 │
└──────────┴────────┴─────────┴──────────┘
                    ↓
┌─────────────────────────────────────────┐
│     构建广州慧灵支持性就业服务模式        │
├──────────┬────────┬─────────┬──────────┤
│   政府   │  残联  │  企业   │   家长   │
├──────────┴────────┴─────────┴──────────┤
│          寻找困难所在及其原因            │
└─────────────────────────────────────────┘
                    ↓
┌─────────────────────────────────────────┐
│              提出对策建议                │
└─────────────────────────────────────────┘
```

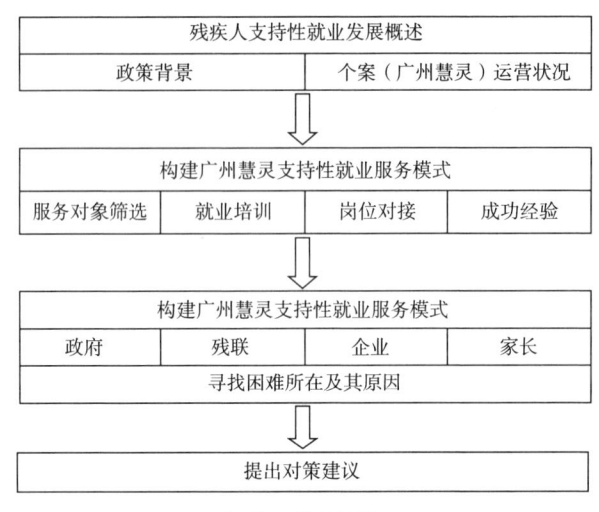

图 2 研究框架

三 研究方法

（一）资料收集方法

1. 实地调研法

为了深度了解残障人士支持性就业服务机构的运行情况，笔者综合运用开放式访谈、重点访谈与结构性访谈的方式，对广州市慧灵智障人士服务机构下的慧灵庇护工场以及广州市残障人士委员会下属的就业培训服务中心开展侧重点不同的主题访谈。

对于慧灵庇护工场的负责人，主要通过面对面访谈了解广州慧灵开展服务以来取得的阶段性成果、残障人士支持性就业服务具体操作流程和评估系统、企业与家长以及就业督导在项目中的参与情况、政府机构以及广州市残联在这方面给予的支持、广州慧灵在此项目上遇到的困难与对未来的规划等，希望通过访谈详细构建广州慧灵在残障人士支持性就业服务中的运行模式。在了解广州慧灵模式具体如何运作的基础上，笔者进一步与广州市残疾人联合会（下文简称广州残联）下的就业培训服务中心的相关负责人进行面对面访谈，着眼于了解广州残联现阶段开展的残障人士支持性就业服务项目、广州残联在整个项目中所扮演的角色，以及广州残联作为事业团体对提供支持性就业服务的 NGO 给予的人力、物力和财力等方面的支持。最后将通过对广州慧灵庇护工场的回访详细了解广州慧灵和广州残联之间的具体项目对接，旨在完整构建 NGO 在残障人士支持性就业领域中的参与模式。

2. 参与式观察法

为了对残障人士参与支持性就业项目有真实的感知，笔者前往广州慧灵庇护工场进行实地调查，观察社工人员、智障人士群体、场地环境等的真实运作情境并参与到庇护工场开展的具体课程当中，对广州慧灵庇护工场的实际运作进行系统观察和记录。

3. 二手数据收集法

本文将通过相关机构提供的有效资料、书、报刊以及互联网信息收集等方式，收集与残障人士支持性就业相关的制度条例、政策文件、以往研究文献，详细了解我国现行的残障人士支持性就业模式，深入了解 NGO 如何参与残障人士支持性就业服务模式，以及残障人士支持性就业项目面临的困境，探讨可行的解决路径。

（二）资料分析方法

本文首先通过文献分析法对查到的相关档案资料、已发表和出版的相关文献进行分析研究，再对收集到的材料和数据进行深入解析。本文以广州慧灵形成的一套残障人士支持性就业服务的操作流程为切入点，客观呈现我国残障人士支持性就业服务模式的现状，梳理政府部门与 NGO 分别扮演的角色以及两者之间的关系，运用归纳法总结其优点及成功经验，及时发现存在的困难与不足，推动中国残障人士支持性就业服务体系的构建与完善。

四 残障人士支持性就业发展概述

（一）支持性就业相关政策梳理

本文收集了中华人民共和国国务院、财政部、民政部和中国残联的残障人士支持性就业相关政策，对目前的残障人士支持性就业政策进行简要的梳理和分析。

"支持性就业"概念第一次出现在政策文件中是在中国残联、国家发改委等 8 个部门颁布的《关于发展残疾人辅助性就业的意见》，其中提到要"加强就业指导员培训,提供支持性就业服务,帮助辅助性就业机构中已具备条件的智力、精神和重度肢体残疾人融入劳动力市场实现就业"。但辅助性就业是当时残障人士就业兜底的重要手段,支持性就业仍未受到重视。

"十三五"期间,"支持性就业"概念被多次提及,其中,国务院发布的《残疾人就业促进"十三五"实施方案》第一次明确表示要开展支持性就业试点,全国各地开始培养就业辅导员并进行试点工作,有效促进了支持性就业的开展,为进一步推广支持性就业积累了宝贵的经验。《"十三五"推进基本公共服务均等化规划》提出要加快推进公共场所和设施的无障碍改造,关注支持性就业的其他实施条件和保障设施,丰富了支持性就业的内涵。

从政策发布的数量来看,国家发布的残障人士支持性就业政策总体较少,更新速度慢,支持性就业并没有单独的政策文件,但支持性就业相关文件数量逐年增多,重视程度逐渐提高。从政策发布的时间节点来看,在"十三五"规划之前,相关政策文件中并未出现"支持性就业"等关键字;在"十三五"期间,政策数量大增,且出现了"支持性就业"这一概念。

从政策内容来看,我国残障人士支持性就业政策内容不断丰富。支持性就业政策从单一的强制企业招聘到多渠道保障残障人士支持性就业,从单向岗位提供到残障人士就业技能培训、岗位提供、辅助硬件设施多种就业保障,从总体统筹到有针对性地细化支持残障人士就业保障,从政府主导到社会不断参与,政策内容更加贴合支持性就业的内涵与时代发展的需求。

我国残障人士支持性就业政策不断发展,但依然存在不足,现阶段主要存在以下几个问题。第一,我国残障人士支持性就业政策数量不足,且难以形成体系。残障人士支持性就业不仅局限于岗位提供和多种就业保障,还涉及社会保障金,失业、再就业、支持性就业人才培养,残障人士信息获取等多个领域,因此残障人士支持性就业政策数量远远不够,覆盖领域不够全面,难以形成一套完整的政策体系。第二,从政策激励对象来看,支持性就业政策主要是对企业招聘残障人士进行财政激励,而对激励残障人士自身而言,政策仅涉及提供康复工作、税收优惠和无障碍设施保障,对残障人士自身的激励较小。第三,从政策发布内容来看,虽然政策已初步明确支持性就业大致的指导方向,但对于该项工作实际操作方面的指引较为缺失,导致许多政策难以真正落实到位。

（二）慧灵支持性就业现状

广州慧灵智障人士服务机构于1990年2月成立，为非营利机构，主要为中国内地智障人士、弱能人士提供服务。经过10多年的发展，广州慧灵开设有幼儿园、学校、职业训练中心、托养中心和家庭服务，并先后在中国各地区设立分会，包括西安、青海、天津、清远、重庆、万州、长沙、兰州和香港等地，为不同年龄、类别的智障弱能人士提供多元化的社区服务。

广州慧灵在残障人士支持性就业服务方面展开了积极的探索，借鉴中国台湾和芬兰的经验，形成一套残障人士支持性就业服务的流程，包括多渠道开发就业岗位、为残障人士制订合适的就业计划、陪同残障人士就业、后续的追踪辅导以及在成功就业后对就业个案的整体评估。其中慧灵青少年展能中心、慧灵庇护工场、慧灵农场、慧灵麦子烘焙都是在其中发挥重要作用的机构。广州慧灵下属机构设置情况见表1。

表1 广州慧灵下属机构设置情况

机构	成立时间	服务对象	服务内容
慧灵青少年展能中心	2006年	15岁以上的轻中度智障青少年	提供职业教育和训练，为其将来能够适应庇护工场、支持性就业或社区就业打下良好的基础
慧灵庇护工场	2008年	18岁以上的轻度智障青年	提供劳动技能、艺术调理训练及食宿服务，培养其工作习惯和社会就业适应能力，并推荐经过培训的智障青年就业
慧灵农场	2008年	智障人士	引入"农场疗法"概念，帮助智障人士掌握生活和工作技能，重新融入社会
慧灵麦子烘焙	2013年	智障人士	给智障人士提供就业机会

资料来源：相应机构官方网站。

五 慧灵庇护工场服务模式分析

慧灵庇护工场从2008年开始提供残障人士支持性就业服务，主要服务对象为18岁以上的轻度智障青年，致力于提供劳动技能、艺术调理训练及食宿服务，培养其工作习惯和社会就业适应能力，并推荐经过培训的智障青年就业。无论是对于培训人员的筛选，还是培训过程中的服务提供，抑或是对接受培训后的残障人士输出、跟踪、监督、反馈，都形成了一套完整的流程。慧灵庇护工场中残障人士支持性就业流程大致可以分为三部分：一是慧灵培训人员（督导）的筛选以及残障人士准入机制，二是培训过程中的具体操作以及监督，三是残障人士与社会的对接。

（一）慧灵培训人员的筛选以及残障人士准入机制

1. 培训人员筛选

慧灵庇护工场的培训人员又称就业督导，负责残障人士的技能培训以及看护，具有一定的社工性质。培训人员一般通过招聘或者自愿进入，具有社工经验、方便为残障人士提供照料或教授艺术方面知识的人员会被优先聘用。同时，慧灵也会制订人才储备计划，例如在全国范围内招聘相关专业的应届高校毕业生，前期提供实习和培训，后期可直接留任。就业督导入职慧灵前必须经过试用期的考核，考核通过后，慧灵对准员工进行入职培训，并且每个月会开展服务规范以及相关技能方面的培训，从而确保培训人员的服务质量。就业督导的工资一般来源于服务费和社会捐赠，外加一部分政府补贴（但政府补贴不是稳定发放）。该资金中的60%～70%用于提供服务，30%～40%用于工资发放。就业督导的工资由广州最低基本工资和绩效奖励两部分构成，每个月除去社保后为3000～4000元，处于劳动力市场的较低水平。

2. 残障人士准入

由于慧灵庇护工场主要服务对象为轻度智障青年，因此需要对服务对象进行适当筛选。目前残障人士主要有三个来源：一是社会上通过相关信息了解到慧灵的有需要的残障人士自主报名；二是慧灵前期培训机构，如对青少年展能中心等服务对象的后期吸纳；三是针对各区相应的特殊学校学生进行招募。残障人士根据自愿原则进入庇护工场，但需经历三个月的试用期以判断其是否具有就业能力及就业偏好，在就业培训阶段缴纳一定的服务费（用于培训人员的工资以及机构正常运转），按照能力偏好或者能力高低划分培训方向（由于残障人群的特殊性，其一般接受较为简单的工作培训，如手工、绘画等）。

（二）残障人士与社会的对接

1. 前期培训

慧灵庇护工场按照不同的难度以及工作内容分为不同的教学班，残障人士按照个人兴趣以及工作能力进行选择，工作培训内容主要由外界部分团体和个人的订单决定，相当于培训和工作同时进行，在这个过程中同时培养残障人士的劳动技能，提高其工作能力等。

2. 准备阶段：就业岗位开发

目前，通过培训评估的残障人士主要有三个就业流向：一是慧灵内部的合适岗位如厨师、清洁工等，以及慧灵创办的附属社会企业，如麦子烘焙坊；二是残障人士家长会组织开办的企业或者家庭本身具有的工作岗位，如花店或自家超市的收营员；三是有需求的外部企业，如星巴克、麦当劳、大家乐等。为了推动残障人士进入外部企业工作，与社会产生更加良好的互动，首先，慧灵就业督导会搜集各类招聘信息，和相关企业进行联系协商，通过对雇主访谈，做初步环境分析及工作分析，为残障人士争取工作岗位。其次，慧灵会定期举办慈善晚会进行就业推介。就目前情况来看，残障人士进入的大多是麦当劳、大家乐等餐饮企业，或小型餐厅中的保洁和服务岗位，经过长期的合作，慧灵庇护工场已与某些企业建立了良好的信任与对接关系，保障了残障人士的就业去向。

3. 评估阶段：就业前的考核

经过一段时间的培训，残障人士可以通过自由选择进行就业。就业之前慧灵会对其进行评估，主要包括个人支持性就业能力考核、个人就业意愿和倾向调查以及家长意愿调查，当三个方面都符合评估标准时，慧灵会推荐其上岗，残障人士正式进入就业阶段。另外，慧灵还会根据对残障人士的不同评估情况进行对应岗位推荐。

4. 就业阶段：跟踪监督支持残障人士就业

在支持就业方面，慧灵庇护工场有一套专业科学的评估风险系统，需要将对应工种的每个工作工序化，再辅导残障人士进行长期训练，比如擦桌子，需拆分成五步才能完成。在实操层面，就业督导前期会进行密集跟进，包括让残障人士熟悉交通和工作环境，刚开始几乎每天都要进行跟进，大概两个月以后才会变成每周一次，再逐渐演变成每月一次、每年一次。其后除非出现特殊状况，如企业致电，才会上门跟进。同时，不需要就业督导进行跟进，这也是个案成功的标志之一。

总体说来，慧灵残障人士支持性就业模式的建构（见图3）除了自身一套完整的服务流程外，也离不开社会大环境的支持。例如2000年通过的《广东省分散按比例安排残疾人就业办法》规定，"用人单位应当按不低于上一年度平均在岗职工人数的百分之一点五比例安排残疾人就业"，这推动企业更好承担吸纳残障人士就业的责任，使慧灵培训的残障人士有就业的岗位保障，在整个过程中，残联参与提供项目和指标，推动了慧灵残障人士支持性就业进程。因此，残障人士支持性就业的成功推广，不仅需要社会组织提供就业服务，还需要家庭、企业积极配合支持以及政府的政策推动和支持。

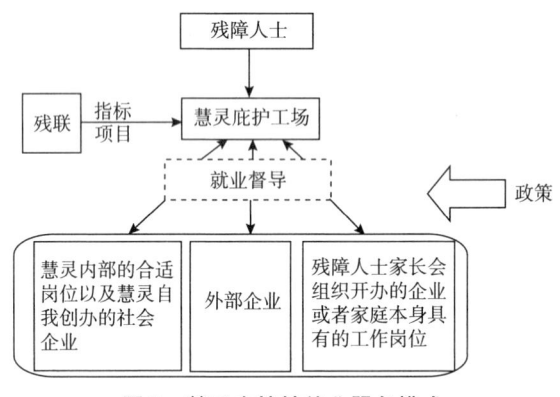

图3 慧灵支持性就业服务模式

（三）慧灵成功的原因

1. 融合构建完整的残障人士服务体系

除了庇护工厂之外，慧灵还拥有众多为残障人士提供服务的机构，这些机构共同为支撑其支持性就业服务提供后盾。小到幼儿园教育，大到教育慈善中心，再到展能中心，以及与之衔接的庇护工厂，各个部门形成一条完整服务链，向外界延伸。此外，还有两个社会企业——一个是麦子烘焙，另一个是慧灵农场，可以让受过教育、培训的残障人士进行庇护性就业或辅助性就业，其中能力满足要求的会被进一步推荐到外界企业就业。支持性就业处于整个链条的末端、培训体系的顶端，从早期开始，经过长时间的教学与训练，为残障人士融入社会打下良好的基础。这个体系将残障人士的教育、培训、就业拼接融合成一个有机整体。

2. 拥有丰富的资源

广州慧灵是一家老牌NGO，拥有丰富的资源。在服务对象上，一改以往残障人士分散孤立的社会状态，如今慧灵旗下的众多机构如幼儿园、展能中心、托养中心等将服务区域内的残障人士集中起来，潜在的服务需求更容易被发现；与其他相似组织的联系让一些职高的应届毕业生可以通过个案转接慧灵的服务。在输出对象上，接收慧灵输送的残障人士的企业很多成为慧灵的长期合作对象，如麦当劳、大家乐与一些福利企业，它们可以为进入支持性就业的残障人士提供服务、保洁等工作岗位；另外，慧灵也从家长中发掘资源，开发出更多的就业岗位。除此之外，慧灵十几年的工作经验也让其在筹集资金、申报项目上有更多的信息渠道与资源，例如慧灵举办多年的慈善义卖晚会就是机构资金筹集的一个主要方式。

3. 对服务对象全程跟踪，提供细致入微的帮扶服务

从世界各国进行的支持性就业实践结果来看，成功的支持性就业实践在很大程度上离不开负责、灵活的就业督导，他在残障人士、家长、企业三者间扮演重要的协调角色。慧灵在构建支持性就业服务模式上吸取了中国台湾、芬兰的经验，在就业督导的工作设计、安排、评估上达到出众效果。在开发就业岗位，对个案进行评估匹配后，就业督导的长期跟踪可以帮助稳定残障人士的状况，减少家长的担心，还可以分担企业的风险，让企业更乐意雇用残疾员工。

六 慧灵残障人士支持性就业模式建构

（一）慧灵与政府、残联、企业的关系

1. 支持性就业领域里的角色

在支持性就业服务领域，慧灵是第一线接触到服务对象的机构，承担的工作具体而又细致，因此该类NGO是中国支持性就业服务提供的主体。虽然政府和残联也有一些为残障人士就业提供服务的机构，如街道工疗站、康复中心等，但此类机构仅满足了残障人士休闲娱乐与康复的需求，残障人士就业培训服务中心也无法提供集中、有针对性的培训与支持，因此像慧灵这样为残障人士提供培训、就职引导跟踪的机构才是支持性就业服务的主要提供者。目前中国官方机构不提供支持性就业服务，政府仅提供了若干辅助性政策与少量资金支持。残联作为沟通政府与向残障人士提

供服务的一方，近年来逐渐开展了支持性就业的服务项目，在该领域主要扮演交接协调、平台搭建的角色。企业作为支持性就业领域的重要主体，在政府关于残障人士就业政策的指导下，提供适合的就业岗位。随着近年来促进残障人士就业项目的不断推广，企业对残障人士的接纳程度不断提高，此外，从2018年开始，残障人士就业保障金由税务部门征收，引导企业在残障人士就业上由被动的接纳者转变为主动的招聘者。

2. 慧灵支持性就业服务模式中的政府、残联与企业的关系

从相关访谈资料来看，在广州慧灵庇护工场以及大部分提供与其相似服务的NGO支持性就业服务模式中，虽然有政府与残联的帮助，但二者在其中所占的比例并不大。一方面，虽然民政局的公益创投项目可为慧灵的支持性就业服务提供资金，但这并非残障人士支持性就业的专项项目，申报、投标的情况不稳定使其无法成为慧灵资金的固定来源；另一方面，残联每年有支持性就业的相关任务，也会给予相应资金支持，但这根本无法补足慧灵提供服务的成本，甚至大部分资金会定向流入肢体残疾的群体，而不是慧灵服务的心智障碍群体。虽然如此，但随着地方政府对残障人士就业的重视，许多新成立的NGO可以与政府、残联对接，有意向发展残障人士支持性就业的地方政府会直接向该组织机构购买服务。慧灵等NGO在残障人士的就业过程中扮演了至关重要的角色（见图4）。在残障人士就业前，NGO需对残障人士进行职业培训，对残障人士及其家属进行心理疏导，并为企业匹配适合的残障人士进行就业；在残障人士就业时，则要与企业一起促进残障人士尽快融入就业环境，并持续关注残障人士与企业的互动。

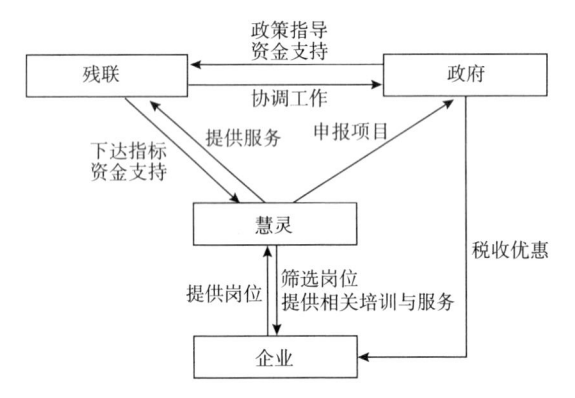

图4 政府、残联、企业与慧灵在残障人士就业过程中的作用

（二）现行模式存在的问题与不足

从 2008 年开展残障人士支持性就业服务至今，慧灵在这个项目上已经取得了显著的成绩，成为众多提供残障人士支持性就业服务的 NGO 中比较典型的成功案例。然而，笔者从实地考察与访谈中得知，慧灵模式的发展也存在一些亟待解决的问题。

1. 受益规模小

慧灵针对残障人士支持性就业服务个案制定了科学完善的操作流程，但总体来说，受益于这项服务的残障人士群体规模非常小。由于残障人士就业失败率高、培训难度大等原因，2008~2017 年，慧灵共推出了大概 60 个个案，其中仅有大概 40 个个案在慧灵成功实现了支持性就业，在 2017 年广州残障人士联合会给出的 10 个指标中，慧灵仅完成了 60%。虽然慧灵已在总结经验中逐步扩大个案数量，但面对庞大的残障人士群体，仍然显得有些力不从心。

2. 家庭支持力度小

残障人士家庭对残障人士外出就业普遍存在担心和顾虑，由于家长担心其在外出就业过程中会受到身体上或者精神上的伤害，若非家庭条件困难，很少有家长会支持残障人士就业。

企业不愿担责与家庭不愿让残障人士承担风险的想法不谋而合，很多家长通过"走关系"甚至自费等方式把残障人士以员工的名义挂靠到企业的就业名额中，企业为其购买医保、社保，甚至发放一定工资，但是不需要残障人士真正到岗就职。企业以此完成接纳残障人士就业的配额指标，从而可以免交残障人士保障金甚至免税，家长则不用担心残障人士受到不必要的伤害。由于家庭因素的干扰，慧灵的工作难以开展和跟进，大量残障人士未能实现支持性就业。

3. 企业提供岗位时存在偏好，且劳动保护措施缺失

按照政策要求，我国企业需要雇用一定比例的残障人士，但是考虑到需要为残障人士提供同工同酬、社会保险与生活福利、特殊劳动保护以及承担意外风险等因素，多数企业选择直接缴纳残障人士保障金或者采取残障人士挂靠等方式，并不真正雇用残障人士。因此，2017 年以前愿意接纳残障人士的企业数量少，难以满足残障人士就业的岗位需求。再者，企业在聘用残障人士时存在明显偏好，一般更愿意面向轻度或中度肢体残疾的

残障人士群体，在学历等硬性条件上的要求也较高。对于慧灵的智障人士就业群体来说，找到合适就业岗位的难度相对较大。

另外，企业即使能够提供符合规范的劳动合同，在就业过程中，仍然难以为残障人士提供相应的专门的劳动保护措施。

4. 机构人员数量不足，专业性不高

慧灵的内部工作岗位，不管是就业督导还是普通社工的职位，都很难招聘到合适的就职人员。一是外来应聘的人员少；二是高校前来对口实习的学生普遍不愿留下，转正率低；三是已经入职的员工流失情况严重。这几个方面造成了慧灵虽然想招收专业对口（具有社工、心理学、教育学等学科背景）的人员，但被迫放宽招收标准，除了对专业不设限外，慧灵甚至对应聘者学历水平也不做硬性要求，即便如此，有意入职的人也非常少。

此外，岗位留不住人的情况对在机构内被培训的智障人士有明显的影响，适应新的培训风格、平缓情绪等对他们都是很大的挑战。

5. 外部支持力量有限

目前，慧灵的运行资金主要来源于参加慈善晚会义卖活动及其他义卖活动所筹得的款项，在其他方面获得的支持非常有限。一是申请政府民政部门发起的"公益创投"项目，这一资金来源具有不稳定性；二是与残联所发起的相关支持性就业项目合作，完成相应指标以获取资金帮助，这一渠道相对稳定但获得的资金支持十分有限；三是接受社会组织的捐赠，这方面的捐赠主要是物资捐赠，少有资金输入。近年来一些开展残障人士支持性就业服务的NGO也在兴起，但目前慧灵没有与其他NGO深入交流，不能形成合力。

6. 缺乏政策扶持

虽然政府颁布了一系列残障人士就业保障条例，但是从政策文本来看，推动残障人士就业的责任明显落在企业上，如企业向残障人士提供就业岗位必须签订一年以上劳动合同，必须同工同酬且不得低于当地最低工资标准，必须按规定为残障人士购买医社保，必须提供相应劳动保护以便利残障人士，等等。这些规定造成的局面是企业不愿承担接纳残障人士就业后的责任和成本，趋向缴纳残障人士就业保障金，抑制了残障人士支持性就业的发展。

在这样的政策模式下，残障人士放弃就业在家中领取津贴和补助金成为主流模式，在推动残障人士支持性就业的发展过程中，政府的作用显然弱化。

7. 就业岗位供过于求

2016~2018年，慧灵面临的问题从就业岗位数量无法满足需求转变为就业岗位供过于求，愿意参与支持性就业项目的残障人士数量远少于可提供的岗位数量。自2018年起，残障人士就业保障金的征收工作由原来的残障人士劳动服务机构负责，改为由税务部门负责，征收形式的转变使企业在按规定缴纳残障人士就业保障金时的要求更加严格，越来越多的企业更愿意向残障人士开放就业岗位。然而，在岗位数量明显增加的情况下，残障人士由于家庭不支持，对支持性就业参与度较低。

七 对策建议与总结

（一）对策建议

支持性就业的发展离不开政府的政策支持和引导，针对支持性就业中出现的问题，本文提出以下建议。

1. 完善支持性就业相关政策并落实

在相应政策激励与补偿效果不强的情况下，企业依法安排残障人士支持性就业的动力与残障人士参与支持性就业的动力低下，为此，需要完善相应的奖惩制度，加大企业和残障人士对支持性就业的认知和支持力度。相关的政策主要包括以下三个部分。

（1）激励政策：现存的支持性就业政策更多的是对企业的财政激励，而缺少对残障人士自身的激励，这使部分残障人士更倾向于在家领取津贴而不进行就业，基于此，政府应该出台相应的残障人士就业激励，对进行支持性就业的残障人士给予奖励。如在英国，就业津贴补助在未就业前平均71.7磅/周，就业后为100.15~106.5磅/周，这能够在一定程度上鼓励残障人士积极参加工作。

（2）补偿政策：许多支持性就业的政策加重了企业负担，一些用人单位考虑到残疾职工的医疗支出、劳保福利、住房要求、退税比例等问题，宁愿交残保金也不愿招聘残障人士，或者有的企业会"变通"招用残障人士，采用挂名的方式，无法真正实现残障人士的支持性就业。对招聘残障人士使成本增加、工作效率降低的企业给予一定的经济补偿，可以使企业对招聘残障人士持更加乐观的态度。

（3）相应的配套政策：残障人士支持性就业的相关政策不能仅局限于特定的领域，还应涉及更全面的保障范围，例如无障碍设施、失业、再就业等，从而形成一套完整的政策体系，为残障人士支持性就业提供政策保障。

2. 加大对涉及残障人士的社会组织的扶持力度

政府出台相应的社会组织支持性就业的扶持政策，可以鼓励更多的社会组织参与支持性就业的服务，让政府与社会组织形成合力，形成更好的社会环境。此外，政府应当鼓励支持性就业机构进行创新，如开展与支持性就业相关的课程、就业指导，采用更先进的培训方法，加大对残障人士支持性就业的宣传力度。

3. 加大对支持性就业的宣传力度

社会上对残障人士就业的"污名化"使残障人士、残障人士家属和企业对于残障人士外出就业没有信心，间接影响了整个支持性就业系统的运行。政府应当加大对残障人士支持性就业的宣传力度，让全社会明白对残障人士支持性就业的意义和社会应当承担的社会责任，形成支持性就业的良好社会氛围。

4. 政府、企业和相关社会组织应积极优化残障人士岗位开发机制

政府应积极引导企业和相关社会组织应依据残障人士自身的特点为其开发相应的岗位，发挥其特长，化残为优；同时，在保留传统行业时，应积极提高残障人士在新型行业发挥优势的可能性，使支持性就业形成可持续发展的态势，使残障人士能依靠自身能力真正走上支持性就业的道路。

（二）总结与展望

本文立足过往研究成果和社会保障相关政策，通过对广州慧灵这一个案进行深入研究，从支持性就业模式出发，构建了慧灵、政府、残联、企业和残障人士之间的互动关系模型，并对广州慧灵的成功经验和发展困境进行探讨。研究发现，我国社会保障在理念上、具体的政策内容上和执行上与支持性就业模式存在冲突，这一冲突具体表现在以下几个方面。第一，在理念上，对残障人士的定位"污名化"；第二，在具体的政策内容上，对支持性就业认识不清；第三，在执行上，缺少弹性帮助和政策扶持（包括缺少对雇主和雇员的激励措施、缺乏监测和统计数据、缺乏相应的专业服务和配套设施），并且覆盖规模较小。基于此，我们认为，研究者可以将目光聚焦于我国现行的社会保障政策和残障人士支持性就业之间的冲突上，进行更加深入的研究。

参考文献

[1] 包学雄、肖静，2017，《论我国残疾人辅助性就业》，《长春师范大学学报》第7期。

[2] 傅高山、蔡聪、梁土坤，2014，《中国残障人观察报告2014》，其实咨询、《有人》。

[3] 李静，2012，《从生活救助到就业支持——优势视角下残疾人福利的实现路径》，《南京大学学报》（哲学·人文科学·社会科学版）第6期，第67~72页。

[4] 廖慧卿，2014，《交换、福利抑或挤占——残障人士的保护性就业》，《社会学研究》第1期，第148~173、244~245页。

[5] 廖慧卿、杨罗观翠，2011，《残障概念模型与残疾人集中就业政策工具研究》，《华南师范大学学报》（社会科学版）第5期，第87-94页。

[6] 廖娟、赖德胜，2010，《残疾人就业服务体系的构建：从分割到融合》，《人口与发展》第6期，第84~87页。

[7] 林静新、古阳春、林一帆，2013，《广州市智障人士支持性就业实践及政策援助诉求》，《改革与战略》第8期，第117~120页。

[8] 刘俊，2005，《中国非政府组织（NGO）现状分析》，《台声》（新视角）第1期。

[9] 宋颂，2015，《国际残疾人支持性就业比较研究》，《残疾人研究》第1期，第66~69页。

[10] 田蕴祥，2014，《公私协力模式下的劳动就业促进政策研究——以台湾地区残疾人事业发展为例》，《湖北社会科学》第4期，第39~44页。

[11] 谢建社、彭焕城，2017，《生态系统视野下的残疾人支持性就业探析——以广州S街道为例》，《残疾人研究》第1期，第61~67页。

[12] 郑功成，2008，《残疾人社会保障：现状及发展思路》，《中国人民大学学报》第1期，第2~9页。

[13] 周姊毓，2016，《台湾残疾人支持性就业服务及启示》，《现代特殊教育》第14期，第73~76页。

[14] 卓彩琴、林诚彦、张凤琼、欧阳婷，2015，《残疾人支持性就业模式建构——基于"广州慧灵"的实践研究》，《社会福利》（理论版）第12期，第45~49页。

[15] Bond, G. R., Drake, R. E., Becker, D. R, 2008, "An Update on Randomized Controlled Trials of Evidence-based Supported Employment," *Psychiatric Rehabilitation Jour-*

nal 31 (4), p. 280.

[16] Butterworth, J., Nord, D., Migliore, A., Gelb, A., 2012, "Improving the Employment Outcomes of Job Seekers with Intellectual and Developmental Disabilities: A Training and Mentoring Intervention for Employment Consultants," *Journal of Rehabilitation* 78 (2), pp. 20 – 29.

[17] Chiu, R., Wong, K., 2001, "A Hospital–Based Supported Employment Service for Persons with Mental Illness in Hong Kong," *World Federation of Occupational Therapists Bulletin* 44, pp. 1, 5 – 11.

[18] Dewa, C. S., Loong, D., Trojanowski, L., Bonato, S., 2018, "The Effectiveness of Augmented Versus Standard Individual Placement and Support Programs in Terms of Employment: A Systematic Literature Review," *Journal of Mental Health* 27 (2), pp. 174 – 183.

[19] European Commission, 2011, "Supported Employment for People with Disabilities in the EU and EFTA–EEA," Publication Office of the European Union.

[20] Keith, S., 2003, "A Review of Research on Natural Support Interventions in the Workplace for People with Disabilities," *International Journal of Rehabilitation Research* 26, pp. 79 – 84.

[21] McGurk, S. R., Mueser, K. T., 2004, "Cognitive Functioning, Symptoms, and Work in Supported Employment: A Review and Heuristic Model," *Schizophrenia Research* 70, pp. 147 – 173.

[22] Menear, M., Reinharz D. et al., 2011, "Organizational Analysis of Canadian Supported Employment Programs for People with Psychiatric Disabilities," *Social Science & Medicine* (72), pp. 1028 – 1035.

[23] Menear, M. et al., 2011, "Improving the Employment Outcomes of Job Seekers with Intellectual and Developmental Disabilities: A Training and Mentoring Intervention for Employment Consultants," *Journal of Rehabilitation* 72, pp. 1028 – 1035.

[24] Vilà, M., Pallisera, M., Fullana, J., 2007, "Work Integration of People with Disabilities in the Regular Labour Market: What Can We Do to Improve These Processes," *Journal of Intellectual & Developmental Disabilify* 32 (1), pp. 10 – 18.

从项目制看社工人才流动

——以佛山市禅城区为例

董蕴慧 安妍 王翊珵 公冶音凡[*]

摘 要：广东省佛山市禅城区的社工行业采用项目制的方式购买社工服务，当前面临社工人才流动性较大的困境，稳定的专业人才队伍难以形成，社工提供服务的质量也受到影响。本文结合项目制经费受限、项目周期短与项目数量和种类较多等特点，从社工的薪酬水平仍然较低、职业上升空间有限、社会对社工行业的认同度不高，以及社工多元项目使执行难度高等方面，对社工人才流动现象进行原因分析，力图回答项目制为何导致禅城区社工人才流动性较大，并提出释放社会需求以推动社工行业发展、提升社工的福利待遇水平与社会认同感等建议，以期社工这个新兴行业能够吸纳更多的优秀专业人才，促进行业良性发展。

关键词：社工 人才流动 项目制 薪酬

一 导言

（一）研究背景

社会工作是政府主导参与、以助人自助为宗旨的职业化社会服务工作。近年来，国家不断加强对社会工作的关注，在全面推进和加强创新社会管理的时代大背景下，社会工作沿着"专业化、职业化、行业化"的方向加速发展，同时，项目制也成为政府购买社会工作服务的基本形式之一。

---

[*] 董蕴慧、安妍、王翊珵、公冶音凡，中山大学政治与公共事务管理学院行政管理专业2017级本科。

2006年,《社会工作者职业水平评价暂行规定》和《助理社会工作师、社会工作师职业水平考试实施办法》颁发,社会工作者开始获得独立的职业水平等级和资质证书。2008～2013年,全国有近百万人次报名参加社会工作者职业水平考试,已产生十几万名助理社会工作师和社会工作师。

政府对社工领域的扶持力度也在加大。2011年,中央组织部等部委联合发布《关于加强社会工作专业人才队伍建设的意见》,这是我国发布的第一个关于社会工作专业人才的专门文件,体现了中央对社工人才建设的重视。2012年,民政部、财政部联合出台《关于政府购买社会工作服务的指导意见》,对政府购买社会工作服务进行顶层制度设计。2013年,民政部、财政部下发《关于加快推进社区社会工作服务的意见》,将社区社会工作服务纳入政府购买服务范围,逐步加大财政投入力度,同时鼓励社会资金购买社区社会工作服务。这意味着社会工作服务由政府购买,项目制逐步成为政府常见的购买社会工作服务的方式。

但是,随着社会工作不断发展,社会工作者趋于专业化,社会工作人才的流动问题越来越严重。即便有政府政策的大力扶持,社会工作服务的不稳定问题也愈发明显,社工服务的低效现象与预期和目的相悖,进行相关研究的任务十分紧迫。

本文探讨项目制与社工行业的关系,以项目制的结构对社工人才流动造成的影响作为研究对象。为了对项目制和人才流动进行进一步研究,笔者把佛山市禅城区社工行业作为典型展开调研,选取的原因在于:禅城区的社会工作开展时间早、行业成熟度高、发展态势平衡,处于领先行列;此外,作为佛山市的政治中心,禅城区在制度创新和建设方面有优势,且积极向广州、香港等成熟地区学习借鉴相关经验,对我们回应人才流动问题有重要参考价值。

(二) 研究问题

当下,禅城区的社工行业总体而言获得了相关部门较大力度的支持,民政局投入大量资金和人力扶持社工行业发展,同时禅城区参照广州市的相关做法,将项目制作为政府购买社工服务的基本逻辑;但由于种种原因,当前禅城区的社工人才流动仍然较快,使得社工行业缺乏可以培育的稳定的社工人才班子,这不利于其与作为服务对象的居民建立良性的、稳定的关系。

在禅城区将项目制作为政府购买社工服务的基本逻辑的情况下，项目制是如何影响禅城区社工行业人才流动的？

(三) 研究思路

研究思路见图1。

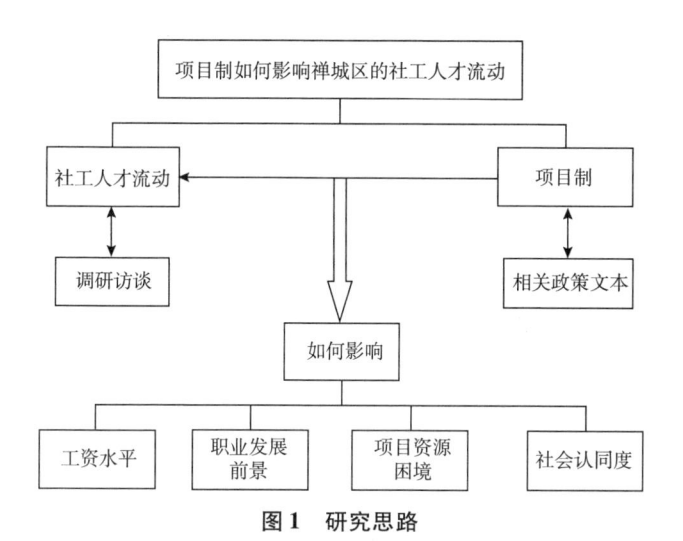

图1 研究思路

在禅城区基本使用项目制购买社工服务的前提下，笔者探究"项目制如何影响禅城区的社工人才流动"这一问题，通过对相关部门负责人进行访谈，以及对政策文本进行研读，总结归纳禅城区项目制运行的模式；对社工机构负责人以及一线社工等进行访谈，发现社工人才流动的现状，再从项目制的项目种类、数量、周期、经费机制等方面，从社工的工资水平、职业发展前景、项目资源困境、社会认同度四个维度，剖析项目制在社工、社会组织以及社会层面对禅城区社工人才流动的影响。

(四) 研究意义

在理论层面，笔者借助田野调查，争取得到有关社工流动的充分的一手资料并进行相关分析，弥补当前研究注重探究社工流动的原因而忽视进行深入的基层调研的不足。同时，虽然项目制是政府购买社工服务的手段，但从项目制和社工流动相关性着手的研究很少，研究通过对社工机构、社会工作者、项目制等进行多维分析,提供从项目制思考社工人才流动问题的角度,给出对社工人才流动的新分析。

在实际层面,从项目制的结构入手分析社工人才流动问题,对社工机构而言,有利于机构留住人才和进行改革;对社工人才而言,对其获得稳定的工作有一定意义;对政府而言,可以积极推动政府改善购买服务的形式,解决体制内可能存在的其他问题,使社会获得更高质量的社工服务,让社工机构、社会工作人才在项目制下更好地提供服务、更顺畅地沟通,以响应国家对社会工作提供服务的要求,实现长远发展的目标。

二 文献综述

(一) 项目制

1. 概念界定

根据国际项目管理协会的界定,项目是按照事本主义的动员或组织方式,即按照事情本身的内在逻辑,在限定时间、资源和质量的条件下,利用特定组织形式完成具有明确预期目标(某种独特产品或服务)的一次性任务。折晓叶和陈婴婴(2011)认为,项目制是处于行政层级体制之外,大多由"条线"部门采用专项支付或者提供项目资金的形式,使项目和资金自上而下地转移,同时地方政府需要通过申请的方式获得财政支持的一种转移支付方式。黄宗智、龚为纲和高原(2014)提出项目制的核心机制在于中央用分配和奖补资金的手段来调动地方政府和其他承包者的积极性。方英和朱俊熔(2018)认为项目制的组织载体最初以基层政府为主,后来社工机构也成为科层制外新的承接载体。陈家建(2013)认为,项目制是总体性与技术性的结合,是一种以专业化、技术化、高效化为特征的治理模式,多方面影响着中国社会的运作。

综上,对于社工来说,项目制是政府作为主要采购方,半官方组织也参与购买项目,按照市场与科层制相结合的原则,面向社会,以公开招投标的形式购买指定公共服务,并且由专业的社工机构作为服务提供方参与竞标,同时由专业的评估机构考核社工项目的一种机制。

2. 文献梳理

通过对相关文献进行梳理,笔者发现,关于项目制的相关研究较多,主要从项目制的产生和发展、运作逻辑、项目制受到的质疑以及多学科视角进行研究。

从项目制的发展历程和起因来看，自20世纪90年代中期分税制改革以来，项目制开始成为我国中央政府调动基层政府积极性的常见形式。于军博和童辉（2016）认为项目制原本只是一种国家治理模式，但与官僚制、单位制、财政包干制、行政发包制、运动型治理等方式发挥着不同的作用。其虽然在政治晋升方面缺乏足够的激励，但在财政自主性方面有一定"制度外"的激励，因此形成一种"跛脚"激励的局面。回顾历史，王思斌（2011）指出，社会工作在中国的恢复重建和发展是改革开放背景下多种因素共同影响的结果。

从项目制的运作逻辑来看，陈天祥、贾晶晶（2017）提出在科层逻辑与市场逻辑的互嵌下，社会工作服务项目的目标一致性、资源依赖度、监管嵌入性及不同组合造成政府游走于科层与市场之间，最终改变了政府与社会组织之间的关系。折晓叶和陈婴婴（2011）认为项目运作中的多重视角和逻辑，来源于行动主体多重利益的分化。行动主体的不同利益和行动策略相互博弈、相互融合，使项目制在实施中不断发生变化和再造，最终变成分级的制度和治理模式，其中"自上而下的控制逻辑与自下而上的反控制逻辑"之间的互动关系是最基本的。

从项目制的意义来看，姚进忠（2018）提出政府购买社会工作服务逐步成为政府治理转型和社会治理创新的有益尝试和制度化选择。渠敬东（2012）认为项目制通过国家财政的专项转移支付等手段，突破以单位制为代表的原有科层体制的束缚，遏制市场体制造成的分化效应，加大对民生工程和公共服务的有效投入力度。但是其自身也有难以回避的不足之处，随着"项目治国"在实践中的推进，项目制自身的合理性与合法性也受到了质疑。借助政府通过项目制来推广双季稻种植的政策，黄宗智、龚为纲和高原（2014）对项目制提出质疑与批判，认为其所导致的结果往往不是"现代化"或是韦伯原先提出的"合理化"以及政府从管制型到服务型的"转型"，而是官商逐利和政权不当经营，以及日益显著的贫富差距，这与最初推广项目制想达到的理想状况存在偏差。同时由于项目制实施时具有专业性要求，渠敬东（2012）认为，一旦权威治理和技术治理有效结合起来，项目制就会培育出各种"利维坦"，将技术、资本、信息乃至权力集中于一身，这将对国计民生产生重大影响。

从研究项目制的学科视角来看，梁敬东（2012）从社会学视角提出，作为新双轨制的增量部分，项目制旨在通过国家财政的专项转移支付等手段，突破以单位制为代表的原有科层制的束缚，遏制市场造成的分化效应，加大对民生工程和公共服务的有效投入力度。而从空间视角与生态学意义来看，孙宇凡、蔡弘（2018）利用安德鲁·阿博特的边界过程理论中的解释机制，说明项目制是在科层制力有不逮或着力提升之时发挥作用的新型治理方式，其组织特征表明其与其他机制具有一定的差异性。

（二）社工人才流动

1. 概念界定

《关于加强社会工作专业人才队伍建设的意见》将社会工作专业人才定义为"具有一定社会工作专业知识和技能，在社会福利、社会救助、慈善事业、社区建设、婚姻家庭、精神卫生、残障康复、教育辅导、就业援助、职工帮扶、获罪预防、禁毒戒毒、矫治帮教、人口计生、纠纷调解、应急处置等领域直接提供社会服务的专门人员"。从社工职能来看，张亚飞和牛喜霞（2015）提出，社会工作者在困难救助、矛盾调处、人文关怀、心理疏导、行为矫治、关系调适等个性化、多样化服务方面的专业优势，对解决社会问题、应对社会风险、促进社会和谐、推动社会发展具有重要基础性作用，特别是在提高社会工作服务水平、解决群众困难、化解社会矛盾、减少不和谐因素等方面的作用日益显现。徐红梅和伍幼林（2010）认为社会工作者是遵循社会工作的价值准则，运用社会工作专业方法在社会服务领域和机构，从事专门性的社会服务工作的专业技术人员，通常简称"社工"。

人才流动概念出现较早，知识经济时代背景下，人才流动成为市场经济发展进程中不可避免的现象。通常来说，员工离职倾向包括业外离职倾向和业内离职倾向，而人才流动则是指进入和离开某一行业。人才流动的原因包括个人和社会两个层面。张弘和赵曙明（2000）认为人才流动有广义和狭义之分。广义是指人才从一种工作状态到另一种工作状态的变化，而狭义是指人才在组织间流动。

综上，社工人才流动指的是从事社会工作、提供社会服务的专业人才进入或者离开社工行业，并且其所从事的工作所在的行业发生变化。

2. 文献梳理

通过对文献进行梳理，笔者发现，在针对社工人才流动原因的研究中，涉及工资水平、职业发展前景、项目资源困境和社会认同度这四个影响因素的文献较多。

从工资水平角度来看，基于实证调查，刘文瑞（2016）针对社工工资水平对人才流动的影响进行分析，认为社工人才流动性大不仅是因为工资水平不高，还有地区间工资水平存在差异、工资缺乏增长机制和体制性不公等深层次原因。社工的相对剥夺感较强从而产生流动意愿。通过进一步探究，杨发祥和叶淑静（2016）提出受社工薪酬体制的影响，社工薪酬普遍呈现资金来源单一、给付标准僵化、总体水平偏低的外生性约束特征，也表现出弱跳板效应、强性别占比和唯指标论等内生性约束。体制与现实困境阻碍社工工资水平提升。

从职业发展前景角度来看，刘文瑞（2016）认为民办社工机构规模普遍较小且管理结构扁平化，社工的职业发展路径过短，职业上升空间有限，这极大地影响了民办社工机构中社工人才的稳定性。面对职业化的难题，王鑫（2018）提出打造一支职业化的社工人才队伍，其是化解社会矛盾、创新社会治理机制、带动社会变革、促进社会公平正义的重要抓手。同时孙霄汉（2017）利用实证研究说明目前我国社工专业技术职务设置和薪酬制度还很不健全，社工专业技术职务晋升通道不畅，薪酬待遇水平偏低。薪酬与晋升问题都亟待解决。

从项目资源困境角度来看，周雪光（2015）指出在诸多方面，与其说项目制引进了市场竞争机制，不如说项目制恰逢其时地为踌躇满志、掌控资源的国家提供了一个行使"长官意志"的渠道和机制。项目制更像是集权制度运作过程在资源高度集中条件下的逻辑延伸。科层的逻辑嵌入项目制之中，提高了具体实施难度。由于项目实施具有时间限制，余成龙和冷向明（2019）认为当政绩目标达成后，若社工因无法创造"增量政绩"而不受政府重视，则潜藏的可持续发展问题会随即暴露，进而使项目走向衰亡。社工也在实践过程中面临困难，来帅（2017）认为现实中由于服务对象的行为方式、思维观念等千差万别，社会工作者面临在实践中既要满足服务对象的利益需求又要符合社会伦理的挑战。

从社会认同度角度来看，日本学者中松义郎（1990）指出，当个人目标与组织目标完全一致时，个人的潜能得到充分发挥，当二者不一致时，个人的潜能受到抑制。社会工作本身就隐含一种服务社会、增进福祉的情怀，职业认同影响社工流动。通过对社工职业认同和离职倾向的实证研究，徐道稳（2017）提出，在职业认同因素中，职业忠诚因子的影响最大，应当通过职业制度体系建设，逐步扩大社工的职业发展空间，提高社工的职业地位，增强社工的职业荣誉感，提高社工的职业忠诚度。

（三）文献述评

在我国，社会工作是一个新兴的社会服务行业，目前行业发展以政府提供的资金为主。在社工行业快速发展、政府资金投入增加、项目数量增多的同时，社工人才流动性较大。

从研究视角来看，以往文献多局限于对项目制或者社工人才流动分别进行理论和实证分析，很少有文献将二者之间的作用机制联系在一起，并且大都忽略了人才流动的影响因素与项目制之间的逻辑关系。面对社工人才流动较频繁和项目制被广泛使用的现状，本文颇具创造性地从项目制的特点出发探索影响社工人才流动的因素，由此提出更加深入且有针对性的建议；补充了相关研究中缺乏分析二者关联性的不足，全面看待项目制的影响。

从研究思路来看，已有文献大多以社工的年龄、婚姻情况等个人具体因素作为研究的重点与出发点，很少从政策环境与项目制等结构因素角度对社工人才流动问题进行剖析。本文在分析社工的个人因素对社工人才流动的影响的同时，通过对项目制结构的研究以及对相关政策文本的研读，着重从结构因素出发对社工人才流动现象进行更翔实且更具说服力的研究。

从研究方法来看，在关于项目制的文献中，对相关概念和运作逻辑的阐释多于实证研究，而且将项目制置于市场与科层逻辑之下，但缺少对相关社工领域的实践的描述。因此，笔者试图通过调研禅城区社工人才流动状况，分析为何普遍推行的项目制导致基层社工人才队伍不稳定；通过案例研究对社工流动现象进行阐释，提出具有可行性的对策建议。

三 研究方法

（一）个案研究

禅城区从2012年开始逐步形成对社工行业进行培育和促进其发展的模式，处于广东乃至全国社工行业发展前列。禅城区作为佛山市的政治中心，由于与上级政府的关联较为紧密，在制度的创新和建设上面临相对小的阻力，如首创结合自身的绩效评估体系，并于 2016 年获得"全国社会工作服务综合示范区"称号，其示范作用在行业内呈现领先态势。同时，禅城区积极向广州、香港等社工行业较为成熟和先进的地区学习借鉴相关经验，积极推动社工行业完善和发展，应对社工人才流动现象。

（二）二手资料分析

社工行业是受到相关政府部门重视以及培育、扶持的重要行业，对该领域相关论文、政策文件等的研读，对实际推动人才流动问题的解决有非常重要的影响。笔者通过积极研读有关社工行业人才流动等的学术论文，积极与当地政府进行对接从而获取相关政策文件，并对近年来有关政府购买服务指引、项目评估、人才激励办法、社工及其机构管理等政策文件进行细致的梳理以及研究，从而对社工人才流动现象所面临的政策大环境有更加具体而深刻的认识和了解。同时，对有关新闻报道、报纸评论等的阅读也让笔者从更广泛和多元的视角，了解禅城区社工人才流动现象。

（三）参与式观察

首先，笔者对管理社工机构的政府部门——民政局负责人进行访问，对社工机构、家综等进行走访；其次，与禅城区相关社工机构对接，参与"文化创客工场"和"科普小厨房"等线下社工活动；最后，通过走访社工机构办公、活动场所，阅读其张贴的宣传单以及公告，与机构一线社工进行对话，更深刻地了解社工人才流动现象。

（四）深度访谈

笔者选取禅城区民政局以及禅城区社工行业中较具代表性的 L、C、S 三个社工机构，对其负责人和一线社工进行访谈，总计时长为 6 小时 12 分钟（见表 1），总计 11 人。

访谈对象大致分成两类：一是政府部门工作人员，笔者向民政局负责人了解禅城区政府对社工工作的认可和支持程度、社会工作者的职业化程度、项目制的运行方式；二是承接项目较多、进驻禅城区时间相对长的三个社工机构的一线社工，这些社工机构拥有相对成熟的团队，在项目竞标时往往连续中标，且经考核取得相对优异的成绩。当前社工机构普遍将党建引领放在比较重要的位置，同时结合自身优势、特色提供面向儿童、长者等群体的服务，使社工优势落实到不同方面。对家综一线社工的访谈，使笔者进一步了解社会组织与政府购买服务之间的关系，真实、及时的一手材料使本文在立足社工发展现状的基础上更具说服力。

表1 访谈对象分布及时长统计

访谈对象	时长
禅城区民政局负责人	1小时46分钟
L社工机构一线社工	1小时14分钟
C社工机构一线社工	1小时17分钟
S社工机构一线社工	1小时55分钟

四 现状阐述

（一）禅城区社工人才流动现状

当前禅城区社工人才流动性较大，社工人才的进入与退出数量较多。工资水平、职业发展前景、项目资源困境、社会认同度等原因，使社工人才流动问题日渐严峻。

在禅城区，社工行业是比较新兴的行业，青年人是流入和流出的主体。对于青年人来说，更多的人是抱着尝试的心态进入社工行业的，行业群体的偏年轻化对社工的流动性有直接的影响。据相关工作人员介绍，社工通常在进入行业的前两年流动频繁，等过了几年，在其获得一定待遇和保障以后，流动性会有所下降。

> 社工人才的流动这个问题在任何一个地区都有……因为社工这个行业比较新，而且加入的人本来就比较年轻，都像我们这么年轻……这个行业的发展有几个阶段的变化，可能一开始很多人涌进来，然后慢慢地过了几年，有的人会觉得不合适，就会退出转行……（2019年3月7日，MZJ）

> 社工认同的动摇期在前面一两年，如果前几年可以忍受过来，就会继续，可能也会一步一步地发展；但是如果熬不过来，可能就会退出这个行业。（2019年3月12日，LSG）

某家综一线社工认为,工资水平低是社工人才流动性大的重要原因。

> 我觉得社工面临的困难和挑战,第一个就是社会的接纳程度……第二个跟工资有关系……坦白来说,社工的待遇低是社工人才流动性大的重要原因。(2019年3月12日,CX)

项目制是禅城区购买社工服务的主要方式。项目目前呈现周期短、定期结项以及进行终期评估等特点,一旦项目结项,若社工机构表现欠佳,或者购买方没有购买下一期的打算,社工机构就非常容易失去手上的项目;如果社工机构本来规模就有限,失去的项目恰巧是经费比较多的项目,则可能不得不裁减社工。由此,项目制的固有特点与社工的被迫流动有很强的相关性。

> 流动性大还体现在……有个项目结项了,社工个人无能为力,只能跟着项目被迫流动……如果一个项目的周期能够适当延长,则可能对机构和社工个人来讲会有一定的好处。(2019年3月12日,SGJ)

总的来说,近年来,禅城区初级、中级社会工作资格证获取人数逐年递增,从2008年的40余人到2018年的1000余人,且每年保持30%左右的增幅。通过访谈可知,在社工人才考证具有较高积极性的同时,社工人才的流出问题也十分严重,社工行业流入和流出现象的频繁共同造成禅城区社工人才流动较快的现状。在工资水平、职业发展前景、项目资源困境和社会认同度等的影响下,该区社工人才流动性大这一问题亟待解决。

(二)禅城区项目制现状

以政府、企业等为购买方,向社会机构购买服务的形式主要分为公益创投、定向委托、公开招投标和竞争性谈判。其中只有公益创投的需求认定方为社会组织,认定方式为自下而上;其他需求认定方为委托方,认定方式为自上而下。在支持形式上,政府对公益创投除了提供资金支持之外,还会提供非资金支持、过程支持,对于其余形式,政府会进行过程监督。

禅城区的项目制大致分为内部邀标和公开招标两种形式。对于这两种形式的选择主要依据采购额度。当额度低于50万元时,常常采用内部邀标的形式，政府通常情况下会选择三家机构，根据机构提出的方案和价格进行综合评判，最终选择性价比更高、口碑更好、更为可靠的机构。当额度高于50万元时，一般会公开招标，机构根据政府需求提交方案，政府请专家进行评判，最终确定负责项目的机构。

政府购买的项目有两类：一类是政府人手不足但又必须开展的工作，这类项目由政府提出方向，并主动向社会组织提出购买要求；另一类是政府没有意识到但确有实施必要性的项目，这类项目由社工机构自下而上向有关部门进行推荐。

不论何种项目，社工机构都需要在项目中标后进驻服务地点，进行明确的分工，根据项目资金的比例安排人员（以家综为例，目前一个社工大致分配12万元项目资金），在着重服务的领域进行需求调查与评估，根据需求制订可行的服务计划，提供相关服务，最终在规定时间内接受考核评估，评估达到优秀的机构有可能接到第二个周期的项目。

截至2016年底，佛山市禅城区各级财政资金购买（或资助）的社会工作项目达77项，涉及17家机构，相关社工机构通过党建、社区建设等项目为长者、儿童、青少年、残疾人、妇女等群体提供服务。

为了支持社会工作服务机构的发展，减少人才的流动，禅城区民政局出台了相关措施。在人才激励方面，相关部门自2016年起先后出台7个指导意见或办法，通过社工职业水平证书补助方法、社工人才培育扶持方法、薪酬指南等增强社工行业的吸引力，为社工人才发展提供保障。在人才管理方面，民政局自2015年起先后出台6个文件，对继续教育、社工督导、考核机制等多个方面进行规范。在评估指引方面，侧重强调社会工作绩效评估体系的具体调整和操作，试图规范化、系统化地对社工机构进行管理。

五 影响机制

（一）工资水平

在禅城区政府大规模采用项目制作为购买社工服务的基本逻辑下，社工机构本身所能接受到的项目数量与其中标能力直接相关，因此社工机构接到的项目数量是不稳定的；政府给予每个项目的经费有限，除了政府直接提供的少量工资外，社工的工资一般由社工机构直接支付，而项目经费作为社工机构的大部分甚至全部收入来源,与社工的工资水平直接挂钩。

一旦项目数量有所减少,就意味着社工机构社工的需求量以及可供给的社工数量减少,这样很有可能导致存在有时间而没有接到项目的社工。由于政府购买项目一般以年或季度等为时间单位,一旦项目受到成本限制,社工机构就会为了保证社工的基本工资,按照经费标准配备有限的人员,如有时政府支付费用受限会使一个项目只配备一位社工,因此,只有一位社工负责相关项目是普遍现象。

由于社工机构项目的数量与政府的财政收入、预算和政策导向直接相关,如果出现项目数量和成本较不稳定的情况,不同的社工机构基于支付能力,会对社工采取不同的策略:实力比较强的社工机构会出于对员工利益的考虑,从自己的"金库"拿出一部分钱为员工支付工资;有的机构会因为项目数量降低带来社工需求减少,而选择解雇部分社工;有的机构甚至可能因为接不到项目或者项目数量不足而直接倒闭。

社会工作作为社会中的新兴行业,近年来蓬勃发展,这主要依赖政府自上而下的培育和促进,在政府以项目经费进行激励促进社工机构发展的背景下,社工及社工机构更多倾向于为了获得资金,而不是基于价值观等开展社工工作。由此,社工行业难免会出现一旦政府审批宽松,预算增加,社工机构就会蜂拥而至,而政府的财政支出稍显减少,就留不住社工和社工机构的尴尬局面。

禅城区人民政府办公室出台的《佛山市禅城区公益服务类社会组织社会工作专业人员薪酬待遇指导意见》①将社工薪酬与城镇非私营单位在岗职工年平均工资挂钩,将"指导价"与职工平均薪酬水平以及城市发展水平直接挂钩,以提升社工的薪酬水平。

根据《关于公布2017年禅城区城镇非私营单位就业人员平均工资数据的通知》②中在岗职工年平均工资可知,最高层级的社工的月均工资应

---

① 该文件规定,公益服务类社会组织各专业技术级别的社会工作专业人员平均薪酬应按上一年度禅城区城镇非私营单位在岗职工年平均工资基数的不同比例确定。其中,社会工作师年平均薪酬为基数的120%,助理社会工作师年平均薪酬为基数的100%,社会工作员年平均薪酬为基数的75%。
② 据《关于公布2017年禅城区城镇非私营单位就业人员平均工资数据的通知》,全区城镇非私营单位就业人员年平均工资为81254元,其中,在岗职工年平均工资为82877元。

接近7000元，最低工资也应超过5000元，但调研对象反映，当前禅城区一线社工的月工资普遍为3000~4000元，工资水平仍然相对较低，与指导价相去甚远。

>（《佛山市禅城区公益服务类社会组织社会工作专业人员薪酬待遇指导意见》）算一个指引，但是目前大部分项目由政府购买，在财政资金这一块，不一定每年都有。(2019年3月7日, MZJ)

可见，即便在有关部门的宏观调控和引导下，社工的工资水平也无法达到指导意见中所要求的水平，而且政府的人手和精力也有限，很难对社工工资的具体落实情况进行调查，或者敦促社会组织严格按规定发放要求的薪酬。一线社工感慨：

>其实薪酬不高是普遍现象……希望工资能多一点，社工的工资真的太少了。(2019年3月12日, SGJ)

工资水平的提升仍难以与社工相关政策的激励直接挂钩，项目制有限的资金使得一线社工仍然不得不长期拿着比较有限的薪水。

当前社工行业由于门槛相对较低，在人才方面存在劣币驱逐良币的态势。据反映，当前社工机构内部同级的工资，并没有因为学历或者专业水平存在较大的差别，而各个级别之间的工资差异也并不是特别显著。由于初级社会工作者资格证的考取难度相对较低，因此大多数人可以顺利考到初级社工证并进入社工行业。在行业门槛相对较低的情况下，有可能出现专业水平差距较大、工资却差别不大的情况。此时，专业水平较高的社工往往由于感觉工资无法体现自身的学历和价值而选择离开这个行业；而在将专业知识过硬的一大批社工排除出社工人才市场以后，一批综合能力一般的社工在学历和能力方面更显弱势，整个行业陷入无法留住优秀人才的恶性循环之中。

在项目制的结项和指标评估的影响下，比起对于社工的工资、去向等的关注，政府往往更关心项目本身的产出和效果。政府在借社会组织提供社会工作服务的同时，要避免其不受控制；上述矛盾的结果导向了不由价值观引领、靠政府捐赠支持的第三部门逻辑，它们类似于完全由政府出资、纯粹只是为了"打工"的社会组织，社工机构的逐利倾向由此而来。

区民政局本来要求社工机构有登记单位和业务指导单位才能登记,而从 2012 年开始,区民政局取消了"双重登记"要求,政府大幅度加大对社工行业及项目的投入力度,社工机构的登记数量直线上升,除了在放宽行政审批要求后,更多的人愿意投身社工行业提供服务以外,也有不少人是冲着丰厚回报去的。

尽管政府购买社工服务时多聘用第三方进行独立监管,如对项目完成状况、社工人员流动率等指标进行评估,但由于政府大多只关心项目的产出,或者项目能为其工作带来的亮点和值得表彰的地方,因此社工机构管理者可以只保证基本的社工人才数量和质量,通过大幅压低社工工资以缩减用人成本,将更多的钱作为利润。这使许多一线社工的工资长期保持在较低水平,有限的经费导致有理想、有抱负的社工不得不提供基本线水平的社会工作服务。无法提高自己的生活水平、无法实现自己的理想和自我价值的社工往往选择退出社工这个行业。

(二) 职业发展前景

社工机构一般会有不少项目同时运作,由于一线社工的素质参差不齐,加上经费有限,管理层往往倾向于进行扁平化管理,这可以使管理层更好地掌握基层项目的运作情况,及时对项目进行指挥,以防传输链过长而导致项目出错,如某社工机构按照"理事会——总干事——副总干事——项目主任/办公室主任——一线社工/行政专员"设置层级。

社工机构的项目经费有限,也压缩了管理层的薪酬,因此管理层人数往往较少。当前社工机构内部的晋升链条往往较短,社工晋升三四级基本就已经成为社工机构的高层,且每次晋升都要以年为计算周期。虽然督导等管理层员工的薪酬要优于一线社工,但由于晋升到管理层耗时较长,而且更多的人在入行的前几年只能做一些基本的工作,难免有停滞感和挫败感,因此社工入行的前几年也是社工行业流动率较大的几年,能坚持下来"熬"到督导位置且具备管理和组织能力的社工更是凤毛麟角。有社工机构负责人介绍:

> 有些同事觉得好像没有晋升的位置,做了三五年就走了,这是一个问题。(2019 年 3 月 12 日,LJ)

在晋升链条较短、高层职位较为稀缺的社工行业,在职人员极容易对自身的就业前景产生消极的态度,找不到坚持和前进的动力。狭窄的职业发展空间,会对较具进取心、专业技巧及各方面技能比较过硬的社工人才产生消极影响,使本行业的流动率居高不下。

不仅是禅城区,中国内地的社工行业普遍存在职位晋升、工资水平提升机制不完备的现象;而在香港,长期驻扎在一线的社工的工资会根据服务时长和工作年限呈现递增趋势。同时,香港的社工分为政府部门和公共部门的社工,公共部门的社工的薪酬会参照政府部门的社工的薪酬进行相应的提升,这反映了社会对于社会工作服务专业性人才的认可,以及对社工人才留在本行业的工资挽留机制。

(三)项目资源困境

当前的项目资源有限,与自2012年起,禅城区政府取消"双重登记"要求以后,社工组织如雨后春笋般涌现。如何在激烈的竞争中脱颖而出,获得项目,成为令社工机构最头疼的难题之一,而社工机构手上有没有项目,也是能不能留住社工人才的一项重要指标。

出于对项目制的效果等方面的考虑,购买方需要更加小心地斟酌社工机构的资质及其与项目的匹配度。项目制强调规范化、专业化,这对承接项目的社会组织有相当高的要求,至少需要有合法的身份、现代化的治理结构、规范的监督机制、公开的信息披露机制等(张琼文、韦克难、陈家建,2015),然而大部分处于初创阶段的社会组织比较弱小,不可能满足项目制的要求,这使政府、社区等购买方利用项目提供公共服务的时候,会尽量选择发展比较成熟的社会组织,这样的选择会使发展比较完备的社工机构手里握有大量项目,需要培育的社会组织由于接不到项目而退出社工行业,造成"马太效应"。

有关部门为了保证项目的质量,在重点项目中倾向于对中意的社工机构进行内部邀标。在额度不算太高但比较重点的项目中,相关部门一般会找三个社会组织提出方案,然后根据社会组织的报价进行综合评判,最终,服务项目质量比较高而价格比较优惠的社会组织会中标,但这一流程已将相关部门不甚熟悉的其他社会组织排除在外,它们没有获得此类项目的机会和可能。

在比较重要的项目中,政府与社会组织拥有比较一致的目标,都希望项目能成为晋升的凭据和亮点。在这类项目中,政府会加强对社工组织的监管，通过严格把关合同来实现对社会组织的控制，在项目立项、实施过程中监管嵌入性比较强，这是将市场嵌入科层的逻辑（陈天祥、贾晶晶，2017）。某社会组织负责人谈及：

> 能不能拿到项目，主要看做的东西是不是购买方想要的东西，这个是比较关键的，就是看有没有达到对方的预期目标。（2019年3月12日，LJ）

当前不少行政性色彩比较浓厚的项目更重视思想贯彻、居民认可度等软性指标，没有太多参考人数、运用物料资源数量等硬性指标，因此机构要对以政府为主的购买方的项目购买意图了如指掌，也要对如何进行文书写作以及汇报非常了解，这样才能保证通过结项审核，确保能在下一次招标中获得项目。因此，购买方往往趋向于找有相关背景的负责人或者品质、信誉较好的机构来从事此类项目，如在笔者访谈的某个社工机构中，总干事本身既是党员也是人大代表，其所在的社会组织获得了较多妇联、民政局等部门的项目。

> 能在行业内生存下去的，要么是在行业内已经跟政府部门建立了良好关系，得到了政府部门信任的；要么是企业高管出来创业，跟相关部门有人际关系的……不能生存下去的就是那些刚刚进入行业，没有人脉和专业基础的人。（2019年3月12日，CW）

项目制带来的定期评估、项目周期较短的特点，也对社会组织陷入难以获得项目资源的困境有非常重要的影响。当前不少项目都是以一年甚至更短时间为期限的，本意是通过周期较短的定期考核和评估，保证项目质量，购买方一旦发现社工组织没有把应有的资金投入社工服务，会及时终止项目，以避免服务对象与购买方蒙受更大的损失。然而项目制的短期合同带来的是项目本身包含更加激烈的竞争属性，使社工组织面临强大的制度约束。不管已经承接的项目数量以及效益如何，社会组织都长期处于续约、扩大或者争取新项目的压力之下，在社工数量固定但是项目数量不确定的情况下，社会组织作为服务的承接者，经常会面临停工或者缩减组织的风险和威胁，这对社工工作的稳定性提出了巨大的挑战。

购买方向社会组织购买社工服务，并非一种完全的市场机制，还掺杂了包括对人际关系、社会组织资质等多重因素的考量，项目资金的不稳定性和竞争主体的多元性提高了项目申请的难度，使社会组织往往为了项目而竞争，为了竞争而奔走（王清，2017），包括如何整理标书、如何向购买方主动推销自身组织的项目、如何通过终期评估等，社会组织除了提供社工服务之外，还面临多元要求。

由于在选择社会组织的时候，购买方往往倾向于选择品牌较有保障、资质较好、负责人与购买方关系比较密切的社工机构，而项目周期较短的问题又使社会组织往往疲于寻找更多的项目，因此不少社会组织，特别是仍不够成熟或者处于初创期的社会组织，往往陷入无法获得足够的项目资源的困境，无法为社工提供稳定的岗位，社工的工资大部分甚至全部来源于项目本身，长期维持较低工资水平使得社工极有可能流出社工行业，且流动速度越来越快。

（四）社会认同度

皮特·多林格尔（P. Doeringer）和迈克尔·J. 皮奥里（Michael J. Piore）提出劳动力市场分割理论，认为社会和制度性因素的作用形成了劳动力市场的部门差异，不同人群获得劳动力市场信息以及进入劳动力市场渠道的差别，导致他们在就业部门、职位以及收入模式上存在明显差异。

使用项目制购买社工服务，使社工行业存在项目成本受到限制、购买方重视产出而轻人力资本投入的特点，使接受高水平技能培训和具有较高受教育程度的人难以选择继续留在这个行业。从人力资源选择的角度看，人力资本对社工行业的工资水平发挥重要作用。在人力市场中，受教育程度较高的劳动力进入一级市场；那些受教育程度低、被认为培训潜力低的劳动力只能进入二级市场，占据较小的市场份额，维持较低的工资水平。当前在社工行业中，一线社工总体呈现受教育程度、专业水平相对较低的特点，是劳动力市场中拥有较低工资水平的人。

社工行业的项目以政府为主要购买方，目前呈现项目经费有限的特点，社工机构由于资金规模较小，无法发展出多层级的科层结构；一线社工专业水平相对较低，在趋于严苛的评估体系下，管理层更倾向于通过负责制的方法对项目进行更全面和及时的掌握，机构因而具有扁平化的特征，社工行业的晋升链条也较短，社工的升迁机会较少，难度较高。

在项目制逻辑下，项目数量与购买方的需求密切相关，难免存在项目数目不确定的情况。在行政逻辑不断嵌入社工项目以及项目周期较短的背景下，不少社工组织无法获得足够多的项目资源，社工行业的供求市场长期处于变动且不稳定的状态。企业在不稳定的市场中无法放心投入大量资金，从事大型项目，使禅城区的社工行业无法在市场逻辑体系中逐步培育，只能在政府的扶持下发展。

在项目制的成本受限制、项目数量不确定、周期较短等背景下，社工行业面临工资水平较低、工作条件差、就业不稳定、升迁机会较少的生态环境，由大量受教育程度较低、专业技能较弱的劳动力组成的二级社工市场，不可避免地带来了较低社会认同度的问题。如有社工提及：

> 虽然政府在大力宣传社工，但和出租车司机聊天的时候，说起社工，总是说我们很有爱心，然后就开始问我们有没有工资。（2019年3月12日，CX）

可见大多数人并不清楚社工和义工之间的区别，对社工行业并不了解。

在市场化盛行的今天，人们更倾向和习惯于用市场化的眼光对一个行业进行评价，难免会以工作的薪酬水平对职业进行最基本的评价。社工从事相关工作时往往带了一份情怀和责任感，并非完全市场化导向。由于本身具有的特点，社工的流动性较大，作为新兴行业的工作者，其收入显然不如工程师、管理类员工等，就工资来看，人们对其职业认同度仍然有待提升。另外，由于社工行业晋升机制不完善，人们往往有一种"做社工都是在原地踏步"的感觉，无法提升对社工的认同感。

六　对策建议

在建设服务型政府、强调多中心治理的背景下，政府以项目制的形式向社工机构购买服务，成为社工行业发展必不可少的一部分。这种形式为社工机构发展提供了平台，但同时也对它们的成长提出了新的挑战。减少社工人才的流动，建立一支稳定的专业团队，提供更高质量的服务，需要不断完善项目制。

（一）优化项目的资金管理

社工机构提供服务的资金基本来自政府的项目制资金，对此资金的运用机制进行完善，有助于机构合理分配资源、完成任务，更有效率和效益地花钱，提升社工的工资水平。首先，政府在提供项目时，应该给予社工机构更大的资金自主权，减少政府直接设置资金比例的情况，使社工机构有更多的自由裁量权，更能够考虑社工群体的利益。其次，社工机构在承接项目后自主设立资金使用制度，对每个项目进行合理预算，将不同类项目分开管理，并在执行过程中严格遵守，防止项目资金被无序使用。

（二）提升项目专业化程度

社工机构作为市场竞争的主体，想增强自己的实力，那么打造具有特色的服务项目是必不可少的。社会工作本身应是专业化程度较高的职业，需要由职业化的人员处理相关事务。政府以项目制的形式购买社工服务，使社工机构存在泛专业化的问题，在竞标中未能凸显自身优势，不仅没能塑造自己的特色，还使机构内的社工轮番承接不同项目；由于在承接项目前需要做大量功课，社工机构在还没对服务群体深入了解时，就转而接触别的群体，在短时间内承受了巨大的压力。提升项目的专业化程度，可以使社工机构根据机构和社工的专业长处，有选择性地对社工项目进行筛选，从而提升社工服务的专业化水平。

（三）完善人力资源体制

想要打造专业、稳定的社工团队，减少人才的流动，必须为在职社工在考证、专业知识、职业认同、职业素养等方面提供多维度的培训；可以定期增加培训内容，邀请督导进行工作检查和培训，不仅在理论方面提供系统培训，还在服务技能方面进行指导。同时，社工机构需要使社工对自己的角色有一个清晰的定位，以便确定职业发展规划。这不仅可以促进服务能力提升，也可以使员工在稳定、舒适的管理体制下完成工作，专人专职，每个员工对应适合自己的项目，对自己的工作负责，以便于积累经验，提供更加专业的服务，从而提升对社工职业的认同度。

七 研究不足

限于能力和学术水平，本文存在以下不足：从方法上来说，本文属个案研究，通过访谈，对 A、B、C 三个社工机构及家综进行深入研究，但是并没有进行人才流动影响因素的问卷调查,对结论的支撑性较弱;只选取三个社工机构作为案例,缺乏代表性和全面性;研究多由访谈记录支撑,缺乏扎根理论的分析;访谈的人数及机构不够全面。今后,笔者将力图以本研究为起点,对社工人才流动问题进行更进一步的分析和探讨。

附录 访谈提纲

(一)访谈提纲——区民政局社工科负责人

1. 请先简单介绍一下当前社工的运作模式。
2. 禅城区的镇街情况、人口数量和(优秀)社工数量是否存在供需不匹配的情况?
3. 请描述一下禅城区社工的基本情况。
4. 您对当前的社工人才流动现象怎么看?
5. 社工注册组织的基本情况如何?当前社工机构所提供的一般是什么类型的服务?
6. 第三方评估机构的基本情况如何?
7. 政府近年来对于社工的资金投入情况和趋势如何?
8. 是否有对社工开展培训活动?
9. 禅城区对《社会工作人才培育扶持办法》实施和人才实训项目的资助力度如何?
10. "金蝉卡"的申报情况如何?
11. 是否有向中国香港等社会工作较为成熟的地区进行经验借鉴或学习?如果有,请问借鉴到了什么经验?
12. 您认为是什么原因造成社工人才流动?
13. 当前社工的薪酬水平如何?
14. 社工对于当前的薪酬水平有什么看法?民政局近期有无提升薪酬水平的措施或其他激励计划?
15. 薪酬水平和学历是否有关?
16. 对社工薪酬水平的影响因素有什么?
17. 当前禅城区市民普遍对社工的认可度和理解度如何?
18. 当前政府普遍采取购买服务项目制,您认为对社工人才流动是否存在影响?

19. 当前的退出机制是否有限制人才流动的措施?

（二）访谈提纲——家庭综合服务中心负责人

1. 请介绍一下机构的发展情况、人员结构、运行机制等。

2. 当前有多少社工在这里提供服务?

3. 现在是否由第三方评估机构独立评估？您对现在的绩效评估体系有什么看法?

4. 是否有为社工提供培训？培训的内容是什么?

5. 请简单介绍一下提供服务的种类和内容、提供家综服务时让您印象深刻的事。您认为家综服务对象的重点是否为弱势群体?

6. 一般项目的周期有多长？您觉得哪个方向的服务最难提供?

7. 当前家综提供的各项服务的报名情况如何？您是否担心由于社工的流动性较大，而无法和服务对象建立较亲密的关系?

8. 有没有提供家综服务的志愿者?

9. 您认为当前社工行业的发展面临什么困难与挑战?

10. 当前是否存在社工流动频繁的现象？如果有，您认为原因是什么？会产生什么影响？您如何评价?

11. 在政府购买服务种类繁多的情况下，您认为是否仍然需要专业性高的人才?

12. 您对现在社工的社会认同感和就业前景有什么看法?

（三）访谈提纲——社工

【基本信息】

1. 您的年龄是?

2. 您工作的主要内容是?

3. 您在这里工作多久了?

4. 您的学历是?

5. 您的专业背景是?

6. 您拥有社工资格证吗?

【职业信息】

7. 为什么会选择做社工?

8. 您的工资是多少?

9. 有没有考虑过换一份工作或者去别的区/市继续从事社工工作?

10. 政府购买服务在您所在社区常见吗？主要购买什么服务?

11. 政府购买服务会影响您的工资吗？如果会，有多大程度的影响？

12. 刚入职一两年的社工流动情况如何？资深社工（入行三年以上）的流动情况如何？

13. 您认为导致社工流动的因素有哪些？有没有具体实例可以分享？

14. 您了解家综和社综服务吗？

15. 您认为社工的工作阻力是什么？

16. 您认为社工的晋升状况如何？

17. 不同职位的社工工资水平一样吗？他们的增长空间如何？

18. 您认为社工行业的职业认同感强吗？行业认可度高吗？有可以分享的具体事例吗？

19. 您认为社工行业对您来说发展空间如何？

20. 在您看来，当前的社工工作有什么是可以改进的？有没有什么具体事例可以分享？

21. 在提供服务的时候，居民的反应如何？

22. 中标的项目一般是什么方向的？

23. 您是否听说过区民政局出台的《薪酬指导意见》？机构是否按照指导意见中的标准进行工资发放？

24. 机构是否有对员工实施的激励措施？机构一般通过什么方式招聘到专业技能较高的社工？如果社工辞职，机构通常会如何处理？

25. 在日常工作中是否需要和政府部门打交道？有没有什么文书工作？这种工作会增加您的心理压力/负担吗？

参考文献

[1] 陈家建，2013，《项目制与基层政府动员——对社会管理项目化运作的社会学考察》，《中国社会科学》第2期，第64页。

[2] 陈杰、刘佐菁、陈敏、叶小刚，2018，《人才环境感知对海外高层次人才流动意愿的影响实证——以广东省为例》，《科技管理研究》第1期，第163~169页。

[3] 陈天祥、贾晶晶，2017，《科层抑或市场？——社会服务项目制下的政府行动策略》，《中山大学学报》（社会科学版）第3期，第151~159页。

[4] 陈为雷，2014，《政府和非营利组织项目运作机制、策略和逻辑——对政府购买社会工作服务项目的社会学分析》，《公共管理学报》第3期，第93~105页。

[5] 崔月琴、袁泉、王嘉渊，2014，《社会组织治理结构的转型——基于草根组织卡理

斯玛现象的反思》,《学习与探索》第 7 期,第 24~31 页。

[6] 方英、朱俊熔,2018,《项目制下社会组织的制度同形与异形——以广东社工机构为例》,《社会工作与管理》第 6 期,第 59~65 页。

[7] 管兵、夏瑛,2016,《政府购买服务的制度选择及治理效果:项目制、单位制、混合制》,《管理世界》第 8 期,第 58~72 页。

[8] 侯军帮,2007,《人才流动的制度环境研究》,四川大学硕士学位论文。

[9] 黄宗智、龚为纲、高原,2014,《"项目制"的运作机制和效果是"合理化"吗?》,《开放时代》第 5 期,第 143~159 页。

[10] 来帅,2017,《社会工作实务中的伦理两难及其抉择》,《改革与开放》第 19 期,第 72~73 页。

[11] 李迎生、李冰,2016,《走向系统:近十年来中国社会工作政策发展的轨迹》,《社会科学》第 12 期,第 74~83 页。

[12] 刘文瑞,2016,《民办社工机构社工人才流失问题的分析与思考——基于北京深圳成都三地的调查》,《中国社会科学院研究生院学报》第 1 期,第 63~68 页。

[13] 毛明华、陈赞畅,2007,《从社工人才大量流失看社会工作发展——基于当前社工毕业生流向的思考》,《社会工作下半月》(理论)第 8 期,第 45~46 页。

[14] 孟圣御,2013,《上海市民办社工机构社工人才流失问题研究——以杨浦区为例》,复旦大学硕士学位论文。

[15] 聂德民、宋守华,2009,《大陆社工人才流失现象的社会学解读》,《社会工作下半月》(理论)第 12 期,第 62~64 页。

[16] 彭迪,2014,《国际社工联:重新定义社工》,《社会与公益》第 8 期,第 18~21 页。

[17] 渠敬东,2012,《项目制:一种新的国家治理体制》,《中国社会科学》第 5 期,第 113~130、207 页。

[18] 沈黎,2009,《社会工作国际定义的文本诠释》,《社会福利》第 5 期,第 46~47 页。

[19] 帅小龙,2013,《民办社工机构社工人才流失问题研究》,四川省社会科学院硕士学位论文。

[20] 孙霄汉,2017,《社工职称与工资标准问题研究——以东莞市为主要案例分析》,《广东省社会主义学院学报》第 3 期,第 91~95 页。

[21] 孙宇凡、蔡弘,2018,《政府文本中的"机制"——基于历史化与理论化分析范式的研究》,《社会发展研究》第 1 期,第 180~208 页。

[22] 王福波,2008,《国内外人才流动理论研究综述》,《重庆三峡学院学报》第 2 期,第 118~122 页。

[23] 王宁,2014,《地方分层、人才流动与城市人才吸引力——"地理流动与社会流

动"理论探究之二》,《同济大学学报》(社会科学版)第 6 期,第 47~55、109 页。

[24] 王清,2017,《项目制与社会组织服务供给困境:对政府购买服务项目化运作的分析》,《中国行政管理》第 4 期,第 59~65 页。

[25] 王少美,2018,《民办社工机构人才队伍建设研究:基于员工留存率的考察——以 T 市 D 机构为例》,安徽大学硕士学位论文。

[26] 王世强,2015,《中国政府购买社会组织公共服务现状分析》,《中国社会科学院研究生院学报》第 3 期,第 45~50 页。

[27] 王思斌,2011,《中国社会工作的嵌入性发展》,《社会科学战线》第 2 期,第 206~222 页。

[28] 王思斌,2018,《健全社会工作人才队伍体系提高社会工作服务水平》,《中国社会工作》第 13 期,第 1 页。

[29] 王鑫,2018,《社工人才职业化管理的制度优化策略探讨》,《中国商论》第 35 期,第 109~110 页。

[30] 徐道稳,2017,《社会工作者职业认同和离职倾向研究——基于对深圳市社会工作者的调查》,《人文杂志》第 6 期,第 111~118 页。

[31] 徐红梅、伍幼林,2010,《国内社会工作者的基本现状及能力建设研究》,《城市问题》第 9 期,第 56~61、66 页。

[32] 杨发祥、叶淑静,2016,《社工薪酬的结构性困境与可能出路——以珠三角地区为例》,《江苏行政学院学报》第 5 期,第 48~53 页。

[33] 姚进忠,2018,《项目导向:社会工作评估机制优化研究——基于厦门实践的调查与剖析》,《北京工业大学学报》(社会科学版)第 5 期,第 18~29 页。

[34] 于君博、童辉,2016,《项目制:一种新的国家治理模式的文献综述》,《南京农业大学学报》(社会科学版)第 3 期,第 146~155、160 页。

[35] 余成龙、冷向明,2019,《"项目制"悖论抑或治理问题——农村公共服务项目制供给与可持续发展》,《公共管理学报》第 2 期,第 147~158 页。

[36] 张弘、赵曙明,2000,《人才流动探析》,《中国人力资源开发》第 8 期,第 4~6 页。

[37] 张琼文、韦克难、陈家建,2015,《项目化运作对社区社会组织发展的影响》,《城市问题》第 11 期,第 79~84 页。

[38] 张亚飞、牛喜霞,2015,《社会工作者的生存状况及其影响因素分析——基于淄博市的调查》,《社会科学家》第 4 期,第 40~44 页。

[39] 折晓叶、陈婴婴,2011,《项目制的分级运作机制和治理逻辑——对"项目进村"案例的社会学分析》,《中国社会科学》第 4 期,第 126~148 页。

[40] 〔日〕中松义郎,1990,《人际关系方程式》,转引自陈楚花、朱昌志,2007,

《论"目标一致理论"在公共人力资源的对称管理——由华为"狼性文化"引入》,《消费导刊》第 8 期,第 102 页。

[41] 周雪光,2015,《项目制:一个"控制权"理论视角》,《开放时代》第 2 期,第 82~102 页。

[42] Martin, Lawrence L., 2007, "Performance Based Contracting for Human Services: A Proposed Model," *Public Administration Quarterly* 31, pp. 130 – 158.